한국 고대사 1

고대 국가의 성립과 전개

한국역사연구회 시대사총서01

한국고대사 **1**

고대 국가의 성립과 전개

송호정·여호규·임기환·김창석·김종복

푸른역사

절망과 희망이 교차하던 격동의 1980년대, 그 끝자락인 1988년 가을 300여 명의 소장 학자들이 '과학적·실천적 역사학'의 수립을 통해 한국 사회의 민주화와 자주화에 기여하기 위해 창립한 한국역사연구회는 이제 700여 명의 학자들이 참여하는, 명실상부하게 한국 역사학계를 대표하는 학회로 성장했다.

그동안 연구회는 공동연구라는 새로운 연구 방식을 통해 130여 회가 넘는 연구 발표회를 가졌으며 50여 권의 학술서와 대중 역사서를 간행했다. 《한국역사》, 《한국사강의》 등의 통사를 발간해 한국사를 체계화하고 《한국역사입문》 등의 연구입문서를 출간해 해방 이후 학계의 연구 성과들을 정리했으며, 《1894년 농민전쟁연구》, 《한국현대사》, 《역주 여말선초 금석문》 등 전문 연구서와 자료집을 발간해 한국사 연구에 기여했다.

또한 《조선시대 사람들은 어떻게 살았을까》를 시작으로 전 시대에 걸쳐 '어떻게 살았을까' 시리즈를 발간함으로써 생활사 연구와 역사 대중화에 기여했으며, 회지 《역사와 현실》은 다양한 기획과 편집으로 인문학 분야 학술지의 새로운 전형을 만들어냈다.

이제 연구회가 창립된 지도 한 세대가 지났다. 그동안 세계뿐만 아니라 한국 사회도 크게 변화했으며 학계에도 적지 않은 변화가 있었다. 연구 경향도 이전의 운동사·사회경제사 중심에서 문화사·생활사·미시사로, 그리고 최근에는 생태환경사·개념사·관계사에 이르기까지 사고와 연구의 폭을 넓혀 나가고 있다. 아울러 연구 대상 시기와 학문 간의 벽을 허무는 학제 간 연구도 활발하게 이루어지고 있다.

역사는 '현재와 과거의 대화'라고 했다. 현재의 입장에서 과거를 고찰하고 그를 바탕으로 미래를 전망하는 것이다. 역사가는 이를 이루기 위해 역사를 부단히 새로 써야 한다. 이러한 취지에서 한국역사연구회는 새로운 시각에서 한국 역사를 고대부터 현대까지 시대별로 조망해 보는 '시대사'를 발간하고자 한다.

시대사를 편찬하자는 이야기는 통사인 《한국역사》를 간행하고 나서부터 줄곧 나왔으나 구체적인 편찬 작업에 들어간 것은 2002년부터였다. 이후 '시대사 편찬위원회'를 구성하여 집필 원칙과 편찬 일정을 정하고 고대·고려·조선·근대·현대 등 각 시대별로 팀을 만들어 기획안을 마련하고 그에 맞는 필자를 선정하여 집필에 들어갔다. 또한 들어온 원고들은 팀별로 수차례의 검토와 수정 과정을 거쳤으며 그 과정에서 열띤 토론이 벌어지기도 했다.

60명에 가까운 필자들이 참가하여 공동 작업으로 열 권의 책을 만들어내는 일은 지난한 과정이었다. 다양한 필자들의 의견을 조율하고 모으는 작업부터 집필된 원고를 꼼꼼하게 검토하고 수정하는 작업과, 완성된 원고가 출판사에 넘어가 출판하는 작업에 이르기까지, 우여곡절이 없지 않았다.

연구회 창립 이듬해인 1989년 '베를린 장벽의 붕괴'가 상징하듯이 세계는 동구 사회주의 국가들의 개혁과 개방으로 냉전이 종식되면서 체제와 이념의 대립보다는 화해와 교류의 방향으로 나아가며 21세기를 맞이했다. 한반도도 1998년 '현대 정주영회장의 소떼 방북'과 2000년 남북정상회담을 계기로 남과 북이 화해와 교류·협력의 방향으로 나아갔다.

그러나 21세기도 15년이 지난 지금, 세계는 다시 대립으로 치닫고 있다. 이스라엘과 팔레스타인의 분쟁, 미국과 알카에다 등 이슬람 진영과의 대립, 시리아 내전과 이슬람국가(IS)의 등장 등 중동 내부의 갈등과 분쟁, 러시아와 우크라이나의 분쟁 등이 계속되고 있고, 동북아시아에서도 역사 갈등과 영토 분쟁이 치열하게 전개되고 있다. 이전과 차이가 있다면 이념 대립보다는 종교·문명 대립의 성격이 크다는 것이다.

그렇다면 한국 사회는 어떠한가. 안타깝게도 한국 사회는 시대착오적인 이념과 지역 갈등이 여전한 가운데 신자유주의로 인한 경제적·사회적 양극화가 빠르게 진행되며 세대와 계층 갈등까지 심화되고 있다. 그리고 천박한 자본주의의 이윤 논리와 정치와 사회 간에 부정부패의 사슬에 의해 일상생활의 안전까지도 위협받고 있다.

인간에 대한 예의와 배려가 사라진 사회, 국가가 책임져야 할 안전과 복지도 국민 스스로 해결해야만 하는 사회, 정의는 실종되고 신뢰와 희망 대신 불신과 체념만이 가득 찬 사회에서 과연 역사학은 어떠한 역할을 할 수 있을 것인가? 책을 낸다는 기쁨보다는 역사학자로서의 책임감이 더 무겁게 다가온다. 이 '시대사' 시리즈가 한국 역사의 체계화에 기여하고 독자들에게는 험난한 세상을 헤쳐 나가는 데 조그마한 도움이 되었으면 하는 바람이 간절하다.

그동안 시대사를 기획하고 집필과 교열에 참여해 준 연구회원 여러분들에게 진심으로 감사드린다. 아울러 책이 나오기까지 지원을 아끼지 않고 인내를 가지고 기다려 준 푸른역사의 박혜숙 사장님, 규모와 격조 있는 책으로 만들어 준 편집부 여러분들에게 진심어린 감사의 말씀을 드린다.

2015년 5월
한국역사연구회

'모든 역사는 현대사'라는 말이 있다. 그 뜻을 굳이 설명할 필요는 없겠지만 현대로부터 가장 먼 시대, 즉 '고대사도 현대사'라는 말로 한정한다면 다소 의아하게 생각할지도 모르겠다. 고대사는 사료의 한계로 인해 우리가 알 수 있는 역사적 사실도 매우 제한적이며, 개중에는 사실 여부를 둘러싼 논란도 없지 않다. 더구나 오늘날과의 시간적 격차도 크기 때문에 역사적 맥락에서 현대사와 간접적으로 연결시킬 수는 있을지 몰라도, '고대사도 현대사'라는 명제적 선언은 지나치다고 생각할 수 있다.

그러나 오늘날 우리 자신이 고대사를 어떻게 받아들이고 있는지, 또 고대사에 어떤 의미를 부여하고 있는지 몇몇 사례를 생각해 보면 위의 말이 충분히 이해되리라 생각한다. 근래에 한국, 중국, 일본 등 동아시아 3국 사이에 역사 분쟁이 적지 않은데, 그 분쟁 대상에서 고대사가 결코 빠지지 않는다. 오히려 다른 시대보다 더 큰 비중으로 분쟁의 중심이 되기도 한다. 물론 한일 관계에서는 단연 식민지 지배와 전쟁을 둘러싼 내용이 주를 이루지만, 임나일본부설 논쟁과 같은 고대사 관련 문제는 요즘도 종종 갈등으로 불거지기도 한다. 한중 관계에서는 특히 2003년 이래 중국의 '동북공정'으로 대표되는 고구려사, 발해사 역사 귀속 문제가 지금도 예민하게 남아 있다.

국가 간 문제만 있는 게 아니다. 우리 고대사는 일제 강점기에 식민사학의 피해를 많이 받은 영역이다. 그러기에 해방 이후 가장 엄격하게 식민사학을 비판해 왔으며, 그것은 한국 고대사 연구의 진전을 통해 이루어졌다. 그런데 최근까지도 고조선이나 한군현 문제를 놓고 아직도 비역사적이고 비학술적인 주장들이 횡행하는 이른바 '상고사 파동'이 거듭되기도 하는데, 이는 정치적인 입장이 학술을 통제하려는 그릇된 시도들의 영향이다.

이런 현실을 통해 우리는 고대사가 단지 먼 과거의 일이 아니라, 오늘날 역사 인식의 현장이라는 점을 알 수 있다. 이는 근대 역사학에서 고대사가 근대 국민 국가들이 지향하는 민족과 국가의 '기원'을 다루는 영역이 되었기 때문이다. 고대사는 때로는 과학적 인식보다는 근대 민족의 역사적 연원이라는 정치적 입장이 침투되는 대상이 되기도 한다. 그렇기 때문에 고대사는 더욱 엄격한 과학적 방법과 인식으로 접근해야 한다. 이는 이 책에서도 결코 놓지 않는 학술적 태도다.

이 책에서는 선사시대는 다루지 않는다. 선사시대가 중요하지 않아서가 아니라, 고대사 영역만을 정리하겠다는 것이 기획 의도다. 시간상으로는 선사시대에서 고대사로 이어지지만, 이 두 시대는 사회 구성부터가 전혀 다르기 때문이다. 고대사는 이른바 역사시대의 시작이며, 그것은 국가의 형성으로 나타났다. 그래서 '국가 형성론'은 고대사 연구의 주요 주제가 될 수밖에 없다. 1980년대 이후 고대 국가 형성에 대한 연구와 논의가 활발하게 전개되어 고조선을 비롯해 그 이후 등장하는 부여에서 삼국에 이르기까지 다양한 형태의 고대 국가에 대한 이해 폭이 확대되었으며, 특히 정치 체제로서 '부部'와 집권 체제에 대한 다채로운 연구가 이어져 왔다. 이런 성과들을 이 책에 집약해 담았다.

동시에 민족 형성에 대한 논의도 함께 이루어졌다. 민족의 개념, 한 민족을 구성하는 여러 종족에 대한 문헌적·고고학적 접근, 에스닉 그룹Ethnic Groups으로서의 민족 형성 문제 등이 탐구되었다. 통일신라시대론과 남북국시대론을 둘러싼 논의도 그런 범주에 해당한다. 그 결과 고대사의 주요 영역인 국가와 민족에 대한 과학적 인식을 마련하게 되었으며, 그러한 연구 성과들이 이 책에서 관련된 논지를 구성하는 토대가 되었다.

국가형성론에서 시작한 연구들이 다양한 방면에서 성과를 거두어가면서 고대사 연구는 폭과 깊이가 더욱 확장되고 심화되어 갔다. 여기에 국내 고고학의 다양한 조사 자료와 연구 성과가 축적되면서 삼한사를 비롯한 백제사와 신라사, 가야사 연구를 뒷받침했고, 북한과 중국 동북 지역의 고고 자료는 직접적으로 고조선, 고구려, 발해사 연구를 활성화했다. 비록 문헌 자료가 소략하지만 그런 만큼 자료에 대해 보다 철저한 비판적 검토가 진전되었고, 때때로 대중의 관심을 모으는 중요한 금석문도 발견되어 고대사의 연구 자료를 더욱 풍성하게 했다.

그리고 한국 고대사를 구성하는 여러 국가뿐만 아니라 고대 동아시아의 국제 질서에 참여하는 모든 국가와 종족들을 포함하는 동아시아 세계 속에서 한국 고대 국가들의 역동적인 움직임을 파악하는 연구들에 힘입어 고대사의 인식 범위가 확장되었다. 사실 정치와 외교 관계, 주민 이주, 문화 교류 등 고대 사회가 구축한 네트워크는 현대 세계 못지않게 광범위하며 연동성도 높았다. 이는 고대사와 현대사를 유기적으로 비교해서 살펴볼 수 있는 새로운 시각을 제시하며 최근 주목받는 글로벌히스토리의 주요 연구 대상이 되기도 한다. 이 책에서도 이런 방면의 연구 성과와 시야를 잘 반영할 수 있도록 유의했다.

그동안 한국 고대사학계가 거두어 온 연구 성과들이 결코 적지 않으며, 연구자들은 이러한 새로운 성과와 인식들을 시민들과 함께 나누기 위한 노력도 나름대로 계속해 왔다. 한국역사연구회 고대사분과에서는 그동안 《문답으로 엮은 한국고대사 산책》, 《삼국시대 사람들은 어떻게 살았을까》, 《고대로부터의 통신》 등으로 한국 고대사 연구 성과들을 정리해 왔다. 다만 쟁점이나 특정 주제별로 접근하다 보니 한국 고대사 전반에 걸쳐 보다 체계적으로 접근하는 책이 필요하다는 주변의 요구가 적지 않았다. 고대사분과에서도 그런 아쉬움을 갖고 있었기에 선뜻 이 책을 기획했다.

이 책은 한국 고대사의 개설서로 활용할 수 있도록 의도하면서, 두 권으로 나누어 구성했다. 먼저 1권은 고대사의 시기별 전개 과정을 다루었는데, 종래 개설서들이 각국의 정치 발전 단계를 기준으로 서로 다른 시기의 역사적 상황을 마치 같은 시기에 일어난 것처럼 기술한 모순점을 해결하려 했다. 이에 고대사의 전개 과정을 삼국의 정립을 기준으로 크게 '고대 사회의 형성'과 '고대 사회의 발전과 재편' 등으로 구분한 다음, 시간순에 따라 고조선의 성립과 초기 국가의 전개, 삼국의 정립과 부여·가야의 소멸, 삼국 간의 갈등과 재편, 그 결과로서 통일신라와 발해사의 전개 등을 다루었다. 2권은 일종의 주제별 접근으로서 생산력과 공동체, 고대 정치 체제와 신분제, 국가 재정과 수취 제도, 정신세계와 지배 이데올로기라는 네 개 분야의 거시적 주제를 잡아 고대 사회의 주요 분야를 다루었다. 이 주요 주제들은 그동안 한국 고대사학계가 성취해 온 주요 연구 영역이라는 점에서 독자들께서도 충분히 주목할 만하다고 생각한다.

역사가 남긴 작은 조각들과 기억의 파편들을 모아 날줄과 씨줄로 엮어 하나의 역사상을 만드는 작업을 통해 우리는 과거로부터 교훈을 얻고 오늘을 살아갈 지혜를 배운다. 그러기에 지금으로부터 천 년 이전의 먼 과거이지만, 고대인들이 우리에게 전해 주는 메시지를 생생하게 복원하는 것이 우리에게 주어진 중요한 몫이라는 생각으로 이 책을 만들었다. 이 책이 독자들에게 우리 고대사를 살펴볼 수 있는 작은 길잡이가 될 수 있기를 기대한다.

2016년 10월
저자 일동

차례

우리 역사상 첫 국가 고조선이 멸망한 후, 고조선의 세력 범위 안에 있던 여러 지역 집단은 각자의 길을 모색했다. 중국 동북 지방에서 일찍부터 존재했던 부여扶餘 외에, 새로이 고구려가 등장했고, 한강 이남에서는 고조선의 백성들이 내려가 삼한三韓을 세웠다. 그리고 고구려 동쪽 땅에서는 고조선 후기쯤 등장한 옥저沃沮와 동예東濊가 새롭게 성장했다.

이들 초기 고대 국가는 기원 전후한 시기에 고조선 사회나 이후의 삼국 사회와 어느 정도 차별성을 지니고 오래 동안 독자의 역사를 유지했다. 이 시기는 아직 중앙 왕실의 권력이 성장하지 못하고 여러 소국들이 느슨한 연맹 관계를 형성한 시기였다. 다만, 초기 국가에 이르러서는 미숙하나마 집권적인 권력을 가진 국왕이 나타나 여러 소국을 통합, 지배했다. 그리고 국왕을 중심으로 국가 체제가 정비되고, 영토의 확대가 이루어진다.

고대 사회의
형성

초기 고대 국가의 형성과 그 구조

고조선의
성립

청동기 문화와 고조선의 등장

기원전 1000년대 전반, 동아시아 전역에 청동기가 출현한다. 청동기 사용으로 일어난 가장 큰 변화는 계급의 발생과 불평등의 심화라고 할 수 있다. 청동기시대에는 경제가 발전하고 인구가 늘어나면서 씨족 사회보다 규모가 큰 부족 사회가 발생했다. 시간이 지나면서 부족 안에서도 집단 간 경제적 차이가 생겨나고, 그 지역 일대의 여러 읍락을 다스리는 정치와 종교의 중심지가 형성된다. 《삼국지三國志》〈동이전東夷傳〉의 기록을 살펴보면 이러한 정치적 중심지를 소국小國, 또는 국읍國邑이라고 불렀다. 그 가운데 고조선이 우리 땅의 첫 번째 나라로 등장한다.

'조선朝鮮'이라는 말은 원래 한 지역의 이름이자 종족의 이름이었다. '조선'이라고 불리는 지역의 종족이 점점 성장하여 나라를 이루게 되자 그 지역(종족) 이름이 나라 이름으로 사용된 것이다. 애초에 어디에서 조선이란 이름이 유래했는지 확실하게 알 수는 없지만, 《사기史記》〈조선열전〉에 따르면, 고조선 사람들이 살던 땅에 흐르던 강의 이름에서 조선이란 이름이 유래했다는 것이 유력해 보인다.

'조선'이 처음 나오는 《관자管子》의 기록에 따르면 기원전 7세기 무렵 조선은 중국의 산동반도에 있었던 제齊에서 8천 리 떨어진 곳에 있었다고 한다. 이는 중국과 멀리 떨어진 곳에 고조선이 있었다는 뜻으로 볼 수 있다. 그리고 조선의 특산물로 호랑이(범) 가죽이 있으니 교역할 것을 건의하는 내용도 나온다. 이를 통해 중국 춘추시대 당시 고조선이 중국인에게 알려져 있었음을 알 수 있다.

고조선 사람들은 남만주의 요동 일대와 한반도 서북부를 중심으로 살았다. 이 지역은 일찍부터 농경이 발달했다. 이곳의 주민은 주로 예족濊族과 맥족貊族으로, 언어와 풍속이 서로 비슷했고 그중 우세한 세력을 중심으로 다른 집단이 정복되거나 통합되었다.

청동기시대에 고조선을 세우는 데 가담한 여러 작은 나라들은 지금의 평안도 일대(한반도 서북부)와 남만주의 요동 반도에 걸쳐 흩어져 있었다. 사마천이 쓴 《사기史記》〈흉노열전匈奴列傳〉을 보면 '조선' 서쪽에 '산융'·'동호'와 같은 종족 집단이 있었는데 "100여 개 오랑캐가 하나로 통일되지 못했다"고 한다. 당시에는 아직 강한 세력을 지닌 정치 집단이 형성되지 못하고 여러 소국들이 난립하고 있었음을 알 수 있다. 이들 '융적戎狄'의 동쪽에 있었다는 고조선의 상황도 이와 매우 비슷했을 것이다. 당시 고조선의 상황을 이해할 수 있는 기록은 없지만 주변 지역의 종족 집단을 통해 추론해 보면, 고조선은 주변 오랑캐와 마찬가지로 어떠한 통치 조직도 완비되지 않았고, 각기 우두머리를 지닌 집단들이 느슨한 연맹체를 이루었던 것으로 보인다.

고조선 연맹체의 중심 세력은, 처음에는 여러 종족 집단을 느슨하게 통치했지만 기원전 4~3세기가 되면 중국의 연과 겨룰 정도로 힘이 커진다. 중국 사람들은 이러한 고조선 사람들을 오랑캐라 부르며 더럽고 '맥貊'과 같은 짐승이 사는 지역의 사람들이라는 뜻으로 '예맥족'이라 불렀고, 고조선 사람들을 '교만하고 사납다'고 했다.

이 당시 고조선 사람들의 활동에 대한 명확한 기록은 없다. 단지 고고학 자료를 통해 그들이 남긴 생활 흔적만을 추적할 수 있을 뿐이다. 청동기시대 요동 지역과 한반도 서북 지방에서 살았던 예맥족과 고조선 사람들이 남긴 대표적 문화는 비파형(요령식) 동검 문화다. 남만주 지방의 대표적 청동기 문화인 '비파형 동검 문화'에 대해서는 여러 해석이 있다. 비파형 동검 문화는 요서 대릉하 유역에서 요동 지역, 그리고 한반도에 걸쳐 집중 분포하고 있다. 따라서 우리 학계에서는 고조선 사람들이 창안한 것으로 보지만 중국이나 일본 학계에서는 남만주 일대에 살았던 '산융'·'동호'로 표현된 오랑캐들의 대표적 문화로 설명한다.

남만주 지역에서 청동기 문화가 발전한 시기는 기원전 8~7세기 이후이므로 비파형 동검을 사용한 주민 집단을 단군조선으로 보기는 힘들다. 문헌 기록을 보면 기원전 8~7세기에 요령성 일대에는 산융, 동호, 예맥, 조선 등의 종족 집단이 활동하고 있었다. 따라서 비파형 동검은 고조선만이 아니라 이들 종족 집단 모두가 사용한 유물임을 알 수 있다.

남만주 지역의 초기 청동기 문화 요소 가운데는 비파형 동검 외에도 무덤으로서 지석묘와 석관묘, 미송리형 토기 등이 주목된다. 비파형 동검 문화 전성기 요서·요동 지역에서 출토된 청동 유물을 보면,

초기 세형동검
요령식 동검의 형식이 남아 있는 초기 세형동검
(대전 괴정리 출토).

중기 세형동검
T자형 손잡이와 뚜렷하지 않은 결입부가 특징
(평안남도 평원군 신송리 유적).

말기 세형동검
검신이 비교적 작고 곧다(월성 입실리 출토).

비파형(요령식) 동검　중국 요령성 여대시 강상에서 발굴된 고조선의 비파형 동검이다. 비파형 동검은 청동기시대의 무기 혹은 제기로, 검신의 형태가 비파와 비슷하다고 해서 붙여진 이름이다. 비파형(요령식) 동검 문화는 청동기시대 요동 지역과 한반도 서북 지방에서 살았던 예맥족과 고조선 사람들이 남긴 대표적 문화다. 한반도 내에서는 현재까지 약 40여 자루의 비파형 동검이 알려져 있다. 함경도 지방을 제외하고 거의 전역에서 발견되고 있으며, 주로 서북 지방에 많이 분포되어 있다. 유적의 분포가 중국의 동북 지방과 한반도 서북 지방에 조밀한 것은 당시에 이 지역이 동일문화권에 속했기 때문인 것으로 추정된다.

요서 지역에서는 날이 안으로 휜 칼, 자루 끝에 소머리 형상을 단 칼, 곡괭이 등의 공구류와 과戈, 월鉞, 청동제 투구 등의 무기류가 주로 출토된다. 반면 요동遼河以東(요하의 동쪽) 지역에서는 요서와 달리 청동제 장식품에서도 동물을 사실적으로 묘사한 문양이 없고, 석도石刀나 석부石斧 등 농기구로 볼 수 있는 것이 많이 출토되고 있어 요서·요동 양지역 간 주민 집단의 차이를 엿볼 수 있다. 요서 지역에서는 보이지 않는 탁자식(북방식) 지석묘가 요동 지역에서 서북한 지역에 걸쳐 하나의 세력권을 이루고 집중 분포하고 있음은 특정 정치 집단의 존재와 연결된다. 토기 역시 요하를 경계로 요서 지역에서는 삼족기三足器가, 요동 지역에서는 미송리형 토기가 출현한다. 이때 요동 지역에서 청동기시대에 형성된 정치체政治體는 고조선 외에 달리 언급할 세력이 없다. 그렇다면 고조선 서쪽에서 청동기 문화를 영위한 세력은 문헌 기록을 종합하면 산융, 동호 등 융적戎狄으로 보는 것이 합리적이다.

고조선 사회의 성장

서북한 지역을 중심으로 분포하는 탁자식 지석묘와 팽이형 토기 문화는 요동 지역의 미송리형 토기 문화와 함께 고조선의 중심 청동기 문화로 발전했다. 이러한 청동기 문화를 바탕으로 고조선은 하나의 정치체로 성장해 나갔다. 기원전 3세기를 지나면서 중국 전국시대 철기 문화가 남만주 지역과 한반도에 영향을 미치게 된다. 이들 중국 전국시대의 문화 및 주민의 이주 등으로 요령성과 한반도 지역에는 토광묘와 철기 문화라는 새로운 문화 변동이 일어나게 된다. 이전의 비파형 동검 문화도 이른바 세형동검 문화로 발전하게 되는데, 그 중심지는 서북한 청천강 이남 지역이었다. 일찍이 청동기시대부터 서북한 지역에서 성장하던 주민 집단들은 요령 지역의 선진 청동기 문화와 철기 문화를 받아들여 새로이 세형동검 문화를 창조해 낸 것이다.

이 시기에 한반도 서북 지방에는 전국시대부터 하북·산동 방면의 중국인들이 이주했고, 기원전 3세기 후반에는 이주민에 의한 정치 세력이 등장했다. 이러한 사실은 중국 사료나 고고학 유물에서 드러나고 있다. 예를 들어《후한서後漢書》권76 〈왕경전王景傳〉에 의하면, 후한 초기에 낙랑군 출신 왕경의 8세조 되는 왕중王仲이 제왕濟王 유흥거劉興居의 반란(기원전 177)에 연좌될 것을 두려워하여 본거지인 산동의 낭야 땅에서 뱃길로 평양 부근의 낙랑 산중으로 흘러들어 와 대대로 살았다고 한다.

흉노였던 기원전 3세기 초에는 연燕이 장수 진개秦開를 시켜 요서 지역에 위치한 동호를 요령 지역에서 밀어낸 후 요동 지역 천산 산맥 일대까지 5개의 군郡과 장성을 설치했다. 요동 요양시에는 요동군을 두었다. 이때 설치된 장성 근처에서 다량의 와당, 명도전, 철기 등이 발굴되었는데, 이 유물들은 서북한 지역의 청천강 유역을 경계로 그 이북에서만 출토되고 있다. 이러한 고고학 자료의 분포를 통해, 연이 동호를 공격하는 과정에서 요동-청천강 유역의 고조선도 공격하여 요동 지역에 존재하던 (지역) 집단들의 이동을 초래하고 고조선은 패수(청천강 또는 압록강) 이남 지역을 중심으로 새로이 국가적 성장을 지속해 나갔음을 알 수 있다.

고조선은 점차 중국이나 주변 종족 집단들에게 하나의 정치체 혹은 국가로 인식되기 시작한다.《삼국지》에 인용된《위략魏略》에는 고조선이 일정한 지배 체제를 갖추고 '왕王'을 칭했고 연燕을 공격하려 한 사실을 기록하고 있다. 당시 고조선의 왕은 주변에 산재한 지역 집단의 연맹장이라는 직책을 수행하면서 박사博士·대부大夫와 같은 관료 체계를 마련했다. 왕이 일정한 통제력과 관료 체계를 갖춘 것으로 보아 당시 고조선은 이미 국가로서의 특성을 갖추고 있었음을 알 수 있다. 기원전 3~2세기 이래 고조선은 연과 대립 관계를 형성하면서 점차 국왕을 정점으로 전 지역을 포괄하는 지배 체제를 정비하고 중앙 정부의 통제력을 강화해 나갔다.

위만의 등장과 위만조선

위만조선의 성립

기원전 2세기 초에는 요동—서북한 지역에 독립 정권이 발생했다. 바로 연燕 땅에서 서북한 지역으로 망명해 온 위만에 의해 수립된 위만조선이다.

《사기》〈조선열전朝鮮列傳〉에 따르면, 위만은 연燕 사람으로 한漢 고조高祖가 연왕燕王으로 봉한 노관盧綰의 부장副將이었다. 여후呂后 시기에 노관이 자신의 위험을 깨닫고 흉노匈奴로 망명하자, 위만은 독자적으로 조선 땅으로 들어와 패수浿水와 왕검성王儉城 사이의 지역, 즉 옛 진秦의 공터로 중국과 고조선의 경계인 '진고공지秦古空地'에 거주했다.

현재 중국의 연·진시대 장성長城의 위치를 보건대, 위만의 초기 거주지는 대체로 천산산맥 동쪽에서 청천강 일대에 이르는 너른 지역을 포괄했을 것으로 보인다. 위만이 조선 땅으로 오면서 건넜다는 패수는 요동 지역을 나와 건넜던 강이므로 압록강이 아니면 청천강일 수밖에 없다. 그리고 패수와 왕검성 사이 지역은 바로 한반도 서북 지역을 가리킨다. 이러한 중국 동쪽과 고조선 서쪽 사이의 공백 지대는 진대秦代 당시 '공지'로 분류되어 관리의 손길이 미치지 않았다.

위만이 이주민이나 토착민을 세력하에 두고 위만조선을 세웠던 시기는 전한前漢 혜제惠帝 때, 즉 연왕 노관이 흉노로 망명한 기원전 194년 이후의 일이다. 위만과 그 자손은 평양을 중심으로 하는 서북 지역뿐만 아니고 남방이나 동방으로 세력을 확장하여 고조선 주변의 소국인 진번眞番(지금의 황해도 지역)과 임둔臨屯(지금의 동해안 일대)도 지배하에 두었다. 그리고 그 북쪽에 위치한 동옥저도 한때 위만조선의 지배를 받게 된다. 위만조선은 주변 지역에 대한 정복을 통해 지배 체제를 확립한 후, 세력 범위하의 여러 지역 집단이나 진번 곁에 위치했다는 여러 소국들이 요동 지역의 중국 군현에 직접 조공하고 교역하는 것을 금지함으로써 중계 무역을 통해 많은 이익을 챙겼던 것으로 보인다.

위만조선의 이러한 태도는 무엇보다 자국의 실력에 의지하는 것이겠지만, 한편으로는 당시 중국 북방에서 강대한 정치 세력을 형성했던 흉노제국과 연계 가능성이 또 하나의 힘으로 작용했다고 볼 수 있다. 이러한 자신감을 바탕으로 위만조선은 수도인 왕검성을 중심으로 덧널무덤과 세형동검을 사용하는 독자적인 문화도 탄생시켰다. 위만에 왕위를 빼앗긴 준왕準王은 자신을 따르는 신하들과 일부 백성을 데리고 한강 이남으로 내려갔다. 그리고 그곳에 정착하여 '한왕韓王'이라 칭했으니, 이제 '한韓'이라는 종족 이름과 나라 이름이 사용되기 시작했다.

위만조선의 국가적 성격

《사기》〈조선열전〉을 보면 위만은 고조선으로 들어올 때에 북상투를 틀고 오랑캐 옷을 입었다고 한다. 왕이 된 뒤에도 나라 이름을 그대로 조선이라 했으며, 위만 정권에는 토착민 출신으로 높은 지위에 오른 자가 많았다. 따라서 위만의 고조선은 이전의 고조선을 계승한 것으로 볼 수 있다. 위만은 처음 남만주 지방에서 계속 흘러들어 온 유이민을 포섭하여 세력을 키웠다. 위만과 그를 따라온 유이민은 중국적 세계 질서를 거부한 세력으로, 고조선이라는 체제 안에 흡수되어 국가 발전의 주요 세력이 되었다. 따라서 고조선 후기 단계의 정치는 토착 고조선계 주민 집단과 중국계 유이민 집단이 함께 지배층을 이루어 국가를 운영해 나갔다.

위만조선이 성립되기 이전인 기원전 3~2세기에 고조선의 토착민들 사이에는 이미 상당히 커다란 권력을 가진 족장 또는 수장이 있었던 것으로 보인다. 이는 서북한 지역 평양 상리에서 조사된 토광묘나 평안북도 위원군 용연동에서 출토된 철제 농기구와 무기 등 세형동검 문화가 발달한 것을 바탕으로 추측할 수 있다.

당시 고조선의 관직 체계는 중국에 비해 세분화가 덜 된 상태였으나 어느 정도 체제를 갖추고 있었다. 고조선 관직 체계의 가장 큰 특징은 재지 기반在地基盤을 가진 족장 세력들을 중앙 관료직으로 편입하는 중층적 구조를 갖고 있었다는 점이다. 중앙의 왕은 지방 사회에 기본적으로 거수渠帥를 통해 지배력을 발휘했으며, 그들 가운데 중앙으로 진출한 이들이 상직相職을 지니게 되었는데 문관직은 전부 상相이라 부르고 무관직은 장군將軍이라 불렀다. 상과 장군 밑에는 실무 행정을 담당하는 비왕神王이 있었다.

관료 제도를 통해 볼 때 고조선은 일정한 정치 기구를 갖춘 국가의 단계에 있었으나, 그 사회 구조는 아직 지방의 지역 공동체에 토대를 둔 부족 또는 종족 연합의 상태를 완전히 벗어나지 못한 단계였으며, 관료 기구 또한 강력한 고대 중앙 집권 국가의 관료 기구에 비하면 초보적인 것이었다.

고조선 말기에는 조선상朝鮮相 역계경歷谿卿이 우거왕과 뜻이 맞지 않아 2천여 호를 거느리고 남방 진국辰國 땅으로 옮겨 가기도 했다. 당시 상황에서 족적族的 유대 없이는 역계경과 같은 주민 집단의 대이동은 거의 불가능했을 것이다. 이들 각 지역 집단의 우두머리가 조선의 상相이 된 것은 후기 고조선, 즉 위만조선이 위만을 포함한 한족漢族 유이민을 하나의 단위로 한 집단과 토착 사회 여러 집단들이 상호 융합하여 이루어졌기 때문임을 알 수 있다. 다시 말해 대동강 유역에서는 위만 이전부터 정치력이 성장하여 하나의 우세 지역 집단이 영도 세력으로 등장하는 소국小國 연맹이 형성되었다고 생각되며, 이러한 토착 사회의 기반 위에 한족의 유이민이 이주하면서 위만 왕조가 수립된 것으로 보인다.

한편 고조선 사회에서는 이미 상류층과 평민으로 구분되는 세습 신분층이 형성되어 부모의 신분이 자식에게 이어졌다. 평양 상리에서 발견된 고조선 지배층의 무덤에서는 화려한 부장품이 출토되어, 당시 고조선 사회의 상류 계급이 큰 위세를 부렸음을 알 수 있다.

지역 공동체에 기반을 둔 위만조선 통치 체제의 모습은 고조선의 법률인 〈범금팔조犯禁八條〉의 사유 재산 침해에 대한 엄격한 추궁과 응보주의應報主義적 요소 등에서도 확인할 수 있다. 현재 전해지는 3개 조목의 내용만 보아도 당시 사회에 권력과 경제력의 차이가 생겨나고 재산의 사유가 이루어지면서 형벌과 노비도 발생했음을 알 수 있다. 그리고 당시 사회에서는 노동력과 사유 재산을 중요하게 여기고 보호했다는 것도 알 수 있다.

한漢의 군현이 설치된 후 억압과 수탈을 당하던 토착민들은 이를 피해 이주하거나 단결해 한의 군현에 대항했다. 이에 한의 군현은 엄한 율령을 시행하여 자신들의 생명과 재산을 보호하려 했다. 그에 따라 법 조항도 60여 조로 증가했고 풍속도 각박해져 갔다.

위만조선은 지리적 이점을 이용하여 동방의 예濊나 남방의 진辰이 직접 중국의 한과 교역하는 것을 막고 중계무역의 이득을 독점하려 했다. 이러한 경제적·군사적 발전을 기반으로 위만조선은 한과 대립했다. 게다가 고조선이 흉노와 긴밀한 관계를 맺고 점차 세력이 성장하게 되자 이에 불안을 느낀 한의 무제武帝는 수륙 양면으로 대규모 침략을 감행했다. 고조선은 1차의 접전(패수)에서 대승을 거두었고, 이후 약 1년간 한의 군대에 맞서 강하게 대항했다. 그러나 장기간의 전쟁으로 지배층의 내분이 일어나 기원전 108년 왕검성이 함락되어 멸망했다.

고조선 후기의 지배 체제를 보면, 지방 세력들이 중앙으로 올라와 귀족 집단을 형성하고 왕과 협의하여 통치함으로써 왕은 초월적인 지배권을 행사하지 못했다. 다만 대외적 교류나 제의祭儀 등을 통해 지역 집단을 통할한다는 점에서 고조선의 지배 체제는 삼국 초기의 지배 체제인 부部 중심의 정치 구조와도 연결되는 측면이 많다. 그러나 고대 사회의 기본 통치단위였던 '부'가 고조선에 존재했다는 기록이 보이지 않고, 구체적인 면에서는 고조선의 정치 운영이 삼국 전기의 그것과 차이가 있었다고 할 수 있다.

고조선의 단군신화

일연一然은《삼국유사三國遺事》에서 고조선을 단군왕검이 세운 왕검조선王儉朝鮮이라고 규정하고, 고조선의 역사와 사회 모습을 신화로 묘사하고 있다. 우리 역사상 첫 국가의 경험은 신화의 세계 속에서 묘사되고 있는 것이다.

이른바 '단군신화'의 앞부분은 하늘에서 내려온 천신족 환웅桓雄이 주인공으로 나오고, 뒷부분은 환웅과 지상의 곰이 여인으로 변해 낳은 단군이 주인공으로 되어 있다. 고조선을 세웠다는 단군은 하늘을 상징하는 환인·환웅과 땅을 상징하는 곰의 결합으로 태어난다. 이것은 하늘과 땅의 신비스러운 결합으로 고조선의 건국 시조가 탄생했음을 표현한 것이라 할 수 있다.

환인桓因이라는 단어는 천제天帝·일신日神을 뜻하는 불교식 칭호로서, 오늘날의 하느님과 같은 단어다. 환인은 지고신으로서 하늘신이고 환웅은 인격화한 하늘신, 곧 최초의 문화 영웅으로 이해할 수 있다. 이러한 주장을 따른다면 홍익인간이라는 이념은 환웅과 무리 3천

"웅녀는 혼인할 상대가 없었기 때문에 날마다 신단수 아래에서 아기를 갖게 해 달라고 빌었다. 환웅은 잠시 사람으로 변해 웅녀와 혼인하였고, 웅녀는 잉태하여 아들을 낳았으니 이 분을 '단군왕검'이라 한다熊女者 無與爲婚 故每於壇樹下 呪願有孕 雄乃假化而婚之 孕生子 號曰 壇君王儉."

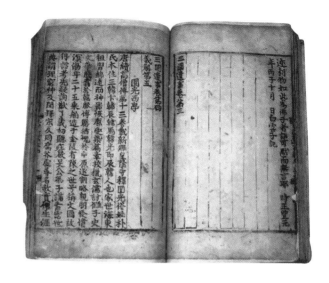

삼국유사　1281년(충렬왕 7) 승려 일연이 편찬한 역사서로, 전체 5권 2책으로 되어 있고, 권과는 별도로 왕력王歷·기이紀異·흥법興法·탑상塔像·의해義解·신주神呪·감통感通·피은避隱·효선孝善 등 9편으로 구성되어 있다. 고조선으로부터 후삼국까지의 단편적인 역사를 57항목으로 서술한 기이에서는 고조선을 단군왕검이 세운 왕검조선王儉朝鮮이라고 규정하고, 고조선의 역사와 사회 모습을 신화로 묘사하고 있다.

의 하강이라는 줄거리를 함께 고려할 때 고조선 사회의 계급적 지배 원리로 해석할 수 있다. 다만 그 이념은 고조선 당시에 등장한 사상으로 볼 수 없고, 일연이《삼국유사》를 편찬한 시기의 인식을 표현한 것으로 보아야 한다.

　고조선을 세운 지배자들은 자신들이 하늘의 선택을 받은 사람들이고 백성을 잘 다스릴 수 있다고 생각했다. 그들은 이러한 사상을 가지고 일반 백성을 다스렸다. 단군왕검은 어느 한 사람의 이름이 아니다. 부족 사회에서 제사장을 의미하는 '단군'이라는 말과 정치적 지배자를 가리키는 '왕검'이라는 말을 합해 놓은 일반 호칭이었다. 즉, '단군왕검'은 제사장과 정치 권력자의 지위를 겸하는 제정일치 사회의 우두머리를 가리키는 말이다. 이러한 말이 주변 지역을 정복하고 통합해 가는 과정에서 고조선의 최고 지배자를 가리키는 호칭으로 자리 잡은 것이다.

단군왕검은 1500년 동안 나라를 다스렸다고 한다. 이는 옛날부터 우리 조상들이 단군조선의 역사가 오래 되었음을 믿었고, 그것을 1500년 이라는 긴 시간으로 표현한 것이다. 단군신화는 우리 겨레 최초의 지배자가 어떻게 등장했는지 설명해 준다. 환웅이 주관하던 360여 가지 인간사 가운데 곡식을 주관한다는 내용이나 풍백, 우사, 운사의 존재, 쑥과 마늘의 존재 등에서 초기 고조선 사회는 농업을 중시하는 농업 공동체 사회였다고 볼 수 있다. 그때는 중국 동북 지방에 비파형 동검 문화가 발전하던 시기(기원전 1000~기원전 300)와 비슷한 것으로 보인다.

단군신화는 우리 민족이 처음 나라를 창건한 역사적 경험을 신들의 이야기, 즉 신화의 형식으로 이야기한 것이다. 따라서 신화의 내용은 환상적으로 꾸며 낸 것도 아니며, 그렇다고 역사적으로 존재했던 사실 그대로도 아니다. 단군신화는 청동기 문화를 기반으로 하는 정치 세력이 여러 부족을 통합하고 고조선을 일으키면서, 자신들이 집권한 것이 매우 정당하고 합법적인 절차에 의한 것이었음을 뒷받침하기 위한 사상으로 제시한 것이다.

기자동래설

《삼국유사》 고조선조의 기록에 따르면 초기 고조선에서 단군 다음으로 고조선을 이끈 인물은 기자箕子라고 한다. 기자가 활동한 시기는 기원전 11세기경으로, 기자가 동쪽 조선 땅에 와서 왕이 되었다는 이야기는 한 대의 역사서 《상서대전尙書大典》에 처음 등장한다. 이후 사마천司馬遷의 《사기》나 반고班固의 《한서》에도 비슷한 내용이 실렸는데, 대략 다음과 같다.

은殷(商) 말엽에 '기자'라는 현인이 있었는데 주왕紂王의 폭정을 말리다가 투옥되었다. 은을 멸망시킨 주周 무왕武王이 풀어 주었으나 그는 곧 '조선'으로 도망했다. 나중에 이를 알게 된 무왕은 그를 조선 왕으로 책봉했다. 기자는 조선의 제도와 문화를 발전시켰고, 〈범금팔조〉를 제정하여 조선 사람들에게 그것을 지키도록 계몽했다. 후에 기자는 무왕을 찾아가서 〈홍범구주洪範九疇〉를 전수하여 통치의 기본 규범으로 삼도록 권유했다. 기원전 194년 위만에 의해 쫓겨난 조선의 준왕은 기자의 후예이다.

고려와 조선의 유학자들은 이러한 전설을 그대로 믿었다. 기자를 우리나라에 예의범절을 가르친 성현으로 숭배하면서, 그 교화를 입은 문화 국가임을 자랑으로 여겼다. "중국과 우리나라는 기자 이래 문화적으로 한집안을 이루었으므로 외국으로 보기 어려우며, 우리의 문화 수준은 중국의 그것에 조금도 뒤지지 않는다"는 생각이었다. 기자가 조선 왕에 책봉되었다는 사실은, 대외적으로는 명과의 사대 관계를 역사적으로 정당화해 주는 한편, 조선이 중국과 대등한 문명국이라는 '소중화小中華' 의식을 갖게 했다.

그러나 20세기 민족의식의 고양과 함께 기자가 조선으로 왔다는 전설은 부정되었다. 그 근거로 이를 기록한 문헌들이 모두 기원전 3세기 이후에 쓰였다는 점이 제일 먼저 거론된다. 기자는 기원전 1000년 전후 상 멸망기에 주왕의 신하였던 실존 인물로 등장한다. 따라서 만일 기자가 한반도 지역에 와서 기자조선을 세웠다면, 기원전 3세기 이전에 저술된《논어論語》나《죽서기년竹書紀年》등의 책에 '기자가 조선으로 갔다'는 기록이 당연히 보일 법한데 그렇지 않다. 다만 주 무왕대에 "기자가 존재했다"는 기사만 나타난다. 한편 기자의 무덤이 하남성이나 산동성 등지에 있었다는 기록도 있다.

고고학적으로도 고조선 등 동북아시아의 청동기 문화는 황하 유역의 그것과 계통상 뚜렷한 차이가 있다. 만약 기자 집단이 어떤 경로를 통해서든 조선에 와서 왕조를 세웠다면 두 지역의 청동기 문화에 긴밀한 상관성이 보여야 한다. 그러나 사정은 그 정반대다. 한반도 지역에서 출토되는 청동기시대 고고학 자료 가운데 기자의 이동을 입증할만한 상주商周시대 청동기 자료는 나오지 않고 있다.

고고학적으로 요서 지역에서 나온 '기후箕侯'나 '고죽孤竹' 등의 이름이 쓰인 청동예기靑銅禮器 매장 유적은 상商 멸망 후 주周 왕조에서 이 지역에 기씨箕氏 세력을 분봉하고 주민을 이주시킨 것과 연관되며, 산융山戎 등 융적戎狄 사회에 상商 유민들이 살았다는 증거에 불과하다. 즉 선진先秦 문헌에 등장하는 기자조선의 국가였다는 요하 서쪽의 고죽국孤竹國이나 기국箕國 등은 모두 중국 연燕이 관할하던 상족商族 후예들의 국가였고, 그 국가들은 실질적으로 '산융' 등 유목 민족 계통의 소국으로 볼 수 있다. 따라서 한대 이후 문헌 기록에 나오는 '기자동래설'은 문명의 전수자로서 기자를 강조하고자 한 한漢 역사가들의 관념 속에서 나온 이야기라고 할 수 있다.

고조선 주변 지역의 동향

부여의 성립과 건국 설화

위만조선이 존재할 당시 그 북쪽 지역에는 부여국이 있었다. '부여扶餘'라는 이름은 《사기》〈화식열전貨殖列傳〉의 "연燕이 북으로 오환·부여와 인접했다"라는 기록에서 처음 보인다. 부여가 위치한 중심 지역은 송화강 연안의 동북 평원 일대였다. 때문에 부여라는 나라 이름도 평야를 의미하는 '벌[伐, 弗, 火, 夫里]'에서 유래한 것으로 추정된다.

부여족의 건국 설화를 보면 북방 계통의 설화들과 밀접히 관련되어 있어, 북쪽에서부터 송화강 유역으로 남하한 세력에 의해서 부여가 건국되었을 가능성이 크다. 기원전 1세기 중엽 후한의 학자 왕충王充이 지은 《논형論衡》〈왕험편王險篇〉이나 《위략魏略》〈일문逸文〉에 의하면 부여의 시조 동명東明은 본래 북이北夷 탁리국臺離國 왕의 시녀가 일광日光에 감응하여 출산한 자였다. 그가 성장하면서 신이神異한 바가 많으므로 왕에게 용납되지 못하고 남쪽으로 달아나 엄호수를 건너 부여에 와서 왕이 되었다고 한다.

건국자가 이처럼 햇빛에 의해 감정출생感精出生했다고 하는 것은 몽고·만주에 널리 퍼져 있는 이른바 '감정형' 신화의 요소이다. 또한 물고기와 자라 떼가 다리를 이루어 대하大河를 건너게 했다는 설화상의 모티브는 북방의 풍토에서 생겨날 수 있는 구상으로 볼 수 있다. 북아시아의 어렵·수렵 민족들 사이에 많이 전해지는 물고기의 등을 다리로 해서 바다나 강을 건넜다는 식의 설화는 북아시아 지역의 기후 특성과 관련이 있다. 곧 겨울에는 얼음이 얼어 교통이 편리하지만, 봄이 되면 얼음이 녹아 왕래가 자유롭지 못한 풍토 속에서 생겨났음직한 설화로 생각된다. 결국 부여 동명 설화의 내용은 부여와 고구려인이 북아시아의 풍토를 배경으로 서서히 발전했음을 나타내는 것이다.

이 설화의 기본 줄기는 왕이 탁리국橐離國에서 엄호수를 거쳐 부여까지 망명하여 도읍을 정했다는 이른바 부족의 이주 설화라 할 수 있다. 이와 같이 자신들의 시조를 정복 족장으로서 천제天帝의 아들이나 일월日月의 아들로 여기고 스스로는 천신天神족 또는 신성神聖족으로 생각하는 것은, 단군신화 이래 신라의 박혁거세·석탈해 설화나 가야의 김수로왕 설화에서도 찾을 수 있다. 이들 설화의 기본 내용은 유이민 출신이 왕이 되고 왕비는 대개 토착족 출신이며, 시기상으로는 대개 고대 국가 초기 단계의 국가 건설 모습을 반영한다.

부여 동명 설화도 동명으로 대표되는 집단이 탁리국에서의 세력 갈등을 피하여 남하·망명함에 따라, 동북 평원에 먼저 자리 잡은 예족濊族들이 이들 동명 집단을 구심점으로 국가를 형성했음을 시사한다. 즉 부여의 건국자들은 '탁리'라고 부르는 송화강 북쪽 어느 곳에서 남하하여 정착한 것으로 볼 수 있다.

그 시기는 대체로 기원전 3~2세기경으로 추정된다. 《사기》〈화식열전〉에서 전국 7웅戰國七雄의 하나인 연燕에 대한 기사 가운데 고조선·진번과 함께 부여가 보인다. 이 기사와 《한서》 지리지에 오환과 함께 등장한 것을 근거로 부여가 기원전 2세기, 즉 전한前漢 초기에 등장한 삼국사기의 백제본기 《삼국사기》에서 472년(개로왕 18) 백제가 북위에 보낸 국서의 내용이 기록된 대목. 개로왕은 고구려를 '시랑豺狼', 즉 '승냥이와 이리'라 부르면서 백제와 고구려의 뿌리가 모두 부여라고 언급하고 있다. 부여는 연맹 왕국의 단계에서 멸망했지만 역사적 의미는 매우 크다. 고구려나 백제의 건국 세력이 부여의 한 계통임을 자처했고, 또 이들의 건국 신화도 같은 원형을 바탕으로 하고 있기 때문이다.

사실은 분명히 확인할 수 있다.

한의 요동 진출과 예군 남려

고조선은 기원전 4세기 말에서 기원전 3세기 초에 한반도 서북 지방을 중심으로 요동 지역에까지 일정한 영향력을 행사하며 성장하고 있었다. 이때부터 중국 연燕은 요령성 일대로 진출하기 시작했다. 연의 동방 침략은 소왕昭王 때에 장수 진개에 의해 크게 진전되었는데, 그는 기원전 300년을 전후한 시기에 요하 상류에 근거를 두고 있던 동호족東胡族을 원정하는 한편 고조선 지역으로 쳐들어왔다. 이때 연은 양평(요양시)에 요동군을 설치하고 장새障塞를 쌓기까지 했다. 그 결과 고조선은 서쪽의 땅을 상실하고 만번한滿潘汗을 경계로 연과 대치하게 되었다. 중국 전국시대 이후 진·한대에 이르기까지 요동군은 중국 동방 진출과 지방 지배의 교두보로서 역할을 수행했다.

기원전 4세기경 압록강 중류 지방에는 '예맥濊貊'이라 불리던 세력이 자리 잡고 있었다. 기원전 2세기 후반경 인구 28만을 거느리고 있었다는 예군濊君 남려南閭는 바로 이 정치적 사회의 지배자였음에 틀림없다. 예군 남려로 대표되는 압록강 중류 일대의 예맥 사회가 성장해 갈 때 중국은 진秦 왕조를 거쳐 한漢 왕조로 교체되었다.

한은 무제가 즉위한 후부터 지속적으로 흉노 원정에 나섰다. 그러나 결정적 타격을 주지 못하고 기원전 119년까지 원정을 이어 갔다. 그동안 무제는 예맥을 치기 위해 동쪽 지역에 대해서도 관심을 가졌는데, 기원전 128년 마침 예군 남려가 28만 명을 거느리고 요동군遼東郡에 내속內屬한 것을 계기로 예의 땅에 창해군滄海郡을 설치하여 위만조선에 압력을 가하는 전초기지로 삼으려고 했다.

당시 예맥족의 본거지는 후에 고구려가 건국되는 압록강 중류와 그 지류인 혼강渾江 유역 일대로 추정된다. 하지만 이 침략 행위는 요동군에서 이곳에 이르는 교통로의 개척에 애로가 많았으므로 진척을 보지 못한 채 어사대부御史大夫 공손홍公孫弘의 중지 건의로 2년 만에 중단되어 지도상의 계획에 그치고 말았다.

옥저·동예 사회

예맥족이 한반도 동해안 지역에 정착해 세운 초기 국가가 옥저와 동예다. 기원전 4~3세기 무렵부터 동해안 지역 사람들은 고조선의 세형동검 문화를 본격적으로 받아들이기 시작했다. 이 시기에는 이미 지역별로 크고 작은 집단이 단순한 마을 공동체에서 벗어나 정치 집단을 이루었으며, 이들이 차츰 성장, 발전하여 옥저 사회를 이루었다.

옥저沃沮는 개마고원의 동쪽에서 동해에 닿아 있던 나라로, 나라 땅의 모양새를 보면 동북은 좁고 서남은 길었다. 한반도의 동쪽에 있었기 때문에 옥저는 동옥저라고도 불렸으며, 두만강을 경계로 남과 북에 각각의 중심지가 있어 남옥저와 북옥저로 구분되었다.

남옥저를 구성한 중요한 고을들은 함흥만으로 흘러드는 성천강 하류의 함흥시와 함주군 일대에 있었다. 남옥저에는 대개 5000호가 살았다고 하니, 평균 호수가 2000~3000호였던 삼한의 작은 나라들보다 컸다.

옥저는 위만조선에 복속했다가, 위만조선이 멸망한 뒤로는 한의 군현과 고구려와 같은 힘센 세력의 지배를 받았다. 그래서 내부에서 강력한 정치권력이 성장하지 못했다. 3세기 중반에 이르렀을 때도 여러 고을을 통합하여 다스리는 큰 군왕은 없었고, 고을마다 따로 우두머리가 있었다. 이들 고을의 우두머리들은 스스로를 가리켜 '삼로三老'라고 했는데 마을의 연장자이면서 어른이라는 의미이다.

기원전 1세기 후반에 낙랑군은 옥저 땅을 부조현夫租縣이라 이름 붙이고 관리를 파견해 다스렸다. 평양에서 발견된 부조예군夫租薉君 무덤과 고상현 무덤은 모두 평양으로 파견된 부조(옥저) 관리자와 관련된 무덤이다. 즉 평양에 고상현과 부조예군 무덤이 있는 것을 통해 한이 지배를 굳건하게 하기 위해 지방의 토착 지배 계급을 낙랑군 지배 체제의 일부로 끌어들였음을 알 수 있다. 그러나 이러한 한의 정책은 오래 지속되지 못했다. 서기 30년 낙랑군에서는 동해안 지역을 다스리던 기구인 동부도위를 폐지했다. 옥저 땅에 설치된 부조현은 한의 제후국이 되었고, 옥저의 토착 지배자들은 후·읍군 벼슬을 받으면서 자치권을 회복하게 된다.

20여 년 후 옥저는 고구려에 속하게 된다. 이제 부조현의 지배자들은 고구려의 관등인 사자로 임명되어 고구려 대가大加의 명령을 받았다. 대가는 세금을 거두어들이고 베나 물고기, 소금, 그 밖에 갖가지 해산물을 요구하고, 옥저의 미인들을 데려다가 노비나 첩으로 삼았다. 《삼국지》〈동이전〉에도 "고구려 사람들이 옥저 사람들을 노비처럼 대했다"고 기록될 정도였다. 옥저는 초기 국가 단계에는 도달했지만 왕이 집권력을 가지고 지방 사회를 통제하는 중앙 집권적 국가에는 이르지 못한 채 결국 고구려에 예속되어 역사 무대에서 사라지고 말았다.

동예東濊는 동해안 지역에 살던 예족이 세운 나라다. 그곳에 살던 예족의 뿌리는 한반도 동북 지방 민무늬 토기 문화의 주인공들이다. 이들 동북 지방 사람들은 서기전 3세기 이후에는 고조선의 세형동검 문화도 활발하게 받아들였다. 함흥과 영흥 일대를 중심으로 동해안 각지에서 출토된 세형동검, 청동 꺾창, 청동 창, 청동 거울 등은 고조선 지역에서 만들어진 것들이다. 그리고 늦어도 서기전 2세기 무렵에는 동해안 예족 사회에도 이러한 청동기를 가진 정치 집단이 크고 작은 규모로 형성되었으며, 이들의 집합체가 문헌에 나오는 '임둔' 이다.

동예는 낭림산맥 동쪽, 지금의 강원도 북부에 있었는데, 북으로 함경남도 정평에서 옥저와 경계를 이루었고 남쪽 경계는 평강, 회양, 강릉 등 강원도 북부의 어느 지점이었을 것으로 추정된다. 낙랑군의 통치를 받다가 고구려 태조왕 때에 고구려에 복속되었다. 낙랑군이 동예를 지배할 당시, 동예의 각 현을 다스리는 현령이나 현장을 요동에서 데려오다가 나중에는 토착민을 관리로 임명했다. 이는 토착 지배 세력을 한의 지배 구조 속에 끌어들여 토착민의 반발을 무마하고 각 지방을 효율적으로 통치하기 위함이다. 현령이나 현장과 그를 보좌하는 실무 관리들은 각 현의 중심 고을에 살면서 현의 여러 고을을 다스리는 한편, 각 고을의 우두머리를 '삼로' 로 임명해 그 권한을 인정해 주었다.

동예의 인구는 약 3000여 가호로 삼한의 작은 나라들과 규모가 비슷했다. 여러 현을 아우를 정도로 힘센 군장이 없어서 각 현은 최후까지 독립된 정치 집단으로 존재했다. 그러므로 한군현이 없어진 뒤에 동예의 각 현은 삼한의 여러 작은 나라들처럼 불내국과 화려국 등 각자 다른 이름을 가졌다.

《삼국지》〈동이전〉예조에 따르면 동예 사람들은 산천을 중요시하여 산과 내마다 각기 구별이 있어서 함부로 들어가지 않았다고 한다. 산과 내는 나무와 사냥감, 야생 열매, 낚시감의 보물 창고였다. 그러므로 고을마다 활동 구역을 정하여 서로 침범하지 않았으며, 만약 이를 어길 경우에는 노비나 소, 말로써 물어 주었다. 이러한 풍습을 책화責禍라고 했다.

고구려와 부여의 성장

고구려 계루부 왕권의 성립

기원전 4세기경 압록강과 그 지류인 혼강渾江과 독로강禿魯江을 중심으로 예맥 집단이 성장하며, 이 지역에서 고구려가 기원한다.

고구려가 처음 성장한 압록강 유역을 포함한 요동—청천강 유역은 이전 시기에는 고조선의 영역에 속했다. 이 지역에는 기원전 3~2세기경 세형동검과 주조철부鑄造鐵斧 등 이른바 초기 철기 문화를 누리던 집단이 거주했다. 압록강과 서북한 지역에서 발전한 세형동검 문화는 흔히 세죽리—연화보 유형 문화라고 불리는데, 이 지역에서 바로 예군 남려 세력이 거주했다.

《삼국사기》에 따르면 고구려는 주몽으로 대표되는 맥족이 기원전 37년 건국했다. 주몽은 부여 지배 계급 내의 분열, 대립 과정에서 박해를 피해 남하해 독자적으로 고구려를 건국했다. 그러나 건국 설화나 고고학 자료를 보면 건국 시기는 기원전 37년보다 빨랐다고 할 수 있다.

기원전 108년 한漢의 침략으로 위만조선이 멸망했고, 기원전 107년에는 압록강 중류 유역에 현도군玄菟郡이 설치되었는데 현도군 내의 여러 현 중에 '고구려현高句麗縣'이라는 명칭이 이미 보인다. 현도군을 통한 한군현漢郡縣의 직접적인 지배는 곧바로 고구려의 저항을 야기했다. 결국 현도군은 기원전 75년 고구려의 저항을 견디지 못하고 중심지를 요동 소자하 유역의 영릉진 지역으로 옮기게 된다. 현도군을 축출한 뒤 고구려 지역의 여러 집단들은 압록강 유역에 일찍 자리 잡고 있던 소노消奴 집단의 장을 왕으로 삼아 연맹체를 형성했다. 이 연맹체 구성의 기본 단위는 《삼국사기》〈고구려본기〉* 초기 기록에 나오는 '나那'이다.

나那는 그 음이 노奴, 내內, 납納과 통하고 내[川]이나 양(壤, 讓, 襄) 등으로도 기술되었다. 이 나那는 만주어로 'na', 일본어로 'na', 여진어로 'nah'의 발음으로 표기되며 모두 내[川]를 뜻한다. 이들 나那 집단은 기원전 3세기 이후 압록강 유역에 철기 문화가 보급되고 사회 분화가 진전되는 과정에서 유력한 친족 집단을 중심으로 압록강 유역의 천변과 계곡 지역에서 성장한 지역적 정치 단위이다. 그리고 국가 형성 단계로 본다면 국가 형성 이전의 시원적 소국이라고 할 수 있다.

당시에는 이러한 지역 정치 집단을 형성한 큰 촌락이나 성을 '홀忽(Khol)', '골骨', '구루溝婁'라고 지칭했다. 이 음을 한자로 표기한 데서 고구려의 '구려句麗'라는 명칭이 비롯되었다. '고구려' 명칭은 구려 앞에 미칭美稱으로 고高를 추가한 것이다. 몽골 오르혼 강가의 옛 돌궐

《삼국사기》〈고구려본기〉
김부식은 고구려의 시작이 박혁거세 22년이라고 보고 있다.

오르혼 강가 돌궐비   8세기 전반기에 세워진 것으로 돌궐의 시조 장례식에 조문사를 보낸 구가를 기술하면서 동쪽의 해뜨는 곳에서 Bökli, 즉 고구려가 왔다고 기록했다. 고구려는 Bökli 나 Mökli, 또는 맥구려貊句麗로 불렸음을 알 수 있다.

비문을 보아도 고구려는 'Bökli'나 'Mökli', 또는 맥구려貊句麗(원 고구려인이 '맥족'에 속했기 때문에 '맥' 자를 붙임)로 불렸음을 알 수 있다.

나邪 집단은 늦어도 기원전 2세기까지는 그들 간에 완만한 연맹체를 형성했으며, 그 무렵 고구려라는 명칭을 가진 실체가 등장했다고 추정된다. 그러나 아직은 맥족 사회 전체를 통괄하는 집권력을 지닌 정치 조직 단계로까지는 나아가지 못한 채 완만한 연맹체 단계에 머물렀다.

고구려 사회를 형성한 기초 단위인 나 집단 간의 통합은 대개 나국邪國들이 서로 연결되어 나국 연맹을 형성하고, 이들이 나중에 나부邪部를 이루는 과정으로 성장했다. 이들 나부는 훗날 5부部로 정리되어 부 중심의 지배 체제를 이루었다.

《삼국사기》동명성왕조東明聖王條에는 먼저 정착하고 있던 소노부消奴部와 계루부桂婁部의 패권 다툼이 비류국沸流國 송양왕松讓王 설화로 등장한다. 송양왕 설화는 이른바 선인지후仙人之後로서의 송양왕과 천제지손天帝之孫으로서의 주몽 간의 대립으로 표현되었는데, 특정 개인이라기보다는 소노 집단의 장을 가리키는 송양왕이 계루 집단의 장인 주몽에게 복속되는 설화로 볼 수 있다. 이를 통해 5부 연맹의 맹주로서 계루부가 등장하는 과정을 알 수 있다. 즉 기원전 75년 이후 다시 연맹체를 형성한 고구려에서 연맹체 주도권을 놓고 소노 집단과 계루 집단 사이에 각축전이 벌어진 결과, 초기에는 소노 집단이 우세했으나 점차 계루 집단이 주도권을 장악해 갔던 것으로 파악할 수 있다. 이처럼 주몽은 우수한 선진 문화를 바탕으로 졸본천 유역의 토착 집단이나 소국과 결합해 성장했다.

고구려는 기원전 1세기 이후 중국 군현의 직간접 지배에 저항하고 한편으로는 그 선진 문물의 영향을 받으면서 성립했다. 문헌 기록에 예맥과 조선이 공존하고, 한군현의 하나인 현도군의 속현에 고구려현이 존재하는 사실에서도 고구려가 처음에는 고조선의 외곽 세력으로 존재했음을 알 수 있다. 그리고 건국 설화에서 보듯이 고구려는 건국 초기부터 부여와 긴밀한 관계를 가지며 성장했다. 따라서 고구려의 성립은 고조선과 부여의 연장선상에서 이해해야 한다. 즉 고구려는 새로운 고대 국가의 출현이라기보다는 선행한 고대 국가들의 역사적 경험을 바탕으로 발전해 나간 국가임을 유념해야 한다.

한군현의 설치와 낙랑군

한은 당시 동아시아에서 가장 강력한 나라였지만 북쪽에 있던 흉노에게는 고전했다. 말을 타고 이동하는 유목 민족인 흉노는 부족한 물자를 보충하기 위해 수시로 한을 공격하고 약탈했다. 이러한 상황에서 동쪽에 있던 고조선이 국력을 키우면서 흉노와 가까워지자 한은 위협을 느끼게 되었다. 한은 먼저 흉노를 공격해 기선을 제압하고 고조선을 침공, 멸망시키고 고조선에 4개의 ‘군郡’을 두었다.

한사군漢四郡이라 불리는 낙랑, 임둔, 진번, 현도의 4개 군 중 3개 군은 얼마 지나지 않아 폐지되었고, 낙랑군樂浪郡은 우여곡절을 겪으며 존속하다가 313년 고구려에 완전히 흡수되었다. 한사군은 설치된 시기부터 멸망까지 여러 변화가 있었고 그 존속 기간이 400년이 넘는 긴 시간에 걸쳐 있었기 때문에 한군현의 역사는 우리 역사와 밀접한 관련을 맺었다.

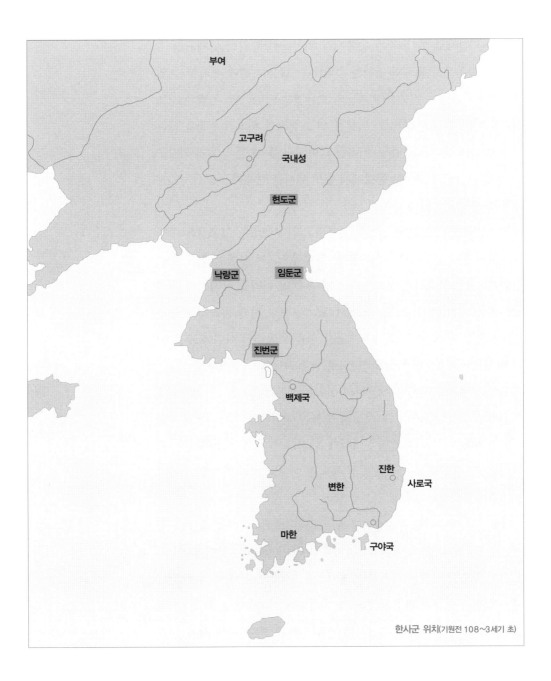

부여

고구려

국내성

현도군

낙랑군

임둔군

진번군

백제국

진한

변한

사로국

마한

구야국

한사군 위치(기원전 108~3세기 초)

한사군 설치로 한 무제는 동쪽에서 위만조선의 위협을 제거할 수 있었고, 북쪽으로 흉노와 연합할 수 있는 위험을 사전에 제거할 수 있었다. 한이 서역에 진출하여 흉노의 오른팔을 끊었다면, 동방의 고조선으로 진출한 것은 《한서》〈위현전〉의 표현처럼 흉노의 왼팔을 끊는다는 목적을 지니고 있었다. 이러한 의미에서 볼 때 한 무제의 위만조선 정벌과 한군현 설치는 동방에서 흉노 세력을 견제하고 고립시키는 원대한 전략의 일환이었다.

고조선과 한의 충돌은 필연적 결과라고 볼 수 있다. 고조선은 주변 소국들이 한과 교류하는 것을 통제, 독점함으로써 부를 쌓고 국력을 강화해 갔다. 고조선의 우거왕은 중간 무역의 이익을 독점하기 위해 한강 이남에 있는 진국辰國 등 여러 나라가 한과 직접 통교하는 것을 금지시켰다. 이 같은 고조선의 행동은 한과 위만조선 사이에 맺은 이른바 '외신外臣'의 규정에 어긋나므로 한을 자극했을 것이다.

이러한 점을 고려하면 한군현의 설치는 기본적으로는 중국적 국제 질서로부터 이탈하거나 그 사상적 틀을 벗어나는 외이外夷의 존재를 허용할 수 없다는 의지의 표현이었다. 나아가 한의 법령 밖에 있던 외번外藩을 군현화郡縣化시키고 직접 통치 또는 지배하려 기도했던 사실을 보여 주는 것이다.

낙랑군을 대표적으로 보면, 군에는 군태수郡太守 이하 수승守丞, 장사長史, 오관연五官掾 등 관리와 경비부대, 상인 등 많은 한인漢人이 와 살면서 일종의 식민 도시처럼 운영되었다. 낙랑 및 동예 등의 각 현縣에는 현령과 현장이 파견되었다. 또 속리屬吏를 두어 태수, 현령, 현장을 보좌하고 군현의 실질적인 행정을 담당하게 했다. 군현 설치 초기에는 속리를 요동에서 데리고 왔으나 이후에는 토착인을 속리로 임명했다.

낙랑 지역의 문화 수준은 당시 중국 본토에 비해 결코 손색이 없었다. 평양 일대에는 덧널무덤과 벽돌무덤이 2천여 기나 발견되었다. 이는 중국식 무덤 양식으로 고조선의 것과는 명백히 다르고, 한반도 내다른 지역의 무덤 양식과도 구분된다. 또 덧널무덤에서 출토되는 유물들은 고조선 계통의 것도 있지만 상당수가 당시 가장 세련된 중국제 유물이다. 이러한 유물들은 이곳이 단순히 중국과 무역을 하던 곳이 아니라 기원전부터 4세기 무렵까지 높은 수준의 중국 문화를 향유하는 집단이 거주하고 있었음을 말해 준다. 후기로 가면서 토착 한인 호족을 중심으로 한 독자의 지역 문화(낙랑 문화)가 형성되었다.

외부로부터 필요한 생산품을 얻어 내기 위해 군현은 한韓과 예濊의 거수들에게 관작官爵, 인수印綬, 의책衣幘 등을 주어 그들과 조공 관계를 맺기도 했다. 낙랑군으로부터 관직을 받은 군장들은 낙랑군에 조헌朝獻과 조알朝謁을 했다. 이때 자기 지역의 특산물을 낙랑군에 조공했고, 이에 대한 답례로 낙랑군은 관직은 물론 중국제 인수, 의책, 철제 무기 등을 제공했다. 그 결과 낙랑군에게서 후侯, 읍군邑君, 읍장邑長 등의 관직을 제수받은 한과 예의 동이東夷 군장君長들은 자기가 거느린 세력들을 다스릴 수 있는 정치적 권위를 얻게 되었고, 동이 제족諸族들은 점차 정치적 성장을 해 나갔다.

이러한 사실은 《삼국지》 염사치廉斯鑡 설화에서 확인할 수 있다. 설화에서는, 군郡 사람 1500명이 한韓에서 목재木材를 베어 오다가 노예로 잡혔는데 이를 해결한 염사치에게 포로 쇄환의 공으로 관책冠幘(관

기원전 약 108
한 무제 고조선 침략, 왕검성 함락으로
고조선 멸망.

기원전 약 107
한사군 설치.

204
한, 군현을 효율적으로 통치하기 위해 낙
랑군 지역을 낙랑·대방군으로 분할.

낙랑 금제교구　석암리 9호분에서 발굴된 순금제 버클로 낙랑 유물 중 최고의 수작이다. 낙랑 지역의 문화 수준이 당시 중국 본토에 비해
결코 손색이 없었음을 보여 주는 유물이다. 낙랑군은 중국의 선진 문화가 한반도로 들어오는 창구로서 삼한과 삼국의 성립과 발전에 많은
영향을 끼쳤다. 평양 일대에서 출토되는 유물들은 고조선 계통의 것도 있지만 상당수가 당시 가장 세련된 중국제 유물로, 기원전부터 4세기
무렵까지 높은 수준의 중국 문화를 향유하는 집단이 거주하고 있었음을 말해 준다. 이후 후기로 가면서 토착 한인 호족을 중심으로 한 독자
의 지역 문화(낙랑 문화)가 형성되었다.

직자가 쓰는 모자)과 전택田宅을 하사했으며, 후한 광무제 때 염사 출신 소마시蘇馬諟가 낙랑군에 조공하여 '읍군'의 관작을 받았다고 나온다. 특히 소마시 기록은 낙랑 지역에 대한 염사읍의 정기적인 조공과 그에 대한 일정한 답례를 확인할 수 있다.

낙랑군은 중국의 선진 문화가 한반도로 들어오는 창구로서 삼한과 삼국의 성립과 발전에 많은 영향을 끼쳤다. 낙랑군 내에는 한漢계 주민과 고조선계 주민이 있었다. 한계 주민 중에는 낙랑군 설치 이후에 유입된 신래한인新來漢人과 낙랑군 설치 이전인 고조선 시기에 이주하여 정착한 토착한인이 있었다. 한계 주민은 중원의 선진 문물을 서북한에 널리 전하고 정착시키는 매개 역할을 했으며 시간이 지나면서 그 과정에서 자신들은 토착화되어 갔다.

《삼국지》〈동이전〉예조濊條에는 한사군이 설치된 이후 고조선에서는 호胡(토착인)와 한漢이 점차 구별되었다고 나온다. 이는 기본적으로 한군현 설치를 통해 한漢이 동이東夷 지역에 대한 영향력을 행사하게 된 데서 나온 기록으로 보인다. 낙랑군은 내군內郡과 동일하게 이 지역 토착민[胡]과 이주해 온 한인漢人을 모두 호적에 등재해 한법漢法으로 관리하고 통치하기 위해 실제 호구 파악과 호구부를 작성했다. 정백동 364호 무덤에서 출토한 목독木牘에 적힌 "낙랑군 초원 4년 현별 호구부[樂浪郡初元四年縣別戶多少口簿]"에 의하면 기원전 45년 당시 낙랑군은 25개 현이 있었고, 전체 호구는 4만 3천 845호 28만 5천 361명으로 전년보다 584호 증가했음을 알 수 있다.

대동강 유역에 낙랑군이라는 중국의 군현이 설치되었다고 하더라도 지배 세력이 모두 중국에서 건너온 사람만으로 구성된 것은 아니었다. 한은 낙랑군을 설치한 직후 기존의 고조선 지배 세력을 적극 이용했다. 낙랑군의 지배에도 종래 고조선의 세형동검 문화는 계속 이어지고 있었다. 고조선 이래 이 지역의 재지 지배 세력들은 낙랑군 설치라는 정치적 격변에도 불구하고 정치·경제적 기반을 해체당하지 않은 채 그대로 유지하고 있었다. 그 대표적인 예가 덧널무덤에 세형동검 문화 계통의 유물을 부장하고 있는 평양의 정백동 1호 무덤이다.

정백동 1호분에서는 부조예군 인장˙이 출토되어, 낙랑군 부조현이 설치되었던 부조(옥저)의 우두머리의 무덤으로 추정된다. 원래 동해안의 부조(옥저) 지역에 있어야 할 부예군의 무덤이 평양에 있는 것은 낙랑군이 부조에 현縣을 설치하면서 강제로 평양에 옮겨 살도록 했기 때문이다.

부조예군 인장
정백동 1호분에서 출토된 부조예군의 인장으로 '부조예군'은 '부조夫租(옥저)의 우두머리'라는 뜻이다. 부조 땅은 현재 동해안 원산 근처로 추정되는데 평양에서 멀리 떨어진 곳이다. 낙랑군이 부조 지역에 현을 설치하면서 강제로 평양으로 이주시켜 부조의 우두머리가 동해안 근처가 아닌 평양에 묻힌 것이다.

부여의 성장과 고대 국가의 확립

《삼국지三國志》〈위서 동이전〉 부여조에는 부여의 위치에 대해 "동이 지역에서 가장 평창平敞하고 토지가 오곡 농사에 적합하다"고 하여 농업 생산에 유리한 지역에서 부여 사회가 성장한 것을 기록하고 있다. 실제 부여는 기록에서처럼 중국 동북 평원에 위치했다. 고고학적으로 부여 지배자들의 무덤으로 비정되는 중국 길림성 유수楡樹 노하심老河深 유적에서 나온 기마갑주騎馬甲冑 문화 요소는 농경 문화 외에 부여에서 철기 문화가 발전했음을 알 수 있다.

《삼국사기》와 《삼국유사》에 따르면 동부여의 왕위는 금와왕에게 계승되고 대소에게 이어졌다. 그러나 금와의 아들 대소는 22년 고구려에 의해 살해된다. 부여와 대립하던 고구려는 비록 그 왕을 죽이긴 했지만 부여를 멸망시키지는 못했다. 한편 추종자와 함께 압록곡에 다다른 대소의 아우들은 갈사수葛思水 가에서 나라를 세우고 왕이 되었다. 또한 대소가 피살된 후 부여 읍락의 대부분은 모두 같은 해 가을 7월에 고구려로 투항하여 연나부에 안치되고 낙洛씨 성을 하사받았다. 이후 매우 오랜 기간 연나부의 동부여인들은 상대적인 독립 상태를 유지하고 있었다.

부여의 명칭은 1세기 초부터 중국 역사서에 자주 등장한다. 이는 부여가 흉노나 고구려와 함께 왕망의 신新(8~23)에게 위협적인 존재로 비칠 만큼 큰 세력으로 성장했기 때문일 것이다. 49년 부여 왕은 후한 광무제에게 사신을 보내 공물을 바쳤고, 광무제는 이에 조복, 의책 등을 후하게 보답했다. 부여 왕이 광무제에게 사신을 보내 공물을 바친 것은, 한漢에 대한 신속臣屬을 의미하는 동시에 각 족장에게 무역권을 부여했음을 상징한다. 이를 통해 당시 부여에는 적극적으로 부를 생산하는 계급이 있었다는 것도 알 수 있다.

당시 후한은 부여와 관계를 맺어 부여 서쪽의 선비와 남쪽의 고구려를 견제할 수 있었다. 한편 부여도 농업에 바탕을 둔 국가로 성장하고 있었고, 일찍부터 고구려나 서북쪽의 유목민들과는 적대적인 관계에 있었으므로 후한과 우호적인 관계를 바라고 있었다. 한족과의 교류는 필연적으로 교환 관계의 발전을 더욱 촉진시켰다.

2~3세기 초까지의 사실을 기록한 《위략魏略》에 "그 나라는 매우 부유하고 선세 이래로 일찍이 파괴된 적이 없다"고 한 것으로 보아, 그때까지는 국가적 성장이 지속되면서 수도의 천도나 외부의 공격으로 큰 타격을 입는 일이 없었음을 알 수 있다.

장기간에 걸쳐 부여와 한 왕조는 정상적이고 우호적인 관계를 유지했고, 한 왕조는 부여를 두터운 예우로써 대접했다. 《삼국지》〈동이전〉 부여조에는 120년에 부여 왕자 위구태尉仇台가 후한 낙양에 가서 공물을 바쳤고, 2년 뒤에는 현도성에 가 고구려의 침입에 맞서 한을 구원했다고 한다. 또한 136년에는 부여 왕이 친히 경사에 가서 조공했는데, 이때 한의 통치자가 헤어질 때 황문고취黃門鼓吹와 각저희角抵戲를 베풀어 이례적으로 극진하게 접대했다는 기록이 보인다. 또한 역대 부여 왕이 죽은 후에는 옥의玉衣를 만들어 매장을 했는데, "한 왕조에서 미리 옥갑을 현도군에 가져다 놓고 왕이 죽으면 현도군에서 가져다 쓰게 했다"는 것도 부여와 한의 밀접한 관계를 보여 준다. 부여는 후한과 화친 관계를 발전시키는 한편, 고구려에도 사신을 보냈는데 이는 고구려와 관계를 악화시킬 필요가 없었기 때문이었다.

2세기 초에 이르러 부여와 후한 사이에 일시적 충돌이 두 차례 발생한다. 《삼국지》부여조에 기재된 것을 보면 111년 부여 왕이 "보기步騎 7, 8천 인을 거느리고 낙랑을 노략질하고, 관리와 백성을 살상한 후에 다시 귀부했다"고 한 것이 첫 번째 마찰이고, 167년 "부여 왕 부태夫台가 2만 명을 거느리고 현도군을 약탈하니 현도 태수 공손역이 그것을 격파했다"고 한 것이 두 번째 마찰이다. 이들 기사는 부여와 한의 우호 관계를 생각할 때 예외적이라 할 수 있다. 이를 계기로 국교가 잠시 단절되었으나, 174년부터 관계가 회복되어 부여 왕은 다시 공납했다고 한다.

이후에도 부여와 후한의 밀접한 관계는 지속되었다. 2세기 말 공손탁이 요동에 독자 세력을 형성하여 동방의 패자로 군림하자, 부여는 공손탁의 종녀와 결혼하여 일종의 혼인 동맹을 맺었다. 또한 위魏가 공손씨를 멸망시키고 유주자사 관구검毌丘儉을 보내 고구려를 침공(244~245)했을 때, 현도 태수 왕기가 부여를 방문하자 부여 대사 위거는 대가를 시켜 위군을 환영하고 그들에게 군량을 제공하게 했다.

고구려의 옥저·동예 복속과 지배 체제 강화

고구려 연맹체에 포괄된 여러 소국이나 부족은 서로 상쟁을 벌이다가 점차 다섯으로 통합되었다. 그 다섯 집단이 계루부 왕실에 귀속되어 5부部가 되었다.

고구려는 압록강 지류인 혼강(동가강) 유역의 졸본(환인) 지방에 자리 잡았다. 이 지역은 산악 지대여서 높은 산과 계곡이 많고 계곡을 따라 흐르는 하천가에 좁게 형성된 평야가 산재해 있었다. 따라서 농토가 부족해 힘써 일을 해도 양식이 부족했다. 지리적으로는 요동에서 함흥 방면으로 이어지는 고대 교통로의 중간 지대로, 서남쪽으로는 압록강 하류 쪽으로 서해안에 이르고, 청천강 상류 쪽 평양 방면으로 나갈 수 있으며, 북으로는 압록강을 거슬러 송화강 유역과 통할 수 있었다. 이러한 위치는 초기 고구려의 정복 활동과 팽창에 주요한 조건이 되었다.

고구려는 건국 초기부터 주변의 소국들을 정복하고 평야 지대로 진출하고자 했다. 비류국과 행인국, 북옥저 등을 무력으로 정복하고 선비족과 말갈족을 물리쳤다. 이어 압록강 가의 국내성으로 옮겨 5부족 연맹을 토대로 발전했다. 또 개마국, 구다국, 낙랑국 등을 병탄하여 영토를 넓혀 나갔고 이 과정에서 1만여 부여 집단이 연나부捐那部로 고구려 무사   통구 12호 무덤 북분 우 벽화로 왼쪽의 무사가 말에서 내려 적의 목을 내리치려 하고 있다.
고구려의 대외 활동은 1세기 말 태조 때에 이르러 더욱 활발해져 동쪽으로는 부전고원을 넘어 동옥저와
동예를 정벌하고 남쪽으로는 청천강 상류까지 진출했다.

합병되기도 했다.

　고구려의 대외 활동은 1세기 말 태조 때에 이르러 더욱 활발해졌다. 동쪽으로는 부전고원을 넘어 동옥저와 동예를 정벌하고 남쪽으로는 청천강 상류까지 진출했다. 이로써 고구려는 이들 나라로부터 동해안의 풍부한 물자를 공납받을 수 있었고, 후한과의 전쟁에서도 후방 기지를 확보하게 되었다. 이어 조나藻那와 주나朱那를 병합함으로써 압록강, 혼강 유역의 소국들을 완전히 정복했다.

　당시 고구려는 요동으로도 진출했다. 위만조선이 망한 후 기원전 107년 압록강 중류 지역에는 한의 현도군이 설치되었다. 한군현의 직접적인 지배를 받던 고구려는 저항을 계속한 끝에 기원전 75년 현도군을 고구려의 서북쪽으로 몰아냈다. 2세기에 들어와 태조왕은 요동 지방으로 진출을 꾀하면서 현도군의 영향력을 배제하기 위해 요동군·현도군을 끈질기게 공격했다. 그 결과 105년 요동 지방의 여섯 현을 빼앗고 소자하 유역 영릉진에 있던 이른바 제2 현도군 지역을 점령했다. 이에 따라 후한은 106년 제2 현도군의 치소를 무순撫順 방면으로 다시 이동시켜야 했다. 그 후 121년 태조왕은 유주자사 풍환이 지휘하는 현도와 요동 두 군의 군사를 격파함은 물론 요동태수 채풍을 신창新昌 전투에서 전사시키기까지 했다. 이때 그는 1만 명의 군대를 거느리고 현도성을 포위했지만 부여 왕이 후한에 구원군을 파견함으로써 성공을 거두지 못했다. 요동 지역에 대한 고구려의 공격은 그 뒤에서도 계속되어 146년에는 압록강 입구의 서안평西安平을 공략, 대방령을 죽이고 낙랑태수의 처자를 얻기도 했다. 이로써 본국과 연결되는 육로를 위협받게 된 낙랑군은 점차 한반도 안에서 고립되어 갔다. 이처럼 많은 대외 정복 활동을 펼친 고구려 초기에는 전쟁을 담당하는 좌식자坐食者라는 일종의 전사단이 생겨났다. 이들은 지배층인 대가大家들로 3세기 초에는 그 수가 1만여 명에 달했다. 반면 빈농은 예속 농민으로 전락해 하호下戶라 불렸고 좌식자에게 식량을 제공했다.

이러한 고구려의 대외 팽창은 3세기 전반 북중국의 위魏로부터 침공을 받는 등 몇 차례 위기를 겪으면서도 지속적으로 진행되었다. 고구려는 동천왕東川王대인 242년에 군현의 고립책으로 서안평을 다시 공격했다. 그러자 이에 대한 보복으로 2년 후인 244년 유주자사 관구검이 군대를 이끌고 고구려에 복속한 옥저와 동예를 공격했다. 이 사건으로 고구려의 수도가 함락되어 왕이 옥저 지방으로 피신하는 사태가 발생했고, 동예의 각 현은 위魏에 속해 해마다 특산물을 조공품으로 바쳐야 했다. 또한 《삼국지》 예조를 보면 낙랑군과 대방군에서 전쟁을 할 때면 동예 사람들에게도 세금을 내게 하고 장정을 끌어가는 등 마치 중국 백성을 다루듯 했다고 한다. 그러나 고구려가 다시 힘을 길러 낙랑군을 몰아내자 동예는 다시 고구려의 통치를 받게 되었다.

고구려의 국가 체제 정비

고구려는 내부적으로 지역 집단이자 정치체인 여러 부部를 계루부 중심의 중앙에 복속시키는 것이 중요했다. 이것은 바로 중앙 집권력 강화, 즉 왕권 강화의 길이라 할 수 있다. 먼저 고구려는 5부를 개편하여 방위부方位部로 편제해 나갔다. 계루부를 황부黃部로, 나머지를 동서남북, 전후좌우로 방위명화했다. 이는 '단위 정치체'로서의 부部의 성질을 행정 구역으로 변경해 부의 독자성을 상실하게 하려는 노력이었다.

고구려는 태조왕대 이후 요동과 낙랑 방면의 중국 군현에 대한 조직적 공략전을 펼쳐 나갔고, 옥저와 동예의 읍락을 복속시켜 나갔다. 이러한 대외적 팽창은 전쟁의 노획품과 포로 노예 및 공납 등의 물질적 부富의 증대를 가져왔고, 5부部 내의 사회적 분화를 더욱 촉진시켰다. 점점 친족 집단의 공동체적 관계가 해체되어 갔고 이는 곧 왕위 계승에도 반영되었다. 초기에 형제 계승이던 왕위 계승은 2세기 후반 고국천왕 때에 이르러 부자 계승으로 바뀌었다. 부와 지위가 아버지에서 아들로 이어지는 배타적 상속 제도가 점차 확립된 것이다.

왕위의 형제 상속은 왕족 내에서 적자嫡子와 중자衆子, 본가本家와 지가支家를 구분하는 제도와 의식이 명확하지 않은 상황에서 실시된 제도였다. 왕은 단지 왕족 대표의 역할을 수행했다. 이때에는 귀족 회의가 매우 중요했다. 그리고 결혼 풍속으로 부인을 물려받는 취수혼娶嫂婚이 성행했으며 왕위의 형제 상속과 동일한 성격을 지니는 형사취수兄死娶嫂가 선호혼으로 유행했다. 형사취수의 대표적 사례로 고국천왕 때 형인 발기와 동생인 연우(산상왕)의 왕위 다툼이 《삼국사기》에 산상왕山上王과 우씨于氏 부인 사건으로 기록되었다.

당시 고구려 사회에는 왕비족이 존재했다. 이제 고구려 왕은 왕비도 특정 부족 출신으로 한정하여 왕족과 왕비족이 연합하여 왕권을 강화했다. 왕은 왕권에 대항하는 여타 세력을 억제하기 위하여 특정

부部와 혼인이라는 형태로 연합하게 되는데 절노부(연나부)의 명림씨明臨氏와 우씨于氏가 이에 해당한다. 아울러 고구려를 형성한 다섯 지역 집단의 이름을 딴 계루부, 소노부, 절노부, 관노부, 환노부를 동·서·남·북·중의 5부로 바꾸었다. 친족 집단 간의 공동체적 유대 관계가 해체되어 갔고, 형이 죽으면 동생이 형수를 아내로 맞이하는 취수혼이 점차 소멸되자 부인의 수절이 요구되었다.

사회는 점점 단혼單婚 가족이 생산과 소비의 기본 단위가 되었다. 높은 부富와 지위가 아버지에게서 아들로 이어지는 부자 상속 제도가 확립되어 군주에 대한 충성이 강조되었다. 효孝와 군주 개인에 대한 충忠이라는 새로운 이념이 수용될 사회적 토대가 마련된 것이다. 이전의 부족적 전통에서 벗어나 왕권을 강화한 고구려는 고국천왕대에 이르러 을파소를 재상으로 등용하고, 그의 건의에 따라 진대법을 시행하기에 이른다.

고국천왕故國川王대(179~197)는 고구려 왕권 확립에 획기적 시기다. 고국천왕은 서압록곡 좌물촌左勿村 출신 을파소乙巴素를 국상國相에 임명(191)하고 진대법賑貸法을 제정(194)했다. 그리고 왕권이 성장함에 따라 관등 체계를 정비했다. 즉 각지의 세력 집단을 계루부, 나아가서는 왕을 정점으로 재편한 것이다. 하지만 기존의 질서는 완전히 깨지 못해 중층적 성격을 띠었다. 예를 들어 소노부消奴部에서는 중앙 왕실과 별도로 종묘를 두어 조상신을 섬겼으며, 영성사직靈星社稷(천신天神과 지신地神)에 대한 제사를 시행했다. 그리고 조세 수취 등 말단 행정을 맡은 사자, 조의, 선인이 왕 밑에도 있었지만 각 부의 대가 밑에도 있어 휘하 집단에 대한 자치력을 행사했다.

고국천왕대 이래 정비된 관직 제도는 다음과 같다.

상가는 각 부部의 장長에게 준 위계로서, 일종의 작위라 할 수 있다. 고추가는 존호尊號로, 《삼국지》〈동이전〉에서 "왕의 종족은 대가이며 모두 고추가라 칭했다"라고 기록되어 있는데, 당의 홍로경鴻臚卿(대외 교섭총관)과 유사한 것으로 왕자, 왕제, 왕부, 고씨, 소노부, 절노부 대인 등에게 내린 칭호다.

대외 창구 또한 일원화하여 중국 군현의 조종, 즉 조복의책朝服衣幘과 인수印綬의 하사를 통한 분리책에 대항한 책구루幘溝婁(책성幘城, 교역 거점)를 두만강 유역에 설치하고 4개 부部의 대외 무역권과 외교권을 박탈했다. 그러나 자체적으로 종묘에 제사를 지내는 것과 같은 부部 내의 자치권은 일정 부분 인정했다.

부여의 쇠퇴

부여는 285년 요하 상류에서 일어난 선비족 출신 모용외慕容廆의 침략을 받아 국가적 위기에 처하게 된다. 3세기 후반기에 접어들면서 부여는 격심한 변화를 맞게 되었는데, 이는 근본적으로 주변 정세의 급속한 변화에 따른 것이었다.

부여는 지형상 대평원 지대에 자리 잡고 있어 외침을 방어하는 데 취약했다. 또한 부여 지역은 유목민과 농경민이 교차하는 중간 지대였으므로 주변 세력의 변화에 민감했다. 특히 3세기 중반 이후 중국의 통일 세력이 무너지고 유목민 세력이 흥기하여 동아시아 전체가 격동기에 접어들자 더욱 그러했다.

남쪽으로부터 가해지는 고구려의 압력과 서쪽에 자리 잡은 선비족의 세력 팽창에 여러 차례 공략을 당한 부여는, 급기야 285년 선비족 모용외에게 수도를 함락당하고 1만여 명이 포로로 잡혀 갔다. 이때 국왕 의려依慮는 자살했고 부여 왕실은 북옥저 방면으로 피난했다. 이듬해 의려를 이어 의라依羅가 왕위를 계승한 뒤 진晉 동이교위 군대의 지원을 받아 선비족을 격퇴하고 나라를 회복했으나, 그 뒤에도 모용씨의 거듭된 침입을 받았고 포로가 된 부여인들은 북중국에 노예로 전매되었다.

부여는 서진西晉의 도움을 받아 국가를 재건했음에도 국세는 전과 같지 못했다. 한편 서진이 북방 민족에게 쫓겨 남천하게 되고(316~317) 쇠망함에 따라 부여는 더 이상 외부의 지원을 받을 수 없게 되었다. 고립무원 상태에 빠진 부여는 4세기 들어 고구려의 공격을 받아 서쪽으로 근거지를 옮기게 된다.

낙랑군의 약화와 대방군 설치

2세기 말 후한이 쇠퇴하면서 낙랑군의 힘도 매우 약해진다. 이때 요동 지방에서는 공손씨 세력이 힘을 키우고 있었다. 후한 말인 204년 무렵 혼란기에 요동의 공손강公孫康은 낙랑군 둔유현屯有縣(지금의 황해도 황주) 남쪽에 있는 옛 진번군의 땅을 정복하고 '대방군帶方郡'이라하여 지배권 안에 두었다. 공손씨 세력이 대방군을 둔 것은 성장하는삼한을 압박하는 동시에 종래 중원 왕조의 영향력하에 있던 낙랑군과는 별개의 지역에 군현을 설치하여 자신들의 세력을 뿌리내릴 필요가있었기 때문이다. 이는 동시에 낙랑군을 이남以南에서 압박하는 효과도 있었다.

238년 위魏는 공손씨 정권을 붕괴시키고 동방 정책의 일환으로 낙랑·대방군을 접수했다. 위魏는 공손씨 정권과 밀접한 연관을 맺은 대방군의 주도권을 빼앗기 위하여, 진한辰韓 12국 가운데 8국의 관할권을 대방군에서 낙랑군으로 이관시켜 낙랑·대방군 체제의 재편을 시도했다. 서진西晉대에 들어서는 동이교위부東夷校尉府가 본격적인 기능을 발휘하면서 낙랑군과 대방군은 종래 역할을 상실하게 되었다.

낙랑군과 대방군은 내부 기반의 차이에 따라 소멸 과정에서도 다른양상을 보인다. 낙랑군은 요동인 장통張統을 중심으로 고구려에 적극대항했고 멸망 당시 핵심 세력 천여 명을 이끌고 요동으로 간 반면,대방군은 고구려에 적극적으로 저항한 흔적이 보이지 않는다. 위魏는238년 공손씨 정권을 멸하고 대방군을 손아귀에 넣어 주변의 고구려와 백제, 마한까지 통제하려 했다. 이에 토착 주민들은 저항했고, 마침내 고구려 미천왕대에 이르자 313년에는 낙랑군을, 그 이듬해에는대방군마저 몰아내어 고구려가 대동강 유역의 옛 고조선 땅을 모두차지하게 되었다.

한漢의 군, 특히 마지막까지 남았던 낙랑군을 통해 짧은 기간이었지

전실묘   왼쪽은 지금의 평양시 남사리에 위치한 유적으로 T자형 횡혈식 구조를 가지고 있는 남정리 116호분이며, 1931년 발굴 당시의 사진이다. 위의 오른쪽은 아치 모양의 천정 구조를 가진 전실묘인 도제리 50호분이며, 왼쪽은 태시 10년이라고 적힌 전실묘로 쓰이는 벽돌이다. 낙랑군 남쪽 지역에 대방군이 설치된 데 따른 사회 변화는 무덤 양식에서 구체적으로 확인할 수 있는데, 2~3세기 이래 서북한의 묘제는 천정에 횡혈식 묘실을 갖춘 전실묘다. 서북한 지역에 전실묘가 도입되는 양상을 살펴보면, 낙랑군과 대방군 지역이 뚜렷하게 구분되는데, 낙랑군이 위치했던 현재의 평양 지역에서는 과도형이 널리 확인되므로, 귀틀묘에서 전실묘로의 변화 과정이 점진적이고 계기적이었다. 이러한 양상은 기존 지배 세력인 토착 낙랑인이 점진적으로 전실묘를 수용했던 것으로 볼 수 있다. 반면 황해도 일대에서는 중간 단계의 묘제가 존재하지 않은 채, 처음부터 완성된 형태의 전실묘가 등장한다. 대방군이 설치되기 전 둔유현 이남의 황해도 일대는 군현의 지배력이 제대로 미치지 않는 '황지' 상태였으므로, 전실묘를 축조할 만한 세력이 존재하기 어려웠다. 대방군이 설치되면서 이 일대에 전실묘가 보급되었던 것이다. 전실묘 축조 집단은 요동 방면과 산동 방면으로부터 온 신래한인과 아울러 낙랑군에서 이입된 낙랑인 등으로 추론된다.

만 일부 지역에 뻗친 한의 지배력은 그 지역의 토착 세력을 포섭하고 통제하는 데 그쳤다. 낙랑의 관리들은 고조선의 토착 지배 세력이었던 이들을 통해 제한적이고 간접적으로만 백성을 지배했다. 108년 고조선을 멸망시키고 군현을 설치한 한은 경제적 이익을 보장하는 선에서 군현을 유지하려 했다. 군현의 관리는 한에서 파견되었지만 실제는 토착 세력의 자치에 의존하는 상황이었다.

낙랑군은 존재하는 동안 중국의 변군 정책의 변화에 따라 그 성격이 바뀌었다. 낙랑군은 한때 중국 세력이 미친 곳이지만 우리 역사의 한 부분으로서 이해해야 한다. 그리고 중국의 발전된 문물을 우리 땅에 전해 새로이 성장하기 시작한 삼국, 곧 고구려, 백제, 신라에 문화적으로 큰 영향을 미치기도 했다.

삼한의 형성과 백제국·사로국·구야국

진국과 삼한의 성립

마한馬韓·진한辰韓·변한弁韓을 뜻하는 삼한三韓은 기원전 2세기에서 기원후 3세기경까지 한반도 중남부 지역의 정치 집단을 말한다. 삼한의 국國들은 모두 청동기 문화 이래 한반도 중부 이남에 있었던 토착 사회가 성장, 발전한 것이다. 따라서 삼한의 성립은 삼한을 구성하는 각 소국이 성립되는 시기와 지역별로 소국들이 연맹체를 형성하여 마한·진한·변한으로 등장한 시기로 나누어서 살펴야 한다.

　위만조선이 힘을 키워 가던 기원전 2세기경 한강 남쪽에는 진국辰國이 있었다. 진국은 사서史書의 판본에 따라 여러 소국이라는 뜻의 중국衆國으로 표기되기도 했다. 《사기》〈조선열전〉을 보면 진번眞番 곁에 있던 진국이 중국 한漢과 직접 통교하고자 했으나 위만조선의 방해로 뜻을 이루지 못했다는 기록이 있는데, 기원전 2세기경에는 서북 지방의 위만조선과 함께 중부 이남 지역에 진국이라는 정치 집단이 있었던 것을 알 수 있다.

　《삼국지》〈동이전〉에 인용된 《위략》의 기록에는 위만조선이 멸망하기 이전 조선상朝鮮相 역계경歷谿卿이 위만조선의 마지막 왕인 우거右渠와 뜻이 맞지 않아 동쪽 진국辰國으로 갔다는 기록이 있어 기원전 2세기경 중남부 지역의 유력한 정치 집단으로서 진국의 존재가 확인된다.

　진국은 삼한과 관련되어 《후한서》와 《삼국지》에 모두 등장한다. 《후한서》〈동이전〉 한조韓條에는 "삼한이 모두 진국에서 발전한 것"으로 되어 있는데 반해 《삼국지》〈동이전〉에는 "진한은 옛 진국"이라 하여 연구자의 논지에 따라 둘 중 하나가 임의적으로 선택되고 있다.

　《후한서》의 기록은 기본적으로 진국의 영역을 한반도 중남부 전역에 걸친 것으로 이해한 데서 온 결과이다. 반면 《삼국지》에서 진국을 진한과 연결 지은 것은 '진辰'이라는 글자의 공통성에 덧붙여 진국이 위만조선의 동쪽에 있다는 것과 진한이 마한의 동쪽에 위치한다는 방향의 공통성을 토대로 사서史書 편찬 과정에서 편찬자가 내린 추론일 가능성이 있다.

　진국이 존속한 기원전 2세기의 중남부 지역에는 세형동검 문화가 발달했다. 철제 도끼와 끌 등의 철기 완제품이 일부 사용되고 있었으나 아직도 철기의 사용은 제한적이었으며 무기와 의기儀器, 공구의 주된 재료는 여전히 청동이었다. 그러므로 진국은 청동 무기 못지않게 청동 거울과 방울 등을 권위의 상징물로 소중하게 여기고 물리적인 힘보다 제사장의 권위와 능력을 권력의 주요 토대로 삼고 있는 이른바 제정일치 사회 단계에 있었다. 당시 진국은 제정일치 단계의 족장들에 의해 통솔되는 다수 정치 집단의 집합체로 파악된다. 이 시기 중남부 지역 내에서 진국의 지리적 위치 역시 충청남도와 전라도 지역 일대를 중심으로 보는 것이 합리적이다. 다만 그 범위를 경상 내륙 지방까지 확장하여 '여러 나라[衆國]'와 같은 의미로 보는 것도 가능하다고 생각한다.

진국은 기원전 시기에 존재했고, 진번眞番의 주변에 위치하면서 중국과 교류도 했다. 이들 집단은 기본적으로 금강 유역의 청동기 및 철기 문화를 누린 집단과 밀접한 관련이 있다. 그런데 기원전 2세기 말부터 기원전 1세기에 이르러 본격화되기 시작한 철기 문화의 유입으로 철 자원 개발과 철기의 제작 보급이 광범위하게 이루어지고, 위만조선의 멸망과 한군현의 설치로 상당수의 유이민들이 중부 이남 지역으로 들어오게 된다. 이로 인해 청동기의 제작과 관리 및 교역의 중심지로서 광범위한 영향력을 행사하던 진국의 기능은 상대적으로 쇠퇴하고, 철 자원이 풍부한 경상도 지역을 중심으로 새로운 정치·경제적 구심점이 형성되면서 중부 이남 지역 토착 사회 전반에 걸쳐 중요한 정치·문화적 변화가 진행되었다.

진국은 기원전 2세기경 고조선의 방해로 중국과 교류가 저지되기도 했다. 그러나 진국에는 고조선 사회의 변동에 따라 대거 남하해 오는 유이민에 의해 새로운 문화가 보급되었다. 새로운 문화가 토착 문화와 융합되면서 사회는 더욱 발전했다. 위만조선이 망한 뒤 많은 고조선 사람들이 남으로 내려왔고, 이보다 앞서 위만이 조선의 왕위를 빼앗았을 때에도 준왕과 함께 많은 고조선 사람들이 남쪽으로 옮겨 왔다. 그리고 기원전 108년 한漢이 4군을 두고, 또 그중에서 진번군이 폐지되는 등 사회 변동이 잇따르자 적지 않은 유이민이 생겨났다.

한강 이북 지역에서 철기 문화가 내려오자 진국으로 표현된 작은 나라들 사이에 힘의 차이가 생기기 시작했다. 그 가운데 중심 소국인 맹주국을 중심으로 작은 나라들 간에 연맹체가 형성되었다. 이에 따라 2~3세기 무렵에는 천안~청주 일대에 있던 목지국目支國을 중심으로 한 마한, 김해의 구야국狗耶國을 중심으로 한 변한, 경주의 사로국斯盧國을 맹주로 한 진한으로 각기 통합되었다. 이처럼 삼한은 삼국이 역사 무대에 등장하는 기본 바탕이 되었다.

소국 연맹체의 형성과 목지국

읍락의 중심 취락은 하천을 끼거나 구릉 지대에 위치함으로써 인근 지역의 조망과 방어에 편리한 입지 조건을 갖추고, 토루·목책·환호와 같은 방어 시설을 갖춘 경우가 많다. 중심 고을은 일반 고을보다 규모가 크고 특별한 기능이 있었다. 중심 고을에는 우두머리가 있어 백성을 다스렸는데, 세력이 큰 나라의 우두머리는 신지臣智, 아니면 견지遣支라 했고, 힘이 좀 약한 나라의 우두머리는 부례不例, 읍차邑借라고 했다.

중심 읍락의 통치자인 신지의 가장 중요한 기능은 경제적 활동과 깊은 관계가 있었다. 새로운 금속인 철을 개발하고, 그것으로 농기구를 만들어 농업 생산력이 커지자 각 지역의 정치 집단들은 남은 물건을 교역하게 되었다. 교역하는 물건을 관리하기 위해 조직적 기구가 필요하게 되자 여러 읍락을 대표하여 국읍國邑의 우두머리가 이러한 교역 활동을 주관하고, 읍락들이 서로 좋은 관계를 유지할 수 있도록 노력했다. 혹 집단 사이에 다툼이 생기거나 외부의 세력에 공동으로 대처해야 하면, 곧바로 국읍의 우두머리가 책임자가 되어 여러 읍락의 족장들과 그들이 거느린 군대를 이끌고 나섰다.

국읍에서 여러 읍락들을 통솔할 때 하늘에 제사 지내는 의식이 매우 중요했다.《삼국지》〈동이전〉에 따르면 삼한에서는 귀신을 믿었는데, 국읍에서 '하늘 임금[天君]' 한 사람을 세워 '하늘 신[天神]'에게 바치는 제사를 주관하게 했다고 한다. 제사 의식을 지내는 것은 정치나 경제 활동의 중심인 국읍이 주도하여 읍락 간의 구별을 뛰어넘는 절대자나 신에게 제사를 지냄으로써, 읍락 간의 결속을 다지고 국읍 지배자의 위치를 더욱 굳게 하려는 뜻이라 할 수 있다.

시간이 지나면서 삼한 소국의 지배자는 서서히 무당이나 제사장으로서 권위를 세우기보다는 경제 활동이나 군대를 통솔하는 세속적 힘을 통해 권력을 유지하게 되었다. 나중에는 제사 지내는 일을 따로 제사장으로 세운 사람에게 맡기고, 자신은 세속적인 통치 행위만을 하게 된다.

삼한 중 가장 큰 세력을 이룬 나라는 마한이었다. 마한에는 54개의 작은 나라들이 있었는데, 큰 것은 1만여 가家, 작은 것은 수천 가였다고 한다. 마한은 한강 유역에서 금강 유역과 호남에 이르는 지역을 중심으로 번성했다. 이 지역은 주변 지역과의 교통이 편리하고 물산이 풍부했다.

2세기 후반 이후가 되면 경상도 지역의 소국 집단들 간에도 맹주국을 중심으로 소국 연맹체가 형성되었던 것으로 생각된다. 기원전 1세기부터 서기 3세기경까지 지금의 경상북도 지역에 형성되어 있던 여러 정치 집단을 통칭하여 진한이라고 한다. 진한 내에는 12개의 작은 나라들이 있었는데, 이 중 우두머리는 경주의 사로국이었다. 진한과 변한의 각 소국은 마한에 비해 규모가 작은 것이 많아, 큰 것이 4000~5000가家, 작은 것이 600~700가 정도였다. 《삼국사기》〈신라본기〉에는 토착 주민들이 일정한 세력을 이루고 있던 곳에 서북한 지역의 고조선 세력이 내려와 진한이 성립되었다고 전한다. 실제로 경주를 비롯한 진한 지역에는 고조선의 문화적 영향을 받은 무덤이나 유물이 많이 출토되고 있다.

낙동강을 중심으로 동쪽 지역에 진한이 있었다면, 그 서쪽에는 변한이 있었다. 진한과 변한은 언어와 풍속이 비슷하며, 고고학상으로도 무덤이나 유물에 비슷한 점이 많다. 변한의 12개 나라 중 중심 소국은 김해의 구야국이었다. 2~3세기 김해의 구야국을 중심으로 변한은 연맹체를 형성하여 마한, 낙랑군, 왜 등과 교역을 하고, 사로국을 중심으로 한 진한 연맹체와 경쟁했다.

삼한을 이루던 소국들은 고조선 지역에 설치된 중국 군현의 통치 단위인 각 현에 비교될 수 있으며, 영역상 현재의 군郡 정도의 세력 범위로 추정된다. 삼한의 소국들은 국읍과 다수의 일반 읍락으로 구성되었다. 국읍은 상대적으로 세력이 강하고 정치·경제적으로 주도적인 기능을 수행하는 대읍락이다. 삼한 사회의 읍락은 단일한 농경 촌락을 뜻하는 것이 아니라, 하나의 중심지에 연결된 다수의 취락군으로서 1천 호 미만의 인구를 가지고 동일한 시조를 내세우는 의제적擬制的 혈연 집단으로서 독립된 지배자에 의해 통치되는 개별 정치 집단이다.

마한에 속한 여러 소국들의 대표자는 목지국 진왕辰王이었다. 당시에는 마한 전역을 포괄하는 강력한 연맹체의 수준에는 미치지 못했다. 다만 충남 지역을 중심으로 하는 일정 범위 내의 정치 집단들이 결속되어 마한 지역의 주도 세력으로 기능함에 따라 마한 소국 연맹체의 토대를 이루고 있었다.

진왕 중심의 마한 소국 연맹체는 상대적으로 토착성이 강하고 성립 시기가 빠르다. 마한 연맹체 위쪽에는 백제국 중심의 소국 연맹체가 중국 군현과 대응하면서 성장, 발전하고 있었다. 목지국을 맹주로 하는 마한 소국 연맹체는 중국 군현과의 사이에 일정한 완충 지대를 두고 완만한 관계를 유지하고 있었던 것으로 보인다. 《삼국지》의 "진왕은 스스로 왕이 될 수 없다"라는 기록에서 나타나듯이 마한 소국 연맹체의 맹주국인 목지국과 진왕의 권력 기반은 강압적인 위계 관계에 기반을 둔 것이라기보다는 여전히 완만한 결속 관계에 머무르고 있었다.

삼한의 경제와 사회

삼한에서는 기름진 토지 덕분에 조, 보리, 콩, 밀 등 밭에서 나는 작물을 고루 기를 수 있었다. 기후와 토양이 적합해 벼농사도 매우 발달했다. 벼농사의 대부분은 무논에서 이루어졌는데, 지역에 따라 밭에서 자라는 밭벼를 기르기도 했다. 무논은 기본적으로 땅이 낮고 물기가 많은 저습 지대에 만들었지만, 인공으로 물길과 논둑을 만들기도 했다. 또한 씨앗을 뿌리는 5월과 농사일을 마무리하는 10월 두 차례에 걸쳐 귀신에게 제사를 지냈는데 중국 사람들이 흔히 추는 탁무와 비슷한 춤을 추면서 노래를 불렀다고 한다.

농기구로는 돌로 만든 반달칼이나 돌낫이 사라지고, 쇠로 만든 손칼과 낫을 사용하게 되었다. 게다가 쇠로 만든 따비와 괭이가 있어 땅을 파고 흙을 고르는 데 사용했고, 편자처럼 생긴 철제 삽날을 나무 자루에 끼워 사용하는 가래와 철제 삽을 사용하면서 논의 물길을 만들거나 보수하는 것이 한결 쉬워졌다.* 이렇게 새로 만든 물길에 물을 대기 위해 저수지도 여럿 만들었는데, 상주의 공검지가 그 시대의 유적이다.

진한과 변한은 철이 풍부해 철광석에서 뽑아 낸 쇳덩어리를 낙랑과 일본 등으로 수출했으며, 교역할 때 철을 돈처럼 사용하기도 했다. 덩이쇠는 쇠로 특정한 물건을 만들기 전에 어느 정도 정해진 규격에 따라 길고 납작하게 만든 쇳덩이다. 덩이쇠는 돈으로 사용되는 한편 여러 가지 철기를 만드는 재료가 되기도 했다.

철제 도구를 만들 때에는 쇳물을 거푸집에 부어 물건을 만드는 주조 기술과 불에 달군 쇠를 두드려 원하는 모양을 만드는 단조 기술을 사용했다. 쇠를 다루는 일은 전문 기술이 필요하기 때문에 처음부터 아무나 할 수 있는 일이 아니었다. 쇠를 뽑아 내고 철기를 만드는 일과 토기를 만드는 일도 서서히 전문화가 진행되었다.

낫
(진한, 대구 팔당동 출토)

U자형 쇠삽날
(변한, 김해 대성동 1호분 출토)

쇠따비 날
(변한, 창원 다호리 1호분 출토)

삼한 사람들은 비단 외에도 여러 가지 베 옷감을 만들었다. 삼한 사람들은 베 두루마기를 입고 짚신이나 가죽신을 신었다. 그리고 금, 은과 화려한 비단보다 곱돌로 만든 옥구슬을 소중하게 여겨 옷에 장식하거나 목걸이, 귀고리로 달고 다녔다.

삼한의 여러 나라에는 각 읍락에 소도蘇塗라는 특별한 장소가 있었다. 소도 어귀에는 큰 나무를 세워 북과 방울을 달아 놓고 귀신을 섬겼다. 귀신을 섬기는 곳인 소도는 거룩한 장소라서 죄를 지은 사람이 이곳으로 도망하면 쫓아 들어갈 수 없었다고 한다. 소도에서는 개인혹은 마을의 복을 기원하는 종교 행사가 벌어지곤 했다.

삼한에서 삼국으로

철기시대 후기의 문화 발전은 삼한 사회의 변동을 가져왔다. 그 가운데 먼저 앞서 나가기 시작한 나라를 중심으로 소국들 간에 연합이 이루어졌다. 지금의 한강 유역에서는 백제국이 성장하면서 마한 지역을 통합해 나갔다. 또 낙동강 유역에서는 구야국이, 그 동쪽에서는 사로국이 성장하여 중앙 집권 국가의 기반을 마련하면서 각각 백제 연맹체와 가야·신라의 기틀을 다져 나갔다.

삼한은 비슷한 문화를 누렸던 소국의 연합체일 뿐, 국가를 이루지는 못했다. 그러나 삼한의 소국 중 하나였던 백제국과 사로국이 각각 백제와 신라라는 고대 국가로 성장했으므로 삼한 사회는 삼국의 초기 단계임과 동시에, 앞서 존재한 고조선·부여·진국 등과 삼국의 고대 국가를 연결하는 고리였다.

백제의 역사는 마한 지역에 있었던 54개 소국의 하나인 백제국에서 출발한다. 백제국 성립 당시 목지국 진왕은 마한 지역을 대표하는 왕이었고, 백제국은 그 마한의 작은 나라 중 하나였다. 온조왕이 처음 바다를 건너왔을 때 마한의 왕이 동북쪽 100리의 땅을 떼어 주어 편히 살게 했는데, 나라의 체제가 갖춰지고 백성들이 모여들자 마한의 영역을 침범했다고 하는 《삼국사기》 기록에서도 알 수 있다.

마한의 한 소국인 백제국에서 마한 사회를 지배하는 백제로 성장해 갔기 때문에 백제사의 전개 과정은 마한사와 떼려야 뗄 수 없다. 백제국의 성장은 바로 고대 국가 백제의 등장을 의미하는 것이다. 소국 단계의 백제국과 고대 국가 백제는 연속선상에 있는 것이며, 백제사의 출발점은 백제국의 성립에서 찾을 수 있다.

백제가 등장하면서 목지국을 중심으로 한 마한은 힘이 점점 약해져서 3세기 중엽 마침내 백제에 편입되었다. 그러나 백제의 가장 남쪽 변방인 영산강 유역에 있었던 잔여 세력들은 늦은 시기까지 독립 세력으로 남아 있었다.

진한 연맹체의 중심이었던 사로국은 주변의 소국들을 정복하면서 후에 신라로 발전했다. 사로국은 지금의 경상도 일대의 여러 소국들이 연맹하여 이룬 진한 12국의 하나였다. 당시 이 일대의 소국들은 스스로의 힘으로 다른 나라들과 교역을 하고 정치 활동을 하기에는 힘이 부족하여 주변의 다른 소국들과 서로 힘을 합쳐야 했다. 그래서 지금의 경상도 일대의 여러 소국들이 서로 힘을 합쳐 이웃 중국 등과 관계를 맺으면서 진한으로 알려지게 된 것이다. 이 중에서 사로국은 점차 주변의 소국들을 차례로 굴복시켜 4세기 중엽에 이르면 진한 연맹체의 대표 국가로서 힘을 갖게 되었다.

진한이 사로국을 중심으로 신라로 발전할 때 변한은 구야국을 중심으로 가야로 발전했다. 변한은 철을 많이 생산하여 주변 지역뿐 아니라 멀리 낙랑군과 대방군에도 수출하기도 했다. 변한의 12개 나라들은 낙동강 유역과 남해안을 중심으로 분포했고 발달한 철기 문화를 토대로 성장했다. 이것은 결국 이 일대에 철기 문화가 확산되기 시작한 때가 가야의 태동기임을 의미한다. 가야는 본래 변한에 속한 여러 나라들 가운데 하나인 '구야국'에서 나온 말이다. 이 구야국이 변한을 이끌어 가는 중심 국가가 되면서 차츰 변한 대신 가야가 널리 쓰이게 된 것이다.

—송호정

4~6세기는 동아시아 국제 정세의 변동과 함께 만주-한반도의 여러 정치체가 삼국으로 통합되며 치열한 각축전을 벌이던 시기였다. 북쪽의 고구려는 중국 대륙의 분열을 적극 활용해 서북한과 요동 지역의 중국 군현을 몰아내고 대제국을 건설했다. 남쪽의 백제와 신라도 각각 마한과 진한의 여러 소국을 병합하며 한반도 중남부 지역을 분점해 나갔다. 이로써 삼국은 국경을 맞대고 상호 대립과 교류를 반복하며 치열한 각축전을 전개했는데, 각축전에서 우세를 점하기 위해 안으로는 지배 체제를 정비하는 한편 밖으로는 외교 교섭을 활발하게 전개했다. 이 과정에서 삼국의 문화 수준과 외교 역량은 크게 향상되었고, 삼국민 사이의 동질성도 점차 높아졌다. 다만 중앙 집권 체제를 정비하지 못한 부여와 가야는 각기 삼국에 흡수 통합되며 역사의 뒤안길로 사라졌다.

고대 사회의
발전과 재편

중국 대륙의 분열과 삼국의 정립·발전

삼국의 정립과
부여·가야의 쇠퇴

고구려의 중앙 집권 체제 정비와 부여의 쇠퇴

3~4세기 동아시아 역사는 긴박하면서도 역동적으로 전개되었다. 후한의 붕괴와 더불어 삼국으로 분열되었던 중국 대륙은 280년 서진西晉에 의해 재통일되었지만, 재통일도 잠시 잠깐, 290년경부터 서진의 지배 질서는 급속히 무너졌다. 서진이 붕괴되자 중국 대륙 주변에서 여러 족속과 나라가 흥기했다. 특히 300년경부터 흉노와 선비 등이 북중국 각지로 진출해 5호 16국이라는 역동적인 시대를 연출했다.

이러한 정세 변화가 만주와 한반도 일대로 밀려올 무렵, 이 지역도 커다란 변화를 겪고 있었다. 변화의 바람은 북쪽의 고구려에서부터 불었다. 고구려는 초기에는 왕실인 계루부가 여러 나부那部와 함께 국가를 운영했다. 그런데 3세기 전반 정치권력과 경제력이 특정 나부에 집중되면서 각 나부의 격차는 확대되었고, 사회 분화의 심화로 공동체적 유대도 약화되었다. 이러한 국가 체제 변동으로 인해 고구려는 공손씨公孫氏 세력과 조위曹魏 등의 침공을 받아 도성이 함락되는 등 국제 정세에 능동적으로 대처하기 힘들었다.

급변하는 국제 정세에 대응하려면 국가 체제부터 재정비해야 했다. 마침 조위를 이은 서진이 비교적 온건한 대외 정책을 추진하자, 고구려는 이를 틈타 국가 체제를 재정비했다. 먼저 각 나부별로 운영하던 관원 조직을 국왕 중심으로 통합하고, 군사력도 결집시켰다. 또한 나부의 유력자들이 왕도로 이주해 중앙 귀족으로 전신하자, 형계兄系와 사자계使者系● 중심의 일원적 관등제를 정비하여 국왕을 중심으로 서열화했다. 이로써 나부는 단위 정치체로서의 기능을 상실하고, 왕도의 방위부가 지배 세력의 소속을 나타내는 징표로 부상했다.

이에 종래의 나부 지역을 '곡谷'이라는 행정 구역으로 편제해 지방관을 파견했다. 정복 지역도 각 방면 교통로의 전략적 요충지에 성곽을 축조해 지방관을 파견하고 군대를 주둔시켰으며, 나머지 지역도 자연 지형에 따라 '곡'이라는 행정 구역으로 편제했다. 이에 따라 피정복민도 고구려민으로 편입되어 생명과 재산을 보호받는 대신, 세금을 내고 전쟁에 동원되었다. 고구려가 국왕을 정점으로 하는 중앙 집권 체제를 갖춘 것이다.

이에 따라 국왕은 다른 귀족들을 초월한 '태왕太王'으로 부상했다. 현재 중국 지린성 지안 분지에 남아 있는 초대형 적석묘는 태왕의 초월적인 위상을 잘 보여 준다. 4세기 후반 소수림왕대(371~384)에 진행된 태학 설립, 불교 수용, 율령 반포 등은 3세기 후반 이래 정비한 중앙 집권 체제를 제도적으로 완성하는 과정이었다. 즉, 국가 기구 정비로 수요가 늘어난 실무 관원을 양성하기 위해 태학을 설치했으며, 보편적 세계관에 의거해 고구려 내의 다양한 사상과 신앙을 통합하기 위해 불교를 수용했다. 또한 피정복민까지 아우른 백성들을 다스리거

형계와 사자계 관등
형계 관등은 본래 족장층에게 수여하던 관등에서 유래했고, 사자는 대족장의 가신家臣으로서 행정실무를 담당했다. 이처럼 양자의 연원은 달랐으나 일원적 관등제의 정비로 그 차이는 점차 소멸되었고, 각기 여러 관등으로 분화하면서 고구려 관등제의 골간을 이루었다.

나 각종 국가 기구와 제도를 운영하기 위한 준거를 마련하기 위해 율령을 반포했다.

고구려는 내적 성장을 토대로 중앙 집권 체제를 확립했다. 더욱이 태학, 불교, 율령 등은 당시 북중국으로 진출했던 5호胡의 여러 나라가 앞다투어 갖추던 제도이자 사상이었다. 북중국을 제패하려면 한족漢族 왕조가 수백 년에 걸쳐 이룩한 선진 정치 제도와 사상을 갖추어야 했다. 고구려도 이러한 흐름을 정확히 읽고 새롭게 흥기하던 동아시아 여러 나라와 어깨를 나란히 하기 위해 국제적 수준의 제도와 사상을 갖춘 것이다.

고구려는 중앙 집권 체제 정비와 더불어 국제 정세에도 능동적으로 대처했다. 먼저 서진의 붕괴를 틈타 311년 압록강 하구의 서안평을 공취한 다음, 313년에서 314년에 낙랑·대방군을 차례로 점령했다. 이로써 고구려는 고조선 멸망 이후 400여 년간 지속된 중국 군현을 축출했을 뿐 아니라, 서북한 평야 지대의 경제력과 선진 문물을 확보하여 국가 발전의 기틀을 다졌다. 아울러 한반도 중남부와 직접 교통하는 길도 열었다. 중국 군현에 가로막혀 분리되었던 만주와 한반도의 정치체들이 하나의 역사체로 거듭날 수 있는 계기를 마련한 것이다.

다만 고구려는 더 이상 남진하지 않고 315년 기수를 동북아의 중심지인 요동으로 돌렸다. 중국 대륙의 분열을 틈타 동북아의 중심 세력으로 웅비하기 위해서였다. 그런데 요동 지역에는 이미 선비 모용부慕容部, 곧 전연前燕이 영향력을 확대한 상태였다. 고구려는 여러 차례 요동을 공략했지만 결국 전연에게 패권을 내주었다. 대신 고구려는 대륙의 변화를 주시하며 북중국의 후조後趙나 선비 우문부宇文部와 함

● 고구려의 중앙 집권 체제 정비 과정

시기	내용
3세기 중후반	나부 체제의 해체
3세기 후반~4세기 전반	일원적 관등제 정비 지방 제도 정비
313~314년(미천왕 14~15)	낙랑·대방군 점령
4세기 전반	부여 지역 점령
372년(소수림왕 2)	태학 설립, 불교 수용
373년(소수림왕 3)	율령 반포
391년(고국양왕 9)	국사國社 설립, 종묘 수리

태왕릉과 안악 3호분 행렬도   태왕릉은 중국 지린성 지안 분지의 우산 남쪽 기슭에 위치하고 있으며, 방형 평면을 가진 계단식 돌무지무덤이다. 1913년 조사 시 출토된 "원태왕릉안여산고여악顧太王陵安如山固如岳"이라는 명문이 있는 벽돌에 근거해 태왕릉이라고 불리게 되었다. 태왕릉은 일찍부터 고구려 왕릉으로 추정되었던 무덤이다. 출토된 유물과 무덤구조로 미루어보아 태왕릉의 건립 연대는 4세기 말에서 5세기 초로 추정되며, 태왕의 초월적 위상을 잘 보여 준다. 무덤의 주인공에 대해서는 고국양왕설과 광개토왕설이 팽팽하게 대립하고 있다. 안악 3호분 벽화에 묘사된 행렬도에는 우차를 탄 주인공의 좌우에 호위무사와 기마무사 특히 중장기병이 보인다. 이 두 유적을 통해 고구려가 국왕을 정점으로 하는 중앙 집권 체제를 갖추어 나갔음을 확인할 수 있다.

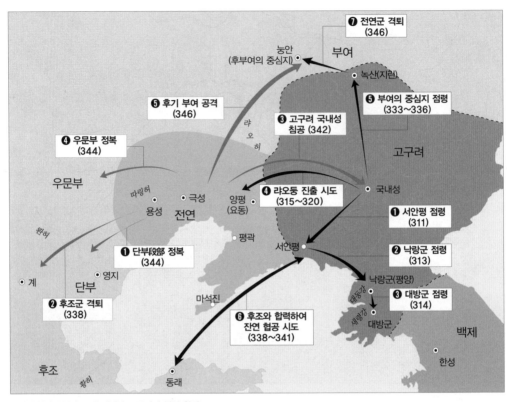

❼ 전연군 격퇴
(346)

눙안
(후부여의 중심지) 부여

녹산(지린)

❺ 후기 부여 공격
(346)

라
오
허

❸ 고구려 국내성
침공 (342)

❺ 부여의 중심지 점령
(333~336)

고구려

❹ 우문부 정복
(344)

우문부

따링허

극성

용성   전연

양평
(요동)

❹ 라오둥 진출 시도
(315~320)

국내성

❶ 서안평 점령
(311)

❶ 단부段部 정복
(344)

평곽

서안평

❷ 낙랑군 점령
(313)

계

단부   영지

마석진

낙랑군(평양)

대동강

❸ 대방군 점령
(314)

❷ 후조군 격퇴
(338)

❻ 후조와 합력하여
잔연 협공 시도
(338~341)

재령강

대방군

백제

한성

후조   황허

동래

4세기 전반 동북아 국제 정세와 고구려의 영역 확장

께 전연을 협공할 방안을 모색했다.

그러다가 333년 모용외의 죽음으로 전연이 내분에 휩싸이자, 전연과 패권을 다투던 송화강 유역의 부여 지역을 장악했다. 부여는 3세기 중반까지도 고구려와 대등한 국력을 자랑했지만, 285년 모용부의 침공을 받은 이후 급격히 쇠퇴한 상태였다. 부여는 고구려에게 본거지를 빼앗긴 다음 서쪽의 농안農安 방면으로 옮겼지만, 346년 다시 전연의 침공을 받아 큰 타격을 입었다. 그 뒤 부여는 고구려의 부용국으로 전락해 명맥을 유지하다가, 494년 물길勿吉(말갈)에 밀려 고구려에 투항하기에 이른다. 결국 부여는 3세기 후반 이래 여전히 연맹체적 정치 체제에 머물러 있다가 고구려와 전연의 틈바구니에 끼여 쇠락의 길을 걸었던 것이다.

이로써 고구려는 요동 평원-반도 일대를 제외하고 만주와 한반도 북부에 걸친 예맥족의 주요 거주지를 거의 모두 석권했다. 한반도 북부와 만주에 존재했던 연맹체적 정치체는 대부분 소멸되고, 이들 지역은 중앙 집권 국가로 탈바꿈한 고구려의 영역으로 편입된 것이다. 연맹체적 정치체가 광범위하게 존재했던 고대 초기와 뚜렷이 구별되는 새로운 역사가 시작된 것이다.

그렇지만 고구려는 동북아의 주도권을 둘러싼 전연과의 다툼에서는 계속 밀렸다. 342년 전연의 침공을 받아 도성이 함락되는 위기를 맞았다. 더욱이 344년 전연이 우문부마저 멸망시키고 352년에는 북중국으로 진출해 황제국을 선포함에 따라 고구려는 더 이상 전연과 대결을 벌이기 힘들었다. 그런데 전연도 고구려라는 위협적인 요소를 안은 채 중국 대륙의 동진東晉이나 전진前秦과 각축전을 전개하기는 힘들었다. 이에 양국은 355년에 외교 관계를 맺었는데 고구려는 황제국이라는 전연의 위상을 인정해 주고, 전연은 고구려의 세력권을 인정해 주는 형태였다. 고구려는 전연에 이어 북중국을 장악한 전진과도 위와 같은 외교 관계를 맺었다.

이로써 고구려는 요동 진출을 잠시 미루어야 했지만, 서방 국경 지대를 안정시켜 한반도 중남부 등 다른 방면으로 세력을 확장할 전기를 마련했다. 그리하여 고구려가 만주와 한반도 각 방면으로 정복 활동을 전개함에 따라 북쪽의 예맥족濊貊族과 남쪽의 한족韓族 전체가 어우러져 치열한 상쟁을 벌이며 하나의 역사체를 향한 움직임을 본격적으로 전개하게 되었다.

백제의 마한 통합과 해상 교역권 장악

고구려가 중앙 집권 체제를 정비하고 영역을 확장할 무렵, 한반도 중남부의 상황도 급변했다. 먼저 중서부 지역에서는 한강 하류의 백제국伯濟國이 급성장하며 마한의 맹주였던 목지국을 압도하기 시작했다. 한강 유역의 경우 목지국이 위치했던 금강 유역에 비해 철기 문화가 늦게 보급되었지만, 기원 이후에는 발달된 단조 기술로 제작한 다양한 농공구와 무기가 널리 보급되었다. 백제국은 이러한 철기 문화와 함께 서해 해상과 중부 내륙 교통로의 결절점이라는 입지 조건을 바탕으로 급성장했다.

백제국의 성장 모습은 중국 군현과의 관계를 통해 확인할 수 있다. 3세기 중반 조위는 강력한 동방 정책의 일환으로 삼한에 분열책을 시행했다. 특히 대방군이 통할하던 삼한 지역 가운데 진한 8국을 분할해 낙랑군으로 하여금 통할統轄하도록 했다. 이에 삼한과 대방군의 교역을 중계하던 임진강 유역의 신분고국臣濆沽國이 반발해 군현을 선제공격했다. 신분고국은 대방태수를 전사시키며 상당한 전과를 올렸지만 결국에는 군현의 공격을 받아 멸망할 지경이 되었다.

이때 백제국도 군현 공격에 참여했지만 큰 타격을 입지 않고, 오히려 다른 소국의 약화를 틈타 이 지역의 맹주로 발돋움했다. 고이왕古爾王의 장자가 대방왕녀와 혼인했다고 하는데, 이는 백제국이 중국 군현과의 관계에서 이 지역 대표로 부상했음을 의미한다. 또한《삼국사기》에 따르면 260년에 6좌평제,* 16관등제,* 관복제冠服制* 등을 시행했다고 한다. 여러 사료를 종합했을 때 고이왕대(234~286)에 이 제도를 시행했을 가능성은 희박하지만, 적어도 고이왕대가 백제사의 중요한 획기로 인식되었음은 분명하다.

백제국의 성장 모습은 서진과의 관계를 통해 더욱 명확히 파악할 수 있다. 서진은 274년 유주를 분할해 평주平州를 설치하고, 평주 치소에 동이교위부東夷校尉府를 설치해 동방 지역을 통합하도록 했다. 이에 따라 마한 소국들은 서진과 교섭하기 위해 멀리 동이교위부까지 가야 했는데, 276년에서 291년까지 5~6개 내지 수십 개국이 집단적으로 사신을 파견했다. 마한의 각 지역마다 중심 소국이 등장하기 시작했는데, 이때 백제국은 한강 하류와 그 주변의 소국들을 이끌고 서진과의 교섭을 주도했던 것으로 이해된다.

이로써 백제국은 대외적으로 목지국을 압도하며 점차 마한의 맹주로 발돋움했다. 이와 더불어 백제국은 안으로도 집권력을 강화하며 새로운 국가체로 탈바꿈했다. 백제 초기의 풍납토성風納土城을 발굴

6좌평제
좌평은 오늘날의 장관에 해당하는 관직으로 수상격인 내신좌평을 비롯해 6개의 좌평이 있었음. 백제의 좌평제는 여러 단계의 정비 과정을 거치는데, 6좌평제는 사비 시기에 완성된 것으로 이해됨.

16관등제
관등은 관직의 등급을 뜻하지만, 고대사회에서는 관직에 나아갈 수 있는 등급으로서 신분에 의해 규정되었음. 백제의 관등제는 모두 16개 관등으로 이루어져 있었는데, 대체로 4세기 이후 여러 단계의 정비과정을 거쳐 완비된 것으로 이해됨.

관복제
관인의 등급과 신분에 따라 머리에 쓰는 관冠의 형태와 복식의 색깔을 규정한 제도.

조사한 결과, 3세기 중후반에 도랑으로 둘러싸인 소규모 마을 대신 대규모 토성土城을 축조한 것으로 확인되었다. 286년(책계왕 1) "위례성을 수리했다"는 기사와 연관된 것으로 보인다. 풍납토성과 같은 거대한 토성을 축조하려면 엄청난 노동력이 소요된다. 백제국뿐 아니라 주변 지역의 백성까지 동원할 수 있어야 가능한 것이다.

풍납토성 축조를 전후해 백제국의 수장권이 인근 소국에까지 직접 미친 것이다. 그리하여 백제국은 주변 소국과 연맹하던 단계를 뛰어넘어 점차 이들 지역을 영역화하며 종전과 구별되는 국가체로 탈바꿈했다. 이로써 백제국은 마한의 구성 분자가 아니라 초월적인 '백제百濟'로, 백제국의 수장은 '백제의 왕'으로 격상하기 시작했다.

이처럼 백제국이 백제로 탈바꿈할 무렵, 서진의 지배 질서가 붕괴되었다. 서진과의 교섭은 단절되었고, 특히 낙랑·대방군이 자구책을 도모하며 주변 지역을 침공함에 따라 이들과 충돌할 수밖에 없었다. 백제는 이들의 침공을 방어하거나 공격하는 과정에서 298년과 304년에 책계왕과 분서왕이 잇따라 사망했다. 이로 인해 백제는 왕위 계승을 둘러싸고 시조 온조왕溫祚王을 이은 초고계와 온조의 형인 비류계가 오랫동안 대립하게 되었다. 이러한 왕실 내분은 대외 성장에 커다란 걸림돌로 작용했는데, 특히 고구려가 중국 군현을 멸망시키고 서북한을 장악하는 상황에서도 백제는 아무런 조치도 취할 수 없었다.

그렇지만 백제가 이미 마한 맹주의 지위를 다지고 영역 국가로 전환하던 중이었으므로 다른 마한 소국이 백제의 지위를 넘보기는 힘들었다. 오히려 백제 주변뿐 아니라 비교적 멀리 떨어진 소국들도 서진의 붕괴와 낙랑·대방군 소멸에 따른 선진 문물 공급처의 공백을 백제에

풍납토성 모형 풍납토성을 복원한 모형이다. 한강 연변의 평지에 축조된 토성으로, 남북으로 긴 타원형을 이룬다. 백제는 3세기 중후반에 도랑으로 둘러싸인 소규모 마을 대신 대규모 토성을 축조한 것으로 확인되는데, 엄청난 노동력이 필요한 풍납토성과 같은 거대한 토성 축조는 영역 국가로 탈바꿈 하던 백제의 위상을 확인할 수 있게 해 준다.

의존할 수밖에 없었다. 이에 백제는 요동 지역 등과의 교섭을 통해 획득한 선진 물품을 한강 유역뿐 아니라 멀리 금강 유역의 정치체에까지 나누어주며 영향력을 확대했다. 그리하여 4세기 중반이 되면 한반도 중서부뿐 아니라 멀리 전라 북부에까지 영향력을 미치게 되었다.

이 무렵(345)에 즉위한 근초고왕近肖古王은 왕실 내분을 종식시키고 집권력을 더욱 강화했다. 먼저 근초고왕은 진씨眞氏 세력과의 혼인을 통해 왕실의 권력 기반을 확대하는 한편, 《서기書記》라는 역사서를 편찬해 여러 지배 세력의 전승을 왕실 중심으로 통합하고 왕권을 정당화했다. 이는 국왕을 중심으로 여러 지배 세력을 편제해야 가능한 일인데, 이 시기에 일원적 관등제를 정비했다고 추정된다. 이와 더불어 백제는 활발한 대외 정복을 벌여 나갔다. 369년에는 노령산맥을 넘어 영산강 유역과 전남 해안에 산재했던 마한 잔여 세력에까지 영향력을 미치는 한편, 서·남해안과 일본 열도를 잇는 해상 교역권을 복원하기 위해 366~370년 가야와 통교를 맺어 교통로를 확보했다.

이로써 백제는 모든 정복 지역에 지방관을 파견할 정도로 지방 제도를 정비한 것은 아니지만, 마한 전역 대부분에 영향력을 미치고, 소백산맥을 넘어 가야와도 통교하게 되었다. 4세기 중후반의 왕릉으로 추정되는 석촌동 3호분은 이 무렵 백제의 국력과 왕권을 상징적으로 잘 보여 준다. 이제 북으로 서북한 지역만 장악한다면 중국 대륙에서 서·남해를 거쳐 일본 열도로 이어지는 동북아 해상 교역권을 장악할 수 있게 되었다. 다만 이를 위해서는 동으로 신라를 제압하고, 북으로는 고구려와 일전을 벌여야 했다.

신라의 성장과 가야의 위축

백제가 마한 지역을 통합하고 서남해안–일본 열도의 해상 교역권을 석권할 무렵, 한반도 동남부의 진·변한 지역에서도 거대한 변화가 진행되었다. 현재까지 확인된 고고 자료로 본다면 3세기 중반까지 진한과 변한 지역의 문화적 차별성은 뚜렷이 확인되지 않는다. 그런데 3세기 후반 진·변한 모두 목곽묘가 대형화하고 철제 무기의 부장이 급증하는 한편, 고분 구조와 유물에서 지역차가 뚜렷해진다. 가령 변한 지역의 목곽묘가 방형에 가까운 형태로 대형화한 반면, 진한 지역은 길쭉한 세장방형으로 대형화했다. 진·변한 지역에서 대형 고분이 출현할 정도로 정치체가 급성장함과 더불어 양 지역이 각기 다른 문화권으로 분화했던 것이다.

진한 지역의 변화는 경주에 위치한 사로국斯盧國을 중심으로 진행되었다. 가령 세장방형 목곽묘는 경주를 중심으로 포항, 울산, 경산, 대구 등 상당히 넓은 범위에서 확인되지만, 이 시기에 출현한 오리 모양 토기나 고사리무늬 쇠창은 주로 경주와 그 인근의 포항, 울산 등지에서 집중적으로 출토된다. 당시의 문화 변동이 경주를 중심으로 동심원을 그리며 진행되었던 것이다. 이로 보아 문화 변동은 사로국의 정치적 영향력 확대를 동반하며 진행되었고, 특히 출토 유물까지 유사한 포항, 울산 지역은 일찍부터 사로국에 강하게 예속되었을 것으로 여겨진다.

사로국의 성장은 낙동강 하구에 위치한 구야국(금관가야金官伽倻)과의 관계를 통해 더욱 명확히 확인할 수 있다. 해상 교통로의 요지에 위치한 구야국은 본래 낙랑·대방군 중심의 해상 교역에 참여하여 경

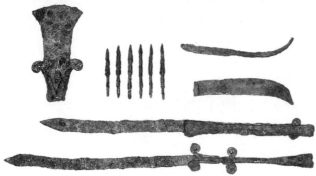

경주 구정동 고분과 출토 유물(일부)　　원형의 자연 구릉 위에 무덤을 써서 봉분을 거대하게 보이도록 했다. 3기의 무덤이 조사되었는데, 2곽과 3곽은 길쭉한 세장방형 목곽(덧널)이다. 쇠갑옷, 쇠창, 쇠낫 등 많은 유물이 출토되었는데, 고사리무늬 쇠창은 사로국의 정치적 성장을 잘 보여 준다.

제력을 확충하고 변한의 맹주로 부상했다. 그런데 서진이 274년 동이교위부로 하여금 동방 지역을 통할하게 하면서 낙랑·대방군의 대외 교섭력은 약화되었다. 더욱이 4세기 초 낙랑·대방군의 소멸로 해상 교역 체계 자체가 붕괴되었다. 이에 따라 구야국 중심의 교역 활동은 위축되었고, 구야국의 경제 기반도 축소되었다.

이러한 변동기에 사로국은 내적 성장을 바탕으로 낙동강 방면으로 진출하면서 낙동강 수로에 대한 통제권을 둘러싸고 구야국과 대결할 수밖에 없었다. 그런데 진한왕은 280년과 281년 두 차례나 서진에 사신을 파견한 반면, 변한의 견사遣使 기록은 보이지 않는다. 더욱이 진한은 개별 소국 단위가 아니라 진한을 대표하는 '진한왕' 곧 사로국의 수장이 주체가 되어 사신을 파견했다. 사로국이 진한 소국의 대외 교섭권을 통제하며 진한의 대표자로서 서진과의 교섭을 주도했을 뿐아니라 점차 구야국을 압도했던 것이다.

구야국의 경제 기반이 약화되자, 이번에는 경남 서남부 지역의 소국들이 구야국의 통제로부터 벗어나려고 반기를 들었다[포상팔국浦上八國의 난]. 다급해진 구야국은 사로국에 구원을 요청해 겨우 이들을 물리쳤다. 그렇지만 이 과정에서 구야국의 영향력은 많이 약화되었고, 경남 서남부 지역에서는 아라국阿羅國이나 소가야 등이 빠르게 성장했다. 만주와 한반도의 다른 지역에서 강력한 집권력을 갖춘 삼국이 출현할 무렵, 가야 지역에서는 오히려 정치체들이 더욱 분열하며 주도권 다툼을 벌였던 것이다. 이에 따라 가야 지역은 삼국의 틈바구니에서 점차 위축될 수밖에 없었다.

한편, 사로국은 낙랑·대방군의 소멸 등으로 외압이 사라진 상황을 활용해 진한 소국에 대한 병합을 본격적으로 추진했다. 사로국은 먼저 중간 거점에 위치한 유력한 소국을 병합한 다음, 소백산맥의 관문으로 나아가는 외곽 요지에 위치한 소국들을 차례로 복속시켜 나갔다. 이와 더불어 경주 인근에 위치한 소국에 대해서는 강력한 통합 정책을 추진하고, 전략적 요충지에는 성곽을 축조하고 군 지휘관을 파견해 군사 거점을 마련해 나갔다. 그리하여 4세기 중반에는 진한 소국에 대한 병합 작업을 거의 마무리했다.

이제 사로국은 진한 전역의 유일무이한 지배자로 군림하게 되었다. 진한 연맹이 '신라新羅'라는 영역 국가로 탈바꿈한 것이다. 다만 신라는 아직 중앙 집권 체제를 확립한 상태는 아니었으므로 고구려나 백제만큼 복속 지역을 강력하게 지배하지는 못했다. 경주 인근의 소국에 대해서는 자치 기반을 해체해 강하게 예속시켰지만, 외곽 지역에 대해서는 자치 기반을 온존시킨 채 수장층을 통해 노동력을 징발하고 공물을 징수하며 간접적으로 지배했다. 이에 신라는 반발하는 소국에 대해서는 군사력을 동원해 강력하게 응징하는 한편, 다른 재지 수장층에게는 각종 귀중품이나 위세품을 수여하며 우대하는 이중 정책을 펴 세력권에서 이탈하는 것을 방지했다.

진한 소국에 대한 병합과 더불어 왕권도 크게 강화되었다. 4세기 전반까지만 하더라도 사로국의 왕은 박朴, 석昔, 김金 등 세 성姓이 교대로 계승했고, 왕호도 연장자를 뜻하는 '이사금尼師今'으로 불렸다. 그런데 진한 소국에 대한 병합을 마무리할 무렵에 즉위한 내물마립간은 김씨의 왕위 세습권을 확립했다. 국왕도 특정한 부部에 소속되어 다른 부部의 대표자들과 공동으로 국정을 운영하는 전통은 여전히 유지되었지만, 이제 왕의 위상은 다른 지배 세력이 감히 범접하기 힘들 정도로 격상되었던 것이다. 그리하여 왕의 호칭도 '으뜸가는 우두머리[干支]'라는 뜻으로 마립간麻立干(寐錦)이라고 불렸다.

이 무렵부터 축조하기 시작한 경주 분지의 거대한 적석 목곽분(돌무지덧널무덤)은 김씨 왕실의 위상을 잘 보여 준다. 더욱이 적석 목곽분의 규모로 보아 다른 지역의 백성까지 동원한 것으로 보인다. 왕권 확립과 더불어 복속 지역에 대한 통제력을 강화하며 지방민의 노동력을 동원하는 통치 체계도 정비했던 것이다. 그리하여 4세기 후반에는 진한이 아니라 당당히 '신라'라는 국호로 국제 무대에 등장했다. 381년 전진에 파견되었던 사신 위두衛頭는 전진의 왕 부견符堅에게 "해동海東의 상황이 옛날과 달라졌다"며 은근히 신라의 성장을 과시했다.

삼국의 정립과 각축전의 전개

만주와 한반도 일대에서 거대한 변화가 진행된 결과, 북쪽에서는 중앙 집권 체제를 정비한 고구려가 낙랑군과 대방군 등의 중국 군현을 몰아내며 요동 평원~반도를 제외한 예맥족의 주요 거주지를 대부분 장악했다. 남쪽에서는 삼한의 소국이었던 백제국과 사로국이 각기 마한과 진한 지역을 통합하며 백제와 신라라는 영역 국가로 발돋움했다. 이에 비해 중앙 집권 체제를 정비하지 못한 부여나 영역 국가로 전환하지 못한 가야는 쇠퇴하거나 위축되었다. 그리하여 고구려, 백제, 신라 등이 만주와 한반도 일대를 분점하며 경쟁하거나 대립하다가 때로는 연대하는 삼국시대를 열어 갔다.

삼국은 국경을 마주하면서 본격적으로 각축전을 전개했다. 삼국의

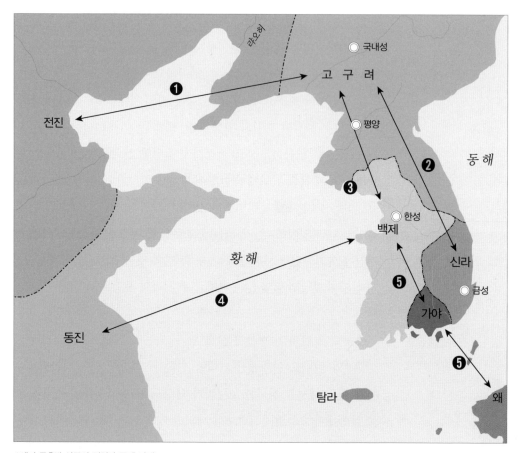

4세기 중후반 삼국의 정립과 국제 관계

❶ 전진, 고구려에 불교 전래(372)
    고구려, 신라 사신을 대동해 전진에 사신 파견(377)
❷ 고구려, 백제 견제
    신라, 외교적 고립 탈피
❸ 고구려, 백제 공격 실패(369)
    백제, 평양성까지 진공(371)
❹ 백제, 동진에 사신 파견
    동진, 근초고왕 책봉(372)
❺ 백제, 자국 중심의 해상교역망 구축
    가야와 왜, 백제로부터 선진문물 수용

각축전은 고구려와 백제 사이에 먼저 일어났다. 고구려는 전연과 그를 이은 전진 등과 우호 관계를 맺은 다음 서방 진출을 유보한 채, 서북한 지역에 대한 지배력을 강화하며 한반도 중남부로의 진출을 모색했다. 백제도 마한에 대한 통합을 마무리하며 신라·가야와 우호 관계를 다지는 한편, 종전의 해상 교역권을 복원하려고 한반도 서북 지역으로의 진출을 도모했다. 이에 따라 양국은 일전을 벌일 수밖에 없었다.

양국의 각축전은 고구려의 선제공격으로 시작되었다. 369년 9월 고구려 고국원왕故國原王이 몸소 멸악산맥을 넘어 예성강 유역으로 진격한 것이다. 그렇지만 고구려는 충분히 준비한 상태에서 백제를 공격한 것이 아니었다. 당시 고구려 군사는 2만에 달했지만, 일부만 정예병이고 나머지는 오합지졸에 가까웠다. 반면 백제는 마한 통합을 마무리하고, 남쪽의 신라나 가야와도 우호 관계를 맺어 고구려의 침공을 방어하는 데 군사력을 집중할 수 있었다. 더욱이 고구려로 망명했던 사기斯紀라는 자가 되돌아와 고구려군의 허실까지 정확히 알려 주었다. 적의 허실까지 정확히 간파한 백제는 손쉽게 고구려 군대를 격파할 수 있었다.

백제는 371년에도 고구려의 침공을 물리친 다음, 같은 해 12월에는 평양성까지 진공해 고국원왕을 전사시키는 대승을 거두었다. 이로써 양국의 첫 대결은 백제의 승리로 끝났다. 백제 근초고왕은 승리의 여세를 몰아 이듬해 1월 동진에 사신을 파견해 '진동장군鎭東將軍 영낙랑태수領樂浪太守'라는 책봉호를 받았다. 백제가 마한 전체를 아우르는 왕국임과 더불어 낙랑·대방군 중심의 종전 해상 교역권을 복원했음을 인정받은 것이다. 이에 백제는 동진에 빈번하게 사신을 파견해 선진 문물을 수입하는 한편, 가야·왜와의 관계를 강화하며 백제 중심의 해상 교역권을 확립하기 위해 다각도로 노력했다.

백제의 이러한 노력은 가야나 왜의 이해와도 부합했다. 가야는 4세기 초 해상 교역 체계의 붕괴로 세력이 크게 위축되었다. 왜 왕권도 선진 문물을 독점적으로 수입해 권력을 집중시켜 나갔는데, 해상 교역권의 붕괴로 새로운 선진 문물 공급처를 확보해야 했다. 그리하여 가야나 왜는 자연스럽게 백제 중심의 해상 교역권으로 편입되었다. 이 무렵 가야와 왜의 사신이 백제를 방문하여 비단과 덩이쇠[鐵鋌] 등을 선물로 받았다거나, 백제가 왜왕에게 칠지도七枝刀와 칠자경七子鏡 등을 주었다는 《일본서기日本書紀》의 기사는 이러한 양상을 잘 보여 준다. 이로써 백제를 중심으로 가야와 왜를 잇는 외교망이 형성되어 갔다.

그런데 이러한 상황은 신라의 이해와 상충되었다. 신라는 구야국과의 다툼을 통해 성장했기 때문에 가야와는 대립적인 관계였다. 또한 선진 문물을 획득하기 위해 신라를 빈번히 침공하던 왜와도 적대적인 관계였다. 백제가 가야나 왜와의 관계를 강화할수록 신라는 한반도 중남부와 일본 열도를 잇는 국제 관계망에서 고립될 수밖에 없었다. 373년 백제의 독산성주가 신라로 투항했는데, 신라가 독산성주를 송환하라는 백제의 요청을 거절하는 사건이 일어났다. 이 사건을 계기로 우호적이었던 백제와 신라의 관계는 급속히 악화되었고, 신라는 백제 및 그와 연계된 가야와 왜를 견제할 새로운 파트너를 찾아 나섰다.

이 무렵 백제와의 대결에서 패배한 고구려가 안으로는 율령을 반포하고 불교를 수용하며 제도 정비에 주력하는 한편, 밖으로는 전진과

<앞면>
泰和四年五月十六日丙午正陽造百練鐵七支
刀(生)辟百兵宜供供侯王口口口口作

<뒷면>
先世以來未有此刀百(濟)王世(子)奇生聖音故
爲倭王旨造傳示後世

*괄호 안 글자는 다른 자로 볼 수도 있음.

칠지도 고대 한일 관계사에서 백제와 왜국 사이에 맺고 있던 관계를 보여 주는 〈칠지도〉이다. 〈칠지도〉는 길이 약 74.9센티미터의 대형 창 모양 철기로, 날 양쪽에 가지가 세 개씩 어긋나게 솟아 있고, 앞뒤 넓적한 면에 금으로 상감한 명문 총 61자가 새겨져 있다. 일본 덴리 시의 이소노카미 신궁에 전해지는 것으로 제작 연대와 명문 해석에 관해 한국과 일본의 역사학자들 사이에 의견이 분분하다. 백제는 4세기 후반에 가야·왜와의 관계를 강화하며 백제 중심의 해상 교역권을 확립하기 위해 다각도로 노력했는데, 백제가 왜왕에 주었다고 전하는 〈칠지도〉는 이를 구체적으로 보여 주는 대표적 유물이다.

우호 관계를 다지며 백제를 견제할 파트너를 찾고 있었다. 고구려와 신라의 이해가 일치했던 것이다. 그리하여 양국은 자연스럽게 우호 관계를 맺었고, 이를 과시라도 하듯이 377년과 381년 잇따라 전진에 외교 사절을 파견했다. 이로써 만주와 한반도 일대에는 각각 고구려와 백제를 중심으로 하는 외교망이 형성되었다. 삼국을 비롯한 여러 나라가 자국의 이해관계에 따라 합종연횡하는 외교전이 개시된 것이다.

이러한 외교망이 형성되는 동안에도 양국의 각축전은 치열하게 전개되었다. 375년 고구려가 멸악산맥을 넘어 예성강 상류를 점령하는가 싶으면, 377년에는 바로 백제가 평양성까지 진공하며 반격했다. 이처럼 격렬하던 공방전도 380년대 이후 잠시 소강상태에 들었다. 이는 양국을 둘러싼 대내외 정세가 변화했기 때문이다. 백제의 경우 자연재해가 잇따라 내부 안정을 다지는 데 주력할 수밖에 없었다. 백제는 384년 동진으로부터 불교를 수용해 다양한 신앙을 통합할 기준을 마련하는 한편, 386년에는 예성강 일대에 관방을 설치해 고구려의 침공에 대비했다.

고구려도 전진이 383년 11월 동진 정벌의 실패와 더불어 급작스럽게 붕괴하자, 잠시 남진을 미루고 서방 진출을 노렸다. 그리하여 고구려는 신흥 후연後燕이 북중국을 제대로 장악하지 못한 틈을 타서 385년 6월 요동 평원으로 진출했다. 고구려는 불과 5개월 만에 후연에게 요동을 빼앗겼지만, 국제 정세를 잘 활용하면 언제든지 요동 평원을 장악할 수 있다는 가능성을 확인했다. 이때 부여의 유민 출신인 여암餘巖도 요서 지역의 난하 일대를 점령했으나 불과 4개월 만에 후연에게 토벌당했다. 한편 《송서宋書》나 《양서梁書》 등에는 고구려가 요동을 점령

백제의 요서 진출설

북조 계통의 역사서에는 나오지 않고, 《송서》나 《양서》 등 남조 계통 역사서에만 기술되어 있다. 이로 인해 긍정설과 부정설이 팽팽하게 대립하고 있는데, 영토 확장이 아니라 해상 교역을 위한 전초기지 건설로 파악하기도 한다. 최근에는 부여의 유민 출신인 여암이 요서의 난하 일대를 점령한 사실을 남조의 역사가들이 잘못 기록한 것으로 파악하거나 백제가 여암과 연결해 요서지역으로 진출했다고 보기도 한다.

한 직후 백제도 요서 지역으로 진출했다고 나온다.● 이처럼 삼국의 각축전은 대내외 정세 변화의 영향을 받으며 시시각각 다른 양상을 띠었는데, 특히 중국 대륙의 정세 변화가 결정적인 변수로 작용했다.

고구려 세력권의 확대와 백제·신라의 대응

광개토왕의 정복 활동과 한반도 중남부의 정세 변화

4세기 말경에 접어들면서 고구려와 백제의 내부 정세는 명암을 달리했다. 고구려는 왕위 계승이 안정적으로 이루어졌을 뿐 아니라, 고국양왕 말년에는 국사國社를 세우고 종묘宗廟를 수리하는 등 국가의 제의 체계를 재정비하며 태왕 중심의 중앙 집권 체제를 더욱 강화했다. 밖으로는 392년 신라를 압박해 볼모를 보내도록 함으로써 사실상 상하 외교 관계를 맺었다. 고구려 중심의 세력권을 구축할 외교적 발판을 마련한 것이다.

이에 비해 백제는 침류왕枕流王 사망 이후 내분이 끊이지 않았다. 385년 침류왕의 아들 아신阿莘은 숙부인 진사辰斯에게 왕위를 빼앗겼고, 진사왕도 392년 재위 8년 만에 피살되고 아신왕이 즉위했다. 이러한 내분으로 국력이 약화되자 397년 백제는 고구려의 공격을 방어할 군사력을 조달받기 위해 태자 전지腆支를 왜에 볼모로 보냈다. 물론 이러한 볼모 외교는 양국의 이해가 합치되었기에 가능했다. 당시 왜

왕권은 백제로부터 선진 물품을 독점적으로 수입하며 권력을 집중시켰는데, 백제의 정세 불안은 이러한 권력 기반을 약화시킬 수 있었다. 이에 왜는 선진 물품을 안정적으로 확보하기 위해 볼모를 담보로 백제에 원병을 파견했던 것이다. 이로써 백제-가야-왜를 연결하는 연합 세력이 탄생했지만, 내분에 휩싸인 백제의 구심력은 상대적으로 약할 수밖에 없었다.

이러한 볼모 외교를 통해 고구려와 백제의 각축전은 점차 고구려-신라 및 백제-가야-왜의 연합 세력이 대결하는 국제전 양상으로 변모했다. 그런데 동북아 국제 정세도 고구려에 유리하게 바뀌었다. 전진 붕괴 이후 10여 년간 북중국을 장악했던 후연이 북방에서 새롭게 흥기하던 북위北魏를 395~396년 무리하게 정벌하다가 파멸을 자초한 것이다. 후연은 북위에게 쫓겨 397년 요서까지 도망쳐 왔으나, 내분이 끊이지 않는 가운데 지배 질서가 점차 와해되었다. 이로 인해 국경을 접하며 고구려를 강하게 압박하던 북중국 왕조가 잠시 존재하지 않는 상황이 조성되었다.

맞수인 백제는 내분으로 국력이 약화되었고, 국경을 접한 강력한 북중국 왕조마저 사라졌으니 고구려로서는 세력을 확장할 더없이 좋은 기회였다. 고구려 광개토왕廣開土王은 이러한 정세를 활용해 정복 활동을 대대적으로 전개했다. 먼저 4세기 후반 이후 서북방을 교란하던 거란을 공격해 서북 국경 지대를 안정시키고 후연을 견제할 교두보를 마련했다. 그리고는 남으로 기수를 돌려 한강 북쪽의 백제 영역을 대거 점령했다. 아울러 신라의 요청을 받아 신라를 침공한 왜군을 격퇴하는 한편, 멀리 낙동강 하구의 가야 지역까지 진격했다. 이로써 고구려는 백제를 강하게 압박하는 한편, 신라를 사실상 예속국으로 만들고 가야에까지 위세를 떨쳤다.

한편 고구려는 400~402년경 후연의 내분을 틈타 요동 평원·반도 일대를 점령한 다음 요서 지역까지 넘보았다. 이로써 오랜 숙원이던 요동 진출을 달성해 요하 동쪽에서 중국 세력을 완전히 몰아냈다. 또한 만주 동부로도 손길을 뻗어 숙신肅愼을 위무하고, 동부여를 토벌했다. 가히 전방위적 정복 활동을 전개해 중국이나 유목 세계와 뚜렷이 구별되는 독자 세력권을 형성했다. 그리고는 전통적인 천손족天孫族 사상을 바탕으로 성스러운 고구려가 천하 사방의 중심이라는 천하관을 확립한 다음, 그에 입각해 백제, 신라, 동부여 등 문화적 동질성을 지닌 주변국을 자국 중심의 국제 질서로 편입시키려 했다. 이에 고구려인들은 광개토대왕이 승하한 다음 414년에 그의 위업을 기리는 거대한 기념비를 세워 고구려가 천하 사방의 중심임을 만방에 선포했다.

광개토왕의 정복 활동은 한반도 중남부의 정세도 크게 변모시켰다. 먼저 백제는 고구려에게 도성까지 함락당할 위기에 처하자 왕제王弟와 대신 10명을 인질로 바치며 항복을 청할 정도로 곤궁한 처지로 전락했다. 그런데도 내분을 종식시키지 못하고, 아신왕 사후에도 한 차례 내홍을 겪은 다음 405년 왜에 볼모로 갔던 전지가 겨우 왕위에 올랐다. 이 과정에서 왕실 외척으로 오래 동안 실권을 장악했던 진씨眞氏 세력이 몰락한 반면, 해씨解氏가 새로운 실권 세력으로 부상해 왕실과 혼인하며 주요 요직을 장악했다. 이로 인해 지배 세력 사이의 대립은 더욱 심화되었다. 백제가 단독으로 고구려와 맞상대하는 것은 사

● 광개토왕릉비의 주요 내용

391(영락 1)
광개토왕 즉위.

395(영락 5)
거란 정벌.

396(영락 6)
백제 58개 성 함락.

398(영락 8)
숙신 위무.

400(영락 10)
신라를 후원해 왜군 격파, 가야 지역까지 진격.

404(영락 14)
황해도 지역을 침공한 왜군 격파.

407(영락 17)
백제(또는 후연) 격파.

410(영락 20)
동부여 토벌.

412(영락 22)
광개토왕 사망, 장수왕 즉위.

광개토왕릉비 중국 지린성 지안현 퉁거우에 있는 고구려 제19대 광개토대왕의 능비이다. 414년(장수왕 3년)에 광개토왕의 훈적을 기념하기 위하여 아들인 장수왕이 세운 비석으로, 당시 고구려의 수도였던 국내성의 동쪽에 대왕의 능과 함께 세워졌다. 묘호인 '국강상광개토경평안호태왕國岡上廣開土境平安好太王'의 마지막 세 글자를 본떠서 일명 '호태왕비(好太王碑)'라고도 한다. 비문의 내용은 세 부분으로 구성되어 있다. 첫째 부분은 고구려의 건국 신화와 추모왕 등의 세계와 광개토왕의 행장을 기록해 놓았다. 둘째 부분에는 광개토왕 때 이루어진 정복 활동을 연대순으로 기록해 놓았다. 셋째 부분은 능을 관리하는 수묘인守墓人 연호煙戶의 숫자와 차출 방식, 매매금지에 대한 규정이다.

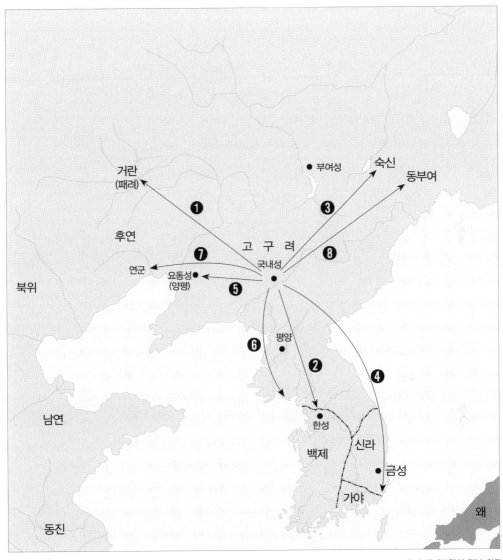

거란
(패려)

숙신

동부여

부여성

❶

❸

후연

고 구 려

북위

❼

❽

연군

요동성
(양평)

국내성

❺

❻

평양

❷

❹

남연

한성

신라

백제

금성

동진

가야

왜

고구려 광개토왕의 정복 활동

❶ 395년 거란(패려) 토벌 ❷ 396년 및 407년 백제 공격 ❸ 398년 숙신 위무 ❹ 400년 신라 구원, 왜군 격퇴
❺ 400~402년 요동 평원 점령 ❻ 404년 왜군의 침공 격퇴 ❼ 402~404년 후연의 요서 공격 ❽ 410년 동부여 정벌

실상 불가능해진 것이다.

한편 신라는 고구려의 도움을 받아 왜병을 격퇴했지만, 고구려 군대가 주둔할 정도로 더욱 강하게 예속되었다. 〈광개토왕릉비〉에 따르면 신라의 왕이 직접 고구려를 방문해 조공을 바쳤다고 한다. 또한 내물왕奈勿王 사후 고구려에 볼모로 파견되었던 실성實聖이 고구려의 도움을 받아 내물왕의 아들들을 제치고 402년 왕위에 올랐다. 실성왕도 417년 고구려의 힘을 이용해 내물왕의 큰아들인 눌지訥祗를 제거하려다 오히려 고구려의 후원을 받은 눌지에게 타도되었다. 왕의 진퇴를 좌우당할 정도로 고구려에 강하게 예속되었던 것이다. 다만 신라 왕실은 고구려의 위세를 등에 업고 복속 소국에 대한 통제를 더욱 강화해 나가기도 했다.

가야 지역의 정세도 크게 변모했다. 특히 낙동강 하구의 금관가야는 백제와 연계된 왜병에게 중간 기착지를 제공했다가 고구려의 공격을 받고 사실상 멸망에 이를 정도로 초토화되었다. 이로써 금관가야 중심의 연맹체는 사실상 와해되었고, 백제도 가야 지역을 중개 기지로 하는 왜와의 교역망을 상실했다. 반면 신라는 고구려의 후원 아래 낙동강 동쪽의 가야 지역을 석권하며 영향력을 확대해 나갔다. 이에 따라 신라로부터 멀리 떨어진 경상 내륙이나 경남 서남부에 위치한 소국들이 가야연맹을 주도하는 새로운 세력으로 부상했다.

고구려의 남진 정책과
백제·신라·가야의 대응

고구려는 광개토왕의 정복 활동으로 영역을 크게 확장하고 독자 세력권까지 구축했다. 그렇지만 당시 수도였던 국내성國內城은 압록강 중류의 산간 지대에 위치해 광활한 판도를 경영하기에는 공간이 협소할 뿐 아니라 교통도 불편했다. 더욱이 이 무렵 북위가 북중국 일대를 석권하고 동방 진출을 노리고 있었는데, 국내성은 이미 조위와 전연의 침공을 받아 두 번이나 함락된 적이 있었다. 이에 고구려는 427년 대제국을 원활하게 운영하고, 북위의 침공에 대비하려는 목적에서 서북한의 중심지인 평양으로 수도를 옮겼다.

평양 지역은 고조선 이래 오랫동안 선진 문화가 온축되었을 뿐 아니라, 주변에는 대동강과 재령강을 따라 넓은 곡창 지대가 펼쳐져 있다. 또한 서해를 통해 동북아 곳곳과 쉽게 왕래할 수 있고, 요동과 이곳 사이에 놓인 여러 산맥과 강줄기는 천혜의 방어벽을 형성하고 있었다. 고구려도 이를 고려해 4세기 중후반 이래 중국 대륙의 유이민을 대거 이곳에 정착시켜 집중적으로 개발했고, 광개토왕대(391~412)에는 사찰을 아홉 개나 건립해 수도에 버금가는 중심지로 육성했다. 이처럼 오랜 준비기간을 거쳤기 때문에 평양 천도는 아주 순조롭게 이루어졌다.

아울러 고구려는 평양 천도를 통해 옛 도성인 국내성에 뿌리를 둔 귀족 세력의 기반을 약화시켜 왕권을 더욱 강화하는 한편, 대외적으로는 한반도 중남부로의 진출을 강력하게 추진할 수 있게 되었다. 이는 북위의 북중국 석권으로 서북방 진출이 불가능해진 상태에서 고구려가 선택할 수 있는 최선의 대외 전략이었다. 그렇지만 고구려의 강력한 남진 정책은 한반도 중남부의 백제나 신라에게는 커다란 위협으로 작용했다. 특히 고구려에게 한강 북쪽의 영역을 거의 모두 빼앗긴 백제로서는 생존을 위협받을 정도로 절박한 상황이었다.

위기에 처한 백제는 독자적으로는 고구려의 남진을 막을 수 없다고 판단하고, 4세기 후반 이래 적대 관계였던 신라에게 433년에 화친을 제의했다. 신라도 왕위 계승까지 간섭받을 정도로 고구려에 강하게 예속된 상태였기 때문에 정치적 자립을 도모할 필요가 있었다. 이에 양국은 말과 황금 등의 예물을 교환하며 오랜 적대 관계를 청산하고 화친을 맺었다. 다만 신라가 하루아침에 고구려의 속박에서 벗어나기 힘들었으므로 양국의 화친은 곧바로 군사 동맹으로 진전되지는 못했다. 또한 고구려가 곧바로 군사 행동을 개시하지도 않았기 때문에 군사 동맹 성립의 직접적 계기도 마련되지 않았다.

이 무렵 고구려는 북위의 동방 진출을 저지해야 했기 때문에 남진 정책을 잠시 유보할 수밖에 없었다. 당시 북연北燕이 요서 지역에서 고구려와 북위의 완충 지대를 형성했지만, 언제 붕괴될지 모르는 상황이었다. 이에 고구려는 425년과 435년 두 차례나 북위에 사신을 파견해 북위의 의중과 함께 정세 변화를 파악했다. 그리고는 436년 북위가 북연 정벌에 나서자, 2만 대군을 파견해 북위와의 군사 충돌을 피하며 풍홍馮弘 등 북연의 왕족과 백성을 대거 이끌고 회군했다. 전면전을 피하며 북위의 동방 진출을 저지하는 절묘한 전략을 구사한 것인데, 이는 송宋이나 유연柔然과 대립하던 북위의 상황을 정확히 간파했기 때문에 가능했다.

고구려는 일단 위기를 넘겼지만 북위의 위협을 완전히 차단한 것은 아니었다. 이에 고구려는 송이나 유연 등과 연계해 북위를 견제하는 한편, 서북방에 군사력을 집중해 북위의 공격에 대비했다. 그 결과 고구려는 한반도 남부에 대한 통제를 완화할 수밖에 없었다. 바로 이틈을 타서 신라가 고구려의 예속으로부터 벗어나려고 시도했다. 신라는 450년 고구려의 변경 지휘관을 살해하는 한편, 455년에는 고구려의 공격을 받은 백제에 구원병을 보내기도 했다. 또한 460년 무렵 신라에 주둔하던 고구려 병사를 살해한 다음, 고구려가 공격하자 새로이 흥기하던 대가야大伽倻에 구원을 요청했다. 백제도 신라와의 관계를 강화하며 왜에 왕제王弟를 파견해 유사시 군사력을 조달받을 길을 확보했다. 백제와 신라뿐 아니라 대가야와 왜까지 고구려의 남진을 저지하는 연합 전선에 합류한 것이다.

고구려는 한반도 중남부의 정세 변화에 적극 대처할 필요가 있었다. 그러기 위해서는 북위와의 관계를 개선해 서북방 국경을 안정시켜야 했다. 이에 462년 고구려는 20여 년 만에 북위에 사신을 파견해 관계 개선을 시도했는데, 여러 주변국과 대결을 벌이던 북위도 고구려와의 관계 개선을 바라고 있었다. 그리하여 양국은 우호 관계를 체결했다. 북위의 위협이 줄어들자 고구려는 남쪽에 군사력을 집중시킬 수 있었다. 이에 신라와 백제는 468~469년 국경과 도성 일대의 방어 시설을 강화하는 한편, 백제는 472년 북위에 고구려 정벌을 요청하기도 했다. 그렇지만 대외전략상 고구려와 우호 관계를 유지해야 했던 북위는 백제의 요청을 거절했다.

이로써 고구려는 서북방 국경 지대를 크게 신경 쓰지 않고 한반도 남부 깊숙이 진출할 수 있었다. 475년 3만 대군을 동원해 백제의 도성을 함락시킨 다음, 481년에는 소백산맥을 넘어 신라의 도성 북방까지 진격했다. 고구려가 사상 최대의 판도를 확보한 것이다. 최근 발견된 청원 남성골산성은 고구려가 금강 유역까지 진출했음을 잘 보여 준다. 그렇지만 백제의 한성 함락 시 신라가 구원병을 파견하고, 481년에는 백제와 가야가 신라를 구원한 것에서 보듯이 백제-신라-가야의 연합 전선은 점차 군사 동맹으로 발전되었다. 484년에도 고구려는 신라를 공격하다가 나제 연합군에 막혀 퇴각해야 했다. 이처럼 시간이 지날수록 백제-신라-가야의 동맹이 강화되었기 때문에 고구려가 이를 분쇄하지 않고는 남진 정책을 계속 추진하기 힘들어졌다.

삼국과 가야의 정치 운영 양상과 집권력 강화

삼국의 각축전은 5세기 이후 국가의 존망을 다투는 전면전으로 발전했다. 각국이 이러한 각축전에서 우위를 점하려면 영역 내의 물자와 인력을 효율적으로 동원할 수 있는 지배 체제를 갖추어야 한다. 물론 각축전으로 야기된 국가적 위기가 지배 체제를 정비하는 데 중요한 계기로 작용하기도 한다. 아울러 각축전을 승리로 이끌려면 국제 정세의 흐름을 정확히 파악하고 능동적으로 대처할 수 있어야 한다. 특히 중국 대륙의 분열로 국제 정세가 시시각각 급변했기 때문에 탁월한 국제 감각이 그 어느 때보다 절실히 요구되었다. 이에 삼국은 대내적으로 집권력을 강화하는 한편, 대외적으로는 다양한 국제 관계를 맺었다.

먼저 고구려는 늘어난 영역과 백성을 효율적으로 지배하기 위해 태왕 중심의 집권 체제를 더욱 강화했다. 사료상의 한계로 중앙 정치의 운영 양상을 정확히 파악할 수 없지만, 귀족 세력의 수적 증가와 등급 분화에 따라 형계와 사자계 관등이 더욱 분화해 관등제가 완비된 것으로 보인다. 또한 〈모두루묘지牟頭婁墓誌〉에 보면 중급 귀족이었던 모두루 일가가 대대로 왕의 은총[官恩]을 입어 북부여의 지방관을 역임했다고 나오는데, 왕이 충성을 다하는 귀족 세력에게 특정 신분이나 직책을 승계시키며 국정을 운영하던 양상을 잘 보여 준다. 이처럼 왕이 강력한 집권력을 행사했기 때문에 귀족 세력의 기반을 뿌리 채 뒤흔들 수 있는 평양 천도(427)를 원활히 추진하고, 5세기 후반에는 막강한 정치·경제적 기반을 확보해 '대신강족大臣彊族'으로 불리던 귀족 세력을 대거 숙청할 수 있었다.

지방 통치 조직도 더욱 짜임새 있게 정비했다. 4세기 전반만 하더라도 주요 교통로의 전략적 요충지에만 성곽을 축조해 성城 단위로 편제하고, 나머지 지역은 자연 지형에 따라 곡谷이라는 행정 구역으로 설정했다. 그렇지만 축성 작업을 활발히 벌여 5세기 이후에는 종족적種族的 지배를 실시하는 곳을 제외하면 거의 모든 지역을 성 단위로 편제하고, 그 아래 촌락의 상황까지 파악해 물자를 징수하고 인력을 동원하는 수취 체계를 정비했다. 성 단위로 묘지기를 징발하던 〈광개토왕릉비〉 수묘인연호조는 이를 잘 보여 준다. 아울러 여러 성을 묶어 권역을 설정한 다음, 상위 지방관인 수사守事를 파견해 군사 지휘관을 겸하도록 했다. 지방 통치 조직을 군사 제도와 연계시켜 상시적인 병력 동원 체계를 갖춘 것이다.

백제는 대고구려전 패배의 충격에서 쉽게 헤어나지 못했다. 한강 북쪽 영역을 대부분 상실했을 뿐 아니라, 왕제와 대신까지 인질로 바쳐야 했다. 이에 408년 백제 전지왕腆支王은 귀족 세력을 통제해 왕권을 강화하고 지배 체제를 재정비하려는 목적에서 국정을 총괄하는 상좌평上佐平을 신설해 동생인 여신餘信을 임명했다. 그렇지만 여신 사후, 실권 귀족인 해수解須가 상좌평에 임명(429)된 것에서 보듯이 소기의 성과를 거두지는 못했다. 오히려 종래 실권을 행사하던 진씨眞氏와 더불어 전지왕대(405~420) 이후 급부상한 해씨解氏, 목씨木氏 등의 귀족 세력이 치열하게 권력 다툼을 벌이자 왕권은 더욱 쇠약해졌다. 그리하여 전지왕을 이은 구이신왕久爾辛王은 단명했고, 그 다음의 비유왕毘有王도 정변의 희생양이 되었다. 455년 개로왕蓋鹵王이 즉위했을 때 선왕의 무덤조차 제대로 조영하지 못할 정도로 왕권이 추락한 상태였다.

이러한 와중에도 백제는 왕족과 중앙 귀족 전체의 세력 기반을 확장하고 고구려의 남진을 저지할 군사력을 확보하기 위해 지방 지배를 지속적으로 강화했다. 4세기 후반 이래 금강 중하류 전역에 걸쳐 백제 중앙의 토기가 널리 보급되고, 금강 하류의 토착 세력이 중앙의 관모冠帽를 착용할 정도로 지배력이 강화되었다. 또한 5세기 중반에는 멀리 영산강 유역에까지 백제계 귀고리가 보급될 정도로 중앙 권력의 침투가 한층 높아졌다. 그렇지만 지방 지배의 강도는 지역에 따라 상이했고, 영산강 유역은 5세기 중반까지도 반半자치적 상태를 유지할 정도였다. 각 지역을 일원적으로 지배하기 위한 지방 제도와 수취 체계를 완비하지 못했던 것이다.

이런 상황에서 즉위한 개로왕은 왕족을 중용하며 왕권 강화를 시도했다. 동생 문주文周를 상좌평에 임명하고, 다른 동생인 곤지昆支에게는 병권을 맡겼다. 458년 송宋에 작호 제수를 요청한 11명 가운데 왕족이 8명이나 되었고, 472년 북위에도 왕족이자 사위인 여례餘禮를 사신으로 파견했다. 국정 총괄직을 비롯해 병권과 외교권까지 독점해 친정 체제를 구축하려고 시도한 것이다. 그리고는 궁궐을 화려하게 조영하고, 선왕의 무덤을 거대하게 수축해 왕권을 과시했다. 아울러 고구려 침공에 대비해 도성과 외곽 방어망을 대대적으로 구축했다. 그렇지만 집권 기반이 취약한 상태에서 무리하게 왕권 강화를 추진했기 때문에 오히려 귀족 세력의 반발을 불러일으키고 백성의 원성만 샀다. 475년 고구려의 침공을 받아 불과 7일 만에 도성이 함락당한 사실은 이를 잘 보여 준다. 결국 백제는 한성이 함락당하고 개로왕마저 전사한 다음, 황급히 웅진熊津(공주)으로 천도해야 하는 국가적 위기에 몰렸다.

신라는 5세기에도 왕이 다른 부部와 공동으로 국정을 운영하던 전통이 지속되었다. 국왕 중심의 집권 체제라는 관점에서 본다면 삼국 가운데 정치적 발전이 가장 늦었던 셈이다. 다만 4세기 후반 이래 김씨 왕실이 속한 훼부喙部의 권한이 지속적으로 강화되었고, 사훼부沙喙部까지 통합해 권력 기반을 확장했다. 그리하여 5세기 말경이 되면 훼부와 사훼부의 권한은 막강해진 반면 다른 부의 자치 기반은 축소되어 여러 부가 공동으로 국정을 운영하는 전통도 서서히 무너졌다. 그 결과 487년 박혁거세朴赫居世를 모시던 종래의 시조묘와 별개로 김씨 왕실의 시조를 모신 신궁神宮을 건립해 한층 높아진 왕권과 왕실의

보은 삼년산성(사적 235호)　　3년의 공사 끝에 완공했다 하여 '삼년산성'으로 불리게 되었다. 우리나라의 대표적인 석축산성으로 둘레 1,680미터, 최고 높이 22미터, 폭 8~10미터에 이른다. 신라가 고구려의 남진을 막고, 소백산맥 외곽으로 진출하는 전초기지의 역할을 담당했는데, 축성과 수리에 관한 정확한 기록이 남아 있어 고대 성곽사 연구에 중요한 산성으로 평가받는다. ⓒ하일식 위상을 과시했다.

이러한 국정 운영의 변화는 지방 지배의 진전과 맞물려 진행되었다. 5세기 초반 신라는 대외적으로 고구려에 강하게 예속되었지만, 안으로는 이를 활용해 영역을 확장하며 복속 지역에 대한 지배를 강화했다. 먼저 고구려의 공격으로 금관가야가 와해되자, 이를 틈타 낙동강 동쪽 지역을 석권했다. 부산, 양산, 창녕 등 가야와 가까운 지역에서 신라계 고분이 성행하며 경주 지역 토기가 집중 부장되는 양상은 이를 잘 보여 준다. 또한 이곳에서는 경주의 적석 목곽분에서 출토된 금관과 비슷한 금동관도 출토되는데, 신라의 중앙 권력이 재지 세력을 매개로 침투하던 양상을 보여 준다. 물론 재지 세력도 신라에 복속한 대가로 자치 기반을 인정받고 선진 문물 등의 후원을 받으며 세력 기반을 더욱 확충했는데, 각 지역의 고총고분은 이를 잘 보여 준다.

그런데 5세기 중반 이후 신라가 고구려의 예속에서 탈피하는 과정에서 군사 긴장이 고조되었다. 450년 신라의 반격으로 촉발된 양국의 공방전은 480년대까지 치열하게 전개되었다. 특히 475년 백제의 한성 함락 이후에는 동해안 방면뿐 아니라 소백산맥 일대에서도 고구려와 국경을 접하게 되었다. 이에 고구려의 공격에 대비해 470년 삼년산성을 필두로 각지에 산성 방어체계를 구축했다. 이때 15세 이상의 백성을 천 명 단위로 징발했는데, 초보적이나마 호구戶口 조사가 이루어지고, 각지에 파견된 군사 지휘관이 인력 동원에 직접 관여하며 지방관의 역할을 일부 수행한 것으로 보인다. 이로써 신라는 재지 세력을 통한 간접 지배를 청산하고 각지에 지방관을 파견해 직접 지배할 수 있는 토대를 마련하게 되었다.

고구려 불꽃 뚫은 무늬 금동관(화염투각문금동관
火焰透刻紋金銅冠, 평양시 대성 구역 청암리 토성)

백제 금동관(나주 신촌리 9호분)

가야 금관(고령 지산동고분군)

신라 황남대총 북분 금관   황남대총은 지금까지 확인된 신라 적석목관분 가운데 가장 큰 것으로, 두 개의 둥근 무덤이 잇대어져 있는 쌍분 구조이다. 이 중 황남대총 북분은 '婦人帶(부인대)'라는 명문을 지닌 금제 허리띠를 통해 여성의 무덤이라고 짐작되는데, 화려한 금관이 원형 그대로 출토되었다. 반면 왕의 무덤으로 추정되는 남분에서는 오히려 금동관이 발견되었다. 황남대총 북분의 금관과 비슷한 모양의 '출出' 자형 금동관은 창녕, 양산, 부산 등에서도 널리 출토되는데, 신라의 중앙 권력이 재지 세력을 매개로 각지로 세력을 확장하던 양상을 보여 준다.

한편 가야의 경우, 5세기 이후 낙동강 동쪽 지역은 대부분 신라에 편입되고, 후진 지역이었던 경상 내륙과 경남 서남부에서 새로운 중심 세력이 부상했다. 이 가운데 고령高靈의 대가야가 내륙 평야의 농업 생산 기반을 바탕으로 금관가야의 선진 기술을 흡수해 5세기 중반 이래 급속히 발전했다. 대가야는 복속한 수장들에게 고령 지방의 독특한 개성을 지닌 문물을 분배함으로써 대수장으로서의 위상을 확보했는데, 산마루를 따라 축조된 고령 지산동 고분군의 웅장한 모습은 이를 잘 보여 준다. 특히 한성 함락으로 백제의 국력이 극도로 쇠약해지자, 호남 동부의 섬진강 유역에까지 세력권을 확대했다. 진안이나 남원 등지에서 발견된 대가야 계통의 고분과 토기는 당시 대가야의 세력권을 짐작케 한다.

대가야는 이러한 성장을 바탕으로 남제南齊에 사신을 파견해 보국장군輔國將軍 가라국왕加羅國王이라는 책봉호를 받으며 국제 무대에 등장하는 한편(479), 고구려의 침공을 받은 신라를 구원하며 고구려의 남진에 공동 대응하는 주체로 당당히 부상했다. 다만 대가야도 금관가야처럼 각지의 수장을 통제하며 연맹체를 결성하는 단계에 머물렀고, 복속 소국을 영역으로 편입하지는 못했다. 획일적 양상을 보이는 신라 지역의 토기 문화와 달리 각 지역별로 뚜렷한 개성이 존재하는 가야의 토기 문화를 통해 이를 짐작할 수 있다. 그리하여 연맹주의 구심력이 약화될 경우 각 소국은 언제든지 독립할 수 있는 상태였다. 특히 대가야에서 멀리 떨어진 경남 남부 소국의 독립성이 강했는데, 함안의 아라가야阿羅伽倻(안라국)나 고성의 소가야가 중심을 이루었다.

고령 지산동 고분   대가야국의 중심지라고 할 수 있는 고령 지역에 대형 봉토분이 밀집 조영된 최고 지배자 집단의 고분군이다. 대가야읍의 서편에 위치한 주산의 봉우리에는 대가야의 산성인 주산성이 있고 이로부터 남쪽으로 뻗어 내린 주능선과 그 동남쪽 사면에 대규모로 고분군이 분포하는데 이것이 지산동 고분군이다. 진안이나 남원 등지에서 발견된 대가야 계통의 고분과 토기는 당시 대가야의 세력권을 짐작케 한다.

다원적 국제 질서와 삼국의 대외 관계

4세기 초 서진의 붕괴로 촉발된 중국 대륙의 분열은 만주와 한반도 일대 고대 국가의 정치적 성장뿐 아니라 대외 관계에도 큰 영향을 미쳤다. 가령 4세기 초까지 이 지역 정치체나 국가는 주로 요동 지역이나 서북한에 위치한 변군邊郡을 통해 중국 왕조와 교섭했다. 그런데 서진의 붕괴와 더불어 서북한의 낙랑군과 대방군은 고구려에게 멸망당했고, 요동 지역도 선비 모용부가 세운 전연에게 점령되었다. 만주와 한반도 일대에서 중국 왕조의 변군 자체가 사라진 것이다. 이에 따라 중국 왕조와의 교섭도 국가 대 국가의 관계로 변모할 수밖에 없었다.

● 서진 이후 중국 왕조 전개

더욱이 동아시아 국제 질서도 근본적으로 바뀌었다. 무엇보다 중국 대륙의 분열로 인해 중국 왕조 중심의 일원적 국제 질서가 더 이상 유지될 수 없었다. 황제국을 표방하는 국가가 다수 할거하면서 다원적 多元的 국제 질서가 형성되었고, 황제국 예하 세력을 표방하면서도 주변국을 거느리는 중간적 존재가 등장하면서 중층적重層的 국제 관계가 발전했다. 이러한 다원적·중층적 신국제 질서는 각국의 현실적 군사력과 지배력을 바탕으로 전개되었다. 이로 인해 각국의 외교 관계를 나타내는 책봉호 구성도 황제와의 의례적 서례 질서를 나타내는 작호爵號가 아니라, 각국의 군사력이나 지배 범위를 나타내는 장군호나 지방 관명 등을 중심으로 변모했다.

이러한 다원적·중층적 신국제 질서를 가장 적극적으로 활용한 것은 고구려였다. 고구려는 4세기 전반까지도 요동 지역을 둘러싸고 전연과 각축전을 벌였으나, 전연이 북중국으로 진출하자 황제국이라는 전연의 위상을 인정하고 자신의 세력권을 인정받는 형태로 355년 조공·책봉 관계를 체결했다. 전연을 이은 전진과도 이와 유사한 외교 관계를 체결했다. 이를 통해 고구려는 서방 국경 지대를 안정시킨 다음, 동방 지역에서 세력 확장책을 추진할 수 있었다. 물론 조공·책봉 관계를 맺었더라도 황제국의 위상을 상실했다고 판단되면 언제든지 공략했는데, 후연의 내분을 틈타 요동 지역을 점령한 것은 이를 잘 보여 준다. 그리하여 고구려는 5세기 초반에 신라와 부여 등을 예속국으로 거느리며 독자 세력권을 구축하기에 이르렀다.

5세기 중반에 접어들면서 북중국의 북위, 남중국의 송(남조), 몽골 초원의 유연 등이 중국 대륙을 분점했다. 특히 송과 유연이 연계하여 최강국인 북위를 견제했기 때문에 세력 균형 상태가 장기간 지속되었다. 고구려는 이러한 국제 정세를 활용해 대외 정책을 탄력적으로 구사했다. 가령 430년대 북위가 동방 진출을 추진하자, 이를 저지하기 위해 요서 지역의 북연을 공략한 다음 송·유연과 긴밀한 외교 관계를 맺어

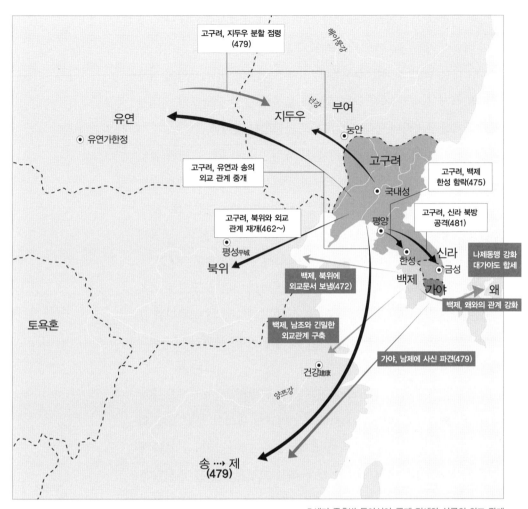

5세기 중후반 동아시아 국제 정세와 삼국의 외교 관계

북위를 견제했다. 그러다가 백제와 신라의 동맹이 강화되면서 남진 정책이 여의치 않자, 462년 북위와의 관계를 복원해 서방 국경 지대를 안정시킨 다음 남진 정책을 추진했다. 고구려는 중국 대륙 분열에 따른 다원적 국제 질서와 세력 균형 상태를 활용하여 중국 왕조와 장기간 평화 관계를 유지하며 동북아의 패자로 군림했던 것이다.

이에 따라 북위 등도 고구려의 독자 세력권을 인정할 수밖에 없었다. 가령 북위는 주변국 가운데 고구려 왕에게 가장 높은 책봉호를 수여했고, 고구려 사신의 영빈관 규모를 남조南朝의 제齊 다음으로 했다. 또한 외교 의례에서 남제와 고구려 사신을 나란히 앉혔다가 남제의 항의를 받기도 했다. 더욱이 504년 고구려 사신이 북위에 가서 "물길과 백제의 침공으로 인해 부여의 황금과 신라의 옥을 조공으로 바치지 못했다"고 말하자, 오히려 북위의 세종이 "해악을 끼친 무리를 제거해 동방 지역을 안정시키라"고 답변할 정도였다. 북위가 고구려의 독자 세력권을 공인했던 것이다.

백제도 대외 관계를 활발하게 전개했다. 백제는 서진의 동방 정책 변화, 낙랑·대방군 멸망에 따른 해상 교역권의 변화와 붕괴 등을 활용해 영역 국가로 부상했다. 이어 백제는 366~370년 가야나 왜와 통교하며 서남해안과 일본 열도를 잇는 해상 교역권 복원을 추진했다. 다음으로 중국 대륙으로 이어지는 해상 교역권까지 복원하고 선진 문물 공급처를 안정적으로 확보하기 위해 서북한 진출을 추진했다. 이러한 대외 정책은 백제로부터 선진 문물을 공급받던 가야나 왜와의 이해관계와도 부합되었다. 이에 백제는 가야나 왜까지 포섭하여 고구려와의 각축전을 전개할 수 있었다.

백제는 369년과 371년 잇따라 고구려를 격파한 다음, 372년 동진에 사신을 파견해 해상 교역권 복원을 인정받았다. 이때부터 백제는 동진과 그를 이은 송, 제, 양 등 남조에 빈번하게 사신을 파견해 각종 선진 문물을 수입하는 한편, 이를 가야나 왜 등에 전수하며 자국 중심의 해상 교역권을 확립했다. 다만 백제의 대중對中 교섭은 남조에 편중되어 있었다. 이는 백제가 북위나 유연과 국경을 접하지 않았기 때문이지만, 이들 국가가 백제와 교섭할 필요성을 느끼지 못한 탓도 컸다. 고구려를 정벌해 달라는 백제의 요청을 북위가 거절한 것은 이를 잘 보여 준다.

이로 인해 백제의 대중 교섭은 숙적인 고구려 견제에는 별다른 영향을 미치지 못했다. 이에 백제는 가야에 대한 영향력을 강화하기 위해 계속 노력하는 한편, 신라나 왜와의 교섭에 많은 힘을 기울였다. 그리하여 백제는 고구려에게 도성을 함락당하기도 했지만, 신라나 가야와의 동맹을 통해 고구려의 남진을 저지할 수 있었다. 그리고 6세기 이후 국가 체제를 재정비하는 한편, 한반도 중남부에 독자 세력권을 구축하려 시도했다. 521년 백제가 양에 사신을 파견해 가야의 여러 나라뿐 아니라 신라까지 부용국인 것처럼 소개했다는 〈양직공도梁職貢圖〉의 기사는 이를 잘 보여 준다.

그렇지만 백제의 시도가 신라를 압도할 만한 국력을 바탕으로 추진된 것은 아니다. 이 무렵 신라도 국가 체제를 본격적으로 정비하고 있었는데, 독자적으로 중국 왕조와 외교 관계를 맺은 경험이 없었을 뿐이다. 신라는 4세기 후반 고구려를 통해 전진에 두 차례 사신을 파견했을 뿐이고, 그 이후 백제를 통해 양에 사신을 파견한 것이 남조 국

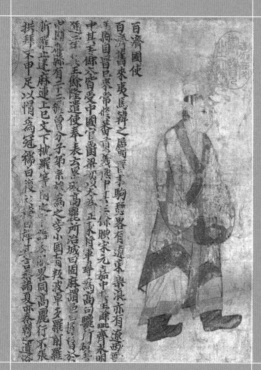

백제 사신　중국(양)을 방문한 여러 나라 사신들의 모습을 그림으로 묘사하고 간단한 설명을 덧붙인 〈양직공도〉 중 백제 사신의 모습이다. 그에 관한 설명에는 "백제가 중국 요서 지방의 진평현을 차지했다"는 기록 등과 함께 웅진시대에 지방의 22담로에 왕족을 파견했다는 기록 등이 있다. 521년 백제가 양에 사신을 파견해 가야의 여러 나라뿐 아니라 신라까지 부용국인 것처럼 소개했다는 기사는, 백제가 국가 체제를 재정비하는 한편, 한반도 중남부에 독자 세력권을 구축하려 시도했음을 알려 준다.

가와의 첫 번째 교섭이었다. 가야도 왜와는 활발하게 교섭했으나, 대중 교섭은 5세기 후반 대가야가 남제에 사신을 파견한 것이 유일한 사례다. 4세기 이후의 국제 정세가 신라의 성장이나 가야의 변화에 주요 요인으로 작용했지만, 신라나 가야가 이를 능동적으로 활용할 만한 외교적 역량을 갖추지는 못했던 것이다. 이 무렵 만주와 한반도의 국제 관계는 대중 교섭을 직접 전개한 고구려와 백제를 두 축으로 하여 전개되었다.

신라·백제의 발전과 고구려의 내분

신라의 중앙 집권 체제 확립

신라는 6세기 전반에 광범위한 사회 변화를 바탕으로 새로운 국가 체제를 정비했다. 신라 지역에는 4세기 이후 새로운 제철 기술이 널리 보급되어 5세기 말에는 철제 농기구의 사용이 일반화되기에 이른다. 특히 502년 국가적 차원에서 소갈이[牛耕]를 권장하면서 농업 생산력이 획기적으로 증대했다. 그리하여 경작 면적이 확대되는 가운데 집단적 농업 경영은 점차 개별 가호 단위로 전환되었으며, 철제 농기구를 보유한 유력자나 농민들은 더욱 부유해진 반면 그렇지 못한 농민은 더 가난해졌다. 가호 단위의 농업 경영과 농민층의 분화는 읍락의 공동체적 결속력을 약화시켜, 중앙 권력이 지방 사회에 쉽게 침투할 수 있는 바탕을 제공했다.

신라는 이러한 사회 변화를 바탕으로 중앙 집권 체제를 정비했는데, 지방과 중앙에서 동시에 진행되었다. 다만 외형상 지방 통치 조직이 한발 앞서 확립되는 양상을 띠었다. 신라는 지방 사회에 대한 침투력을 강화하기 위해 먼저 교통로와 수송 수단을 정비했다. 438년 우거牛車 사용을 장려한 이래, 487년에는 우역郵驛을 설치하고 관도官道를 정비했다. 아울러 507년에는 선박의 이용법을 개선했다. 이로써 중앙과 지방을 더욱 원활하게 연결할 수 있게 된 신라는 505년에 주군제州郡制를 시행해 지방 사회를 직접 지배하기 시작했다.

물론 주군제가 일시에 완비된 것은 아니다. 더욱이 이때 설치된 주州는 지방 행정 구역이라기보다는 군사적 통할 구역인 군관구軍管區에 가까웠고, 주의 장관인 군주軍主 역시 군사 지휘관의 성격이 강했다. 주치州治도 군사 거점의 성격이 강하여 대외 정세나 군사 전략의 변화에 따라 빈번하게 이동되었다. 이에 따라 실질적 지방 행정은 군郡이나 그 아래의 촌村을 중심으로 전개되었다. 군 아래의 재지 사회는 여러 촌(또는 성城)으로 편제되었는데, 지방관들은 토착 세력인 촌주의 협력을 받아 지방 통치를 수행했다. 각 지역의 촌주들이 인력을 징발하고 물자를 수취하는 지방 통치의 실무를 담당한 것이다.

지방 통치 조직의 정비와 더불어 중앙 정치 제도도 새롭게 확립했다. 신라는 5세기 말경에 이미 왕실의 권한이 확대되어 여러 부가 공동으로 국정을 운영하는 전통이 서서히 무너졌다. 이러한 양상은 6세기 이후 더욱 가속화되었다. 《삼국사기》에 따르면 503년에 '신라'라는 국호를 제정하고, 중국식 왕호를 사용했다고 한다. 물론 신라라는

관등	관등명	골품
1	이벌찬伊伐飡	진골
2	이찬伊飡	
3	잡찬迊飡	
4	파진찬波珍飡	
5	대아찬大阿飡	
6	아찬阿飡	6두품
7	일길찬一吉飡	
8	사찬沙飡	
9	글벌찬級伐飡	
10	대나마大奈麻	5두품
11	나마奈麻	
12	대사大舍	4두품
13	사지舍知	
14	길사吉士	
15	대오大烏	
16	소오小烏	
17	조위造位	

울진 봉평 신라비   524년(법흥왕 11)에 세워진 신라의 비석으로, 신라 6부의 성격, 17관등官等의 성립 시기, 지방 통치 조직 및 촌락 구조, 복속민에 대한 시책 등 사회 전반에 걸친 여러 면들을 재검토해 볼 수 있는 실마리를 제공해 주고 있다. 비문의 내용을 살펴보면, 울진 지방이 신라의 영토로 편입되고 비석이 세워지기 얼마 전에 대군大軍을 일으킬 만한 어떤 사건이 발생했다. 이 사건을 해결한 뒤에 모즉지매금왕牟卽智寐錦王이 각 부의 대표 및 신료들과 함께 그에 대한 사후처리로 이 지역에 모종의 조처를 취하고, 소[斑牛]를 죽여 제의를 거행하는 등 일정한 의식을 행하였다. 그리고 관련자에게 책임을 물어 장육십杖六十・장백杖百 등의 형을 부과하고, 다시는 이러한 일이 일어나지 않도록 지방민에게 경고했다.

국호는 이보다 앞선 〈광개토왕릉비〉에도 쓰였고, 524년에 세워진 〈울진 봉평 신라비〉에서는 마립간이라는 칭호가 사용되었으므로 이는 실제와 다를지도 모른다. 그렇지만 지증왕대(500~514)에 여러 제도가 정비되었음을 고려하면, 위의 기사는 국왕 중심의 정치 제도를 정비하던 상황을 상징적으로 반영한다고 볼 수 있다.

국왕 중심의 정치 제도는 517년 병부 설치와 520년 율령 반포로 더욱 구체화되었다. 병부 설치를 통해 각 부의 군사권을 국왕을 중심으로 결집시켰다. 또한 율령 반포를 통해 백성을 다스릴 법적 기준과 각종 국가 기구와 제도를 운영할 법적 원리를 마련했다. 특히 이때 17관등제와 골품제를 완비해 각 부의 유력 세력을 국왕 아래 귀족으로 편제하여 중앙 정치 제도를 구축할 토대를 굳건히 다졌다. 이에 527년 불교를 공인해 왕권을 뒷받침하고 영역 내의 다양한 사상을 포섭할 이념 기반을 마련하는 한편, 531년에는 대등 회의의 의장인 상대등上大等을 신설해 국왕이 대등 회의로부터 벗어나 초월적인 지위를 확보했다. 국왕 중심의 중앙 정치 제도 정비가 일단락된 것이다. 이로써 신라는 중앙 집권 체제를 확립해 삼국의 각축전에 본격적으로 뛰어들 채비를 마무리했다.

백제의 국가 체제 재정비

신라가 중앙 집권 체제를 정비할 무렵, 백제도 국가 체제를 재정비하며 부흥을 위한 발판을 다져 나갔다. 백제는 475년 한성 함락과 개로왕의 사망으로 멸망에 가까운 국가적 위기를 맞았다. 이에 황급히 차령산맥 이남의 웅진으로 천도해 고구려의 공격에 대비하는 한편,

은화관식(백제)

개로왕의 동생 문주를 왕으로 옹립했다. 문주왕은 유력 귀족인 해구解仇와 동생 곤지를 각기 병관좌평과 내신좌평에 임명하고, 맏아들 삼근을 태자로 삼아 왕권의 안정을 도모했다. 그러나 곤지가 사망한 뒤, 478년 문주왕마저 해구에게 살해되었다. 더욱이 해구는 삼근왕三斤王을 옹립한 다음 전권을 장악하려 반란을 일으켰다가 진씨眞氏 세력에게 진압당했다.

이처럼 불안한 정치적 상황이 이어지는 가운데 삼근왕이 재위 2년 만에 죽고, 479년 곤지의 아들이 동성왕東城王으로 즉위했다. 동성왕은 왕궁과 도성을 정비해 왕실의 권위를 일신하는 한편, 실권 귀족을 견제하기 위해 신진 세력을 널리 등용했다. 주로 왕족을 왕·후에 봉했던 개로왕과 달리, 왕족과 더불어 여러 신진 귀족을 왕·후에 봉한 사실은 이를 잘 보여 준다. 이와 더불어 영산강 유역에 대한 지배권을 강화해 국가 전체의 지배 기반을 확충하고, 498년에는 제주도를 정벌하기 위해 무진주武珍州(광주)까지 진격했다. 그 결과 영산강 유역에서는 5세기 중반부터 백제 중앙의 금공품金工品이 증대하다가 이 무렵에는 중앙의 무덤 양식인 굴식 돌방무덤[橫穴式石室墳]이 등장하고, 중앙 관리가 머리에 착용하던 은화관식銀花冠飾까지 부장하게 되었다. 그렇지만 무리한 토목 공사와 잦은 자연재해로 말미암아 농민의 생활은 더욱 궁핍해졌다. 더욱이 동성왕은 비대해진 신진 귀족 세력을 견제하려다가 501년에 오히려 백가苩加에게 살해되었다. 국가 체제가 상당히 정비되었지만, 여전히 불안정했던 것이다.

동성왕이 살해된 다음, 그의 형인 사마斯摩가 백가의 난을 진압하고 무령왕武寧王으로 즉위했다. 40세의 장년이었던 무령왕은 풍부한 정치 경험을 바탕으로 왕권을 급속히 안정시켰다. 먼저 신구 귀족 세력의 균형을 유지시켜 상호 견제토록 하는 한편, 왕족을 대거 중용하여 친정 체제의 기반을 구축했다. 이와 더불어 수리 시설을 축조해 농경 기반을 확충하는 한편, 유민을 귀농시켜 농업 노동력을 대거 확보했다. 가야 지역의 백제인까지 되돌아오게 한 것을 보면, 무령왕이 경제적 기반 확충에 얼마나 심혈을 기울였는지 쉽게 짐작할 수 있다. 또한 영산강 유역에 대한 지배력을 더욱 강화하여 명실상부한 백제 영역으로 만들었다. 이로써 백제는 한성 함락 이전에 버금가는 국력을 확보하게 되었다.

무령왕을 이은 성왕聖王은 재도약을 위한 기반을 더욱 확고히 다졌다. 먼저 538년 사비 천도를 단행했는데, 귀족 세력을 견제하려는 정치적 목적도 있었지만 보다 근본적인 이유는 국력의 확대로 도성으로 집중되는 물자와 인구가 증대된 데 있었다. 사비도성이 대규모 시가지를 갖춘 계획도시로 건설된 것은 이를 잘 보여 준다. 이와 더불어 중앙과 지방의 국가 기구도 새롭게 정비했다. 먼저 중앙의 경우 내관 12부와 외관 10부로 이루어진 22부사제部司制를 시행해 행정관서별 업무 분장을 명확히 구분했다. 확대된 국력을 효율적으로 운영할 중앙 행정 조직을 새롭게 갖춘 것이다.

지방 제도도 주요 거점에만 지방관을 파견하던 담로제檐魯制를 혁파하고, 행정 구역을 3단계로 편성한 방군제方郡制를 시행했다. 먼저 전국을 각 방위별로 광역 행정 구역인 5개의 방方으로 나누고, 각 방마다 6, 7개 내지 10여 개의 군郡을 설치한 다음, 그 아래에 기초 행정 구역인 성城(縣)을 여러 개 두고 지방관을 파견했다. 지방 제도는 군사 조직과 긴밀하게 연계하여 운영했는데, 방령이 관할하는 각 방성方城에 700~1000여 명의 군사를 배치했고, 군의 장관 역시 군사 지휘관의 기능을 겸했다. 이로써 재지 사회를 직접 장악해 인력 징발과 물자 수취를 더욱 효율적으로 수행할 수 있게 되었다. 더욱이 사비도성을 성역화하면서 주변의 정치체나 국가를 이적夷狄으로 여기는 백제 중심의 천하관도 구축하게 된다. 백제가 한성 함락의 충격에서 벗어나 재도약을 위한 준비를 마무리하게 된 것이다.

고구려의 내분과 북중국의 정세 변화

고구려는 5세기 후반 백제와 신라를 거세게 압박하며 전성기를 맞았다. 이때 북쪽 방면에서도 세력권을 더욱 확장했는데, 479년 유연과 합세하여 대흥안령大興安嶺산맥 동남부의 지두우地豆于를 분할 점령한 것이 대표적이다. 지두우 분할 점령은 새롭게 흥기한 물길과 북위의 외교 관계를 차단하기 위한 목적도 개재되어 있었지만, 이를 통해 고구려는 서북방 깊숙이 세력을 미칠 수 있었다. 더욱이 494년 부여가 투항함으로써 고조선 이래 만주와 한반도 일대에서 흥기했던 예맥족 계통의 정치체를 모두 통합하게 되었다.

이처럼 고구려는 5세기 말경에 최성기最盛期를 구가했지만, 안팎으로 점차 불안 요소도 싹트기 시작했다. 부여의 투항은 이를 잘 보여준다. 당시 부여는 농안 방면에서 명맥을 유지하고 있었는데, 고구려의 부용국이나 다름없었다. 그러한 부여가 고구려에 투항한 것인데, 이는 물길이 북류 송화강 하류 일대로 진출했기 때문이다. 고구려가 부여의 투항을 받아들여 예맥족 계통의 정치체를 모두 통합했을지 모르지만, 실제로는 세력권이 축소되었던 것이다. 그런데 남쪽에서도 난관에 부딪혔다. 백제와 신라의 군사 동맹이 더욱 강화되어 더 이상 남진을 추진할 수 없었던 것이다. 오히려 가야까지 합세한 나제羅濟 연합군에게 번번이 패배했다.

이에 따라 고구려의 세력 확장은 주춤해질 수밖에 없었다. 고구려는 중국 대륙의 북위나 양梁과 밀접한 관계를 맺는 한편, 백제나 신라를 거세게 압박하며 난국을 타개하려 했다. 마침 520년대에 접어들면서 물길의 세력도 점차 약해졌다. 또한 520년대에는 북위의 혼란을 틈타 요서 지역으로의 진출을 도모하기도 했다. 외형상 점차 안정을 찾아가는 것처럼 보였지만, 안으로는 더욱 근본적인 불안 요소가 싹트고 있었다. 대외 확장이 주춤해지자 귀족 세력들이 제한된 정치권력과 경제 기반을 놓고 치열한 다툼을 시작한 것이다.

《일본서기》에 따르면 531년 안장왕이 피살되었다고 하는데, 이때 이미 귀족 세력의 내분이 상당히 심화되었던 것으로 추정된다. 귀족 세력의 내분은 544년 겨울 왕위 계승을 둘러싸고 대폭발했다. 안원왕의 병세가 위독해지자 왕위 계승전이 벌어진 것이다. 왕위 계승전은 마침내 대규모 무력 대결로 발전하여 추군麤群이라 불린 둘째 왕비 측이 세군細群으로 불린 셋째 왕비 측 2천여 명을 죽이며 승리했다고 한다. 거의 모든 귀족 세력이 왕위 계승전에 참여하여 격렬한 무력 대결을 벌인 셈인데, 이로써 국왕 중심의 중앙 집권 체제는 사실상 붕괴되었다.

이 무렵 중국 대륙에서는 새로운 정세 변화가 일어났다. 100여 년간 북중국을 석권했던 북위가 지나친 한화漢化 정책의 여파로 대혼란에 빠진 것이다. 524년 육진六鎭의 난을 시발로 534~535년까지 황제가 여러 명 피살되거나 교체되는 혼란을 거듭하다가, 마침내 동위東魏와 서위西魏로 분열되었다. 고구려로서는 서방으로 세력을 확장할 호기를 맞은 것이다. 이에 고구려도 요서 진출을 한두 차례 시도했지만, 귀족 세력들의 내분으로 적극적으로 추진하기는 힘들었다.

그런데 고구려는 호기를 살리지 못함으로써 오히려 위기를 초래하게 된다. 동위와 서위가 각기 550년과 557년 북제와 북주의 건국으로 이어지는 가운데, 북제가 북주(서위)를 압도할 국력을 확보하기 위해 동방경략을 대대적으로 개시한 것이다. 귀족 세력의 내분에 빠진 고구려에게는 엄청난 압박으로 작용할 수밖에 없었다. 이와 더불어 북방 초원에서는 오랫동안 고구려와 우호 관계를 지속했던 유연이 서서히 쇠퇴하고 돌궐이 흥기하는 조짐도 싹트고 있었다. 고구려에게는 안팎으로 위기 요인만 증가했던 것이다.

삼국의 각축전과 가야의 소멸 위기

5세기 말경 고구려의 적극적인 남진 정책에 대비하여 백제와 신라도 493년 결혼 동맹을 체결하며 군사 협력을 더욱 강화했다. 양국은 이를 바탕으로 고구려의 남진 정책을 저지했는데, 상호 구원군을 파견해 494년과 495년에 각각 신라 살수원이나 백제 치양성을 침공한 고구려군을 격퇴했다. 이에 따라 고구려의 남진 정책은 주춤할 수밖에 없었는데, 물길이 송화강 일대로 진출하여 북변을 위협한 것도 주요 요인으로 작용했다. 이에 고구려는 504년 북위에 사신을 파견하여 그 의중을 파악하는 등 대비책을 마련했다. 이때 고구려는 북위로부

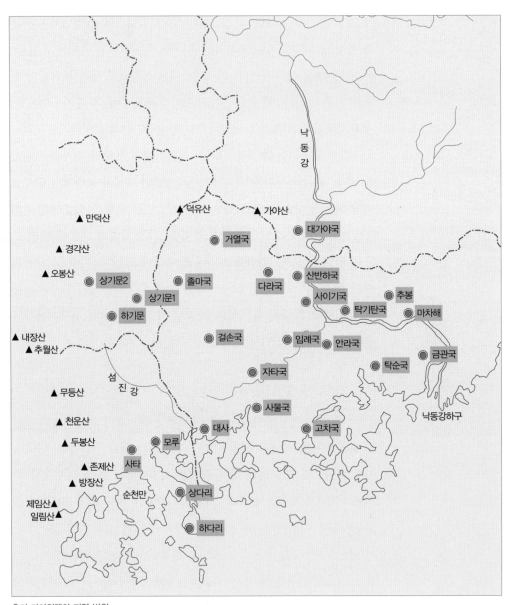

후기 가야연맹의 지역 범위

터 물길과 백제를 제거해 고구려 중심의 기존 질서를 회복하라는 우호적 답변을 얻어 냈지만, 남과 북에서 동시에 밀려오는 변화의 물결을 막아 내기는 쉽지 않았다.

한편 당시 고구려의 주된 공격 대상은 신라였으므로 백제는 거의 공격을 받지 않았다. 이에 백제는 국가 체제를 재정비하여 국력을 신장시키는 한편, 남중국의 남제南齊나 그를 이은 양梁 등과 우호 관계를 맺어 국제적으로 고구려를 견제하며 반격에 나섰다. 《삼국사기》에 따르면 백제가 무령왕대(501~523)에 임진강–예성강 일대에서 여러 차례 고구려를 물리쳤다고 한다. 물론 이때 백제가 한강 유역을 수복하고 임진강–예성강 일대까지 진격했다고 보기는 어렵지만, 고구려에 반격하여 승리를 거둔 것은 명확하다. 백제 무령왕이 양에 보낸 외교 문서에서 "고구려를 여러 차례 공파했다"고 자부한 사실은 이를 잘 보여 준다.

이처럼 한반도 중부 지역에서는 백제와 신라가 고구려의 남진을 저지하기 위해 군사적으로 협력했지만, 남부 지역에서는 가야를 둘러싼 전혀 다른 양상이 전개되었다. 6세기 초에는 신라가 지배 체제를 정비하고 고구려의 침입에 대비하느라 가야 지역으로 진출할 겨를이 없었다. 이에 백제가 먼저 512~513년 한성 함락 이후 대가야에게 빼앗겼던 섬진강 일대를 수복한 다음, 경남 서남부로의 진출을 도모했다. 이에 대가야도 경남 서부 일대에 성곽을 축조해 군사 방어를 강화하는 한편, 낙동강 일대에도 성곽을 축조하고 병사를 모집했다. 이를 통해 대가야는 섬진강 하구를 다시 장악하기도 했지만, 백제는 우수한 선진 문물을 바탕으로 왜를 포섭하며 대가야를 외교적으로 고립시켜 나갔다.

이로써 백제가 한반도 중남부 일대에서 최강국으로 발돋움할 계기를 마련한 것이다. 대가야로서는 새로운 돌파구가 필요한 상황이었다. 이에 대가야는 신라에 결혼 동맹을 제안했다. 당시 신라는 국가 체제 정비를 통해 영역 확장의 잠재력을 상당히 갖추었지만, 백제와 군사 동맹을 맺은 탓에 가야 지역 진출을 도모하기가 쉽지 않았다. 이런 상황에서 대가야가 522년 왕실 간의 혼인을 요청하자 가야 진출의 호기로 보고 수락했다. 그런 다음 신라는 결혼 동맹을 둘러싼 대가야와 연맹소국의 갈등을 이용해 529년 탁기탄국(경남 영산)을 병합하며 가야 진출의 1단계 목표를 성공시켰다.

이에 따라 대가야에 대한 연맹 소국의 반발이 거세지면서 가야 연맹은 서서히 무너졌는데, 특히 남부 지역의 가야 소국들은 아라가야를 중심으로 새로운 연맹체 결성을 추진했다. 이러한 정세 변화를 틈타 531년 백제가 안라국과 그 주변 지역에 군대를 파견하자, 신라도 532년 금관가야를 병합하며 가야 병탄 작전을 본격화했다. 이에 백제도 신라의 진격을 저지하기 위해 탁순국(경남 창원) 부근에 성곽을 축조하는 한편, 경남 서부 지역에 군령郡令, 성주城主 등의 지방관을 파견하여 백제의 영역으로 편입하려고 시도했다.

백제와 신라가 고구려의 남진에 대비해 군사 동맹을 결성한 중부 지역과 정반대로, 남부 지역에서는 가야의 여러 나라를 분할하며 군사적 긴장을 고조시켜 갔던 것이다. 그렇지만 가야의 여러 나라는 백제와 신라의 분할 점령을 저지할 만한 충분한 역량을 갖추지 못했다. 가령 백제의 군사적 위협에 시달리던 탁순국은 538년 신라에 투항하는 길을 선택했다. 또한 나머지 가야의 나라들은 541년과 544년 백제에 의탁해 신라의 진격을 막으려 시도했지만, 오히려 백제의 부용국으로 전락했다. 결국 집권 체제를 갖추지 못하고 연맹체 단계에 머물렀던 가야는 중앙 집권 체제를 정비한 삼국의 치열한 각축전 속에서 소멸의 위기를 맞고 있었던 것이다.

—여호규

6세기 중반 이후 동아시아 국제 질서는 새로운 변화를 맞이했다. 북조인 북위北魏가 분열하고 북방 유목 세계에서는 유연柔然을 대신하여 돌궐突厥이 대두했다. 한반도에서는 신라가 성장해 한강 유역을 차지했고 이후 신라와 백제의 충돌이 한반도의 정세를 격렬하게 만들었다. 그리고 이런 국제적 환경의 변화와 맞물리면서 삼국 내부에서도 각각 정치적 변화가 전개되었다. 이러한 동아시아 각 국가들에 맞닥뜨린 국내외 정세 변화는 다시 서로 상승 작용을 일으키며 7세기 동아시아 전체 국제 질서의 재편을 예고했다.

7세기 들어 나타난 동북아시아의 국제 정세는 크게 두 가지 축을 중심으로 변동하고 있었다. 하나는 중국의 통일 국가인 수隋, 당唐과 고구려 사이에 이루어지는 동북아시아 세력권 장악을 둘러싼 전쟁이다. 다른 하나는 한반도 내 삼국 간 전쟁이다. 이 두 가지 축은 서로 다른 구조와 성격을 갖는 것이지만, 고구려가 양쪽의 공통된 당사자라는 점과 나아가 수와 당이 자국 중심의 국제 질서를 구축하는 대외 정책을 추구했다는 점에서, 점차 하나의 축으로 통합되어 갔다. 그것은 당대唐代에 현실화되어 고구려–당의 전쟁과 신라의 삼국 통합 전쟁이 결합되어 전개되었다. 그 결과는 백제와 고구려의 멸망, 신라의 삼국통일로 이어졌다.

신라의
삼국 통일

대내외 정세 변동과 신라의 삼국통일

6세기 중반 삼국의 내부 정세와 역관계 변화

나제 연합과 삼국의 역관계 변화

551년, 백제의 성왕聖王과 신라의 진흥왕眞興王은 손을 잡고 고구려를 공격했다. 백제와 가야의 연합군은 파죽지세로 한성을 공파하여 한강 하류의 6군을 차지했고, 신라군은 죽령을 넘어 고현高峴까지 진출하여 한강 상류의 10군을 확보했다. 이때 빼앗은 6군과 10군의 위치는 정확히 알 수 없으나, 6군은 지금의 천안에서 임진강 이남 지역으로, 10군은 지금의 충주·제천에서 철원에 이르는 지역으로 추정된다.

즉 고구려는 한반도 중부의 전략적 요충지인 한강 유역 전체를 변변한 저항도 없이 무기력하게 잃었던 것이다. 이는 당시 고구려 안팎의 어려운 상황 때문이었다. 우선 내부적으로 왕위 계승전이 이어지고 귀족 세력 간의 분열이 거듭되면서 정국이 불안정했다. 여기에 요동 지역에서 돌궐의 동진으로 대외적 위기가 겹치면서 남변南邊의 방어력이 상대적으로 약화될 수밖에 없었다. 따라서 백제·신라 연합군의 한강 유역 공격은 고구려가 처한 국내외적 정세를 잘 파악하여 적절한 기회를 포착한 군사 행동이었다. 반대로 고구려는 왕위 계승전을 비롯한 중앙 정계에서 벌어진 분란으로 한강 유역의 상실이라는 값비싼 대가를 치른 셈이었다.

그런데 553년 신라는 동맹을 일방적으로 파기하고 백제가 탈환한 한강 하류 지역을 기습 공격하여 차지하고 이곳에 신주新州를 설치했다. 격분한 백제의 성왕은 대가야와 연합하여 전열을 정비하고, 이듬해에 관산성管山城(충북 옥천)에서 신라와 격전을 벌였다. 그러나 도리어 성왕이 전사하고 3만 명에 달하는 군사가 전몰하는 치명적 패배를 당했다. 이로써 나제 동맹은 완전히 깨졌고, 이후 백제와 신라 사이에 백제 왕실의 원한을 풀기 위한 치열한 공방전이 지속되었다.

한편 고구려에서는 한강 유역 상실 등 대외적 위기 속에서 왕권을 안정시키고 귀족 연립 정권을 수립하면서 혼란한 정국을 수습해 갔다. 이어 고구려는 다시 세력권의 재건을 꾀하면서 한강 유역을 탈환하기 위해 신라에 적극적인 공세를 취했다. 이러한 움직임은 《삼국사기》 〈온달전〉에 잘 나타나 있다. 온달은 영양왕嬰陽王대(590~618)에 한강 유역을 되찾기 위해 출전했다가 전사했는데, 비록 설화적 성격이 강하지만 이러한 온달의 행적에서 당시 한강 유역을 되찾기 위한 고구려의 의지를 짐작할 수 있다. 또한 644년(보장왕 3)에 신라 김춘추金春秋가 고구려로 강화를 맺으러 갔을 당시 "마목현麻木峴(조령)과 죽령은 본래 우리의 땅이니 돌려주지 않으면 신라로 돌아갈 수 없다"는 보장왕寶藏王의 말에서도 한강 유역에 대한 고구려의 집착을 엿볼 수 있다.

신라 역시 고구려의 공세를 물리치면서 한강 유역을 안정적 영역으로 만들기 위한 다양한 정책을 추진했다. 555년에는 진흥왕이 직접 북한산군에 순행을 가서 〈북한산 순수비〉를 세우고 한강 유역을 신라

<u>온달산성</u>　온달은 계립령과 죽령 서쪽의 땅을 되찾기 전에는 돌아오지 않겠다고 맹세하고 출정한 후 아단성阿旦城 아래에서 전사했다고 한다. 계립령은 지금 충청북도 충주 미륵리와 문경 관음리를 잇는 옛길인 하늘재이며, 죽령은 단양과 풍기를 잇는 오늘날의 죽령으로 비정된다. 이 일대는 삼국 간에 쟁패가 치열했던 전략적 요충지이다. 그런데 정작 온달이 전사한 아단성의 위치를 둘러싸고는 의견이 분분하다. 지금 서울 광장동의 아차산성으로 보는 견해와 영월군 영춘면의 온달산성 일대로 보는 견해가 유력하다. 현재 좀더 지지를 얻고 있는 견해는 아단성=온달산성설이다. 이곳의 고구려때 지명이 을아단乙阿旦이었다는 점이나, 계립령 및 죽령과 가깝다는 점이 중요한 근거가 된다. 또 이 지역에 온달 전승이 많이 남아 있다는 점도 눈길을 끈다. 지금 남아있는 온달산성 자체는 신라가 소백산맥 북방으로 진출하면서 쌓은 산성이다.

의 영역으로 확고히 하려는 강한 의지를 내보였다. 557년에는 최전선인 한강 하류 지역에 북한산주를 설치했고, 한강 유역 진출의 거점이라고 할 수 있는 국원성(충주)을 소경小京으로 삼았다. 그리고 아차산성, 이성산성, 행주산성, 호암산성 등 한강 유역의 중요한 거점에 산성을 쌓고 방어망을 구축했다. 또한 남양만에는 당항성을 쌓아 이를 거점으로 중국과의 교통로를 확보했다.

신라는 성곽만 축조한 것이 아니라 주민을 이주시켜 본격적인 영역화 작업에 나섰다. 신라는 국원성을 차지한 후, 왕경인을 이주시켜 이지역에 대한 지배를 강력히 추진했다. 충주의 루암리 신라 고분군은 그러한 주민의 이주를 잘 보여 주는 유적이다. 또한 서울 가락동, 방이동 일대에 남아 있는 석실분은 6세기 중엽 이후에 축조된 신라계고분으로, 신라계 주민들이 이주한 결과이다.

신라가 한강 유역을 차지하면서 나타난 중요한 변화 중 하나는 신라가 황해를 횡단하는 중국 교통로를 확보했다는 점이다. 이로써 신라는 중국 남조 진陳이나 수隋, 당唐과의 직접적인 교섭을 활발하게 추진해 동아시아 국제무대에 본격적으로 등장하여 장차 동아시아 국제질서를 변동시키는 한자리를 차지하게 되었다.

신라는 관산성 전투(554) 이후 가야 지역으로의 진출도 적극적으로 추진했다. 이미 법흥왕 때 금관가야를 복속시켰지만, 오히려 가야의 여러 나라들은 대가야를 맹주로 하여 백제의 세력권으로 들어가 독자적인 생존 방식을 모색하고 있었다. 이에 신라는 비화가야, 아라가야들을 차례로 굴복시키면서 대가야를 압박했다. 559년 진흥왕은 사방군주를 창녕 지역으로 불러 모아 한차례 무력시위를 하고, 이듬해에 결국 가야 연맹의 본거지인 대가야를 공격하여 복속시켰다. 이로써 신라는 가야 연맹 지역을 완전히 차지하면서 세력을 확장했고, 반대로 백제는 한강 하류 지역을 상실한 데다가, 그동안 주도권을 행사해 왔던 가야 지역마저 신라에 빼앗기게 되는 열세를 면치 못했다.

삼국의 정치적 변화

관산성 전투의 패배 이후 이 전쟁을 주도했던 백제 왕권은 패전으로 인해 상당히 위축되었으며 대성팔족大姓八族으로 대표되는 유력 가문의 귀족들이 정국 운영을 주도했다. 그러다가 무왕武王대(600~641)에 이르러 다시 왕권의 위상을 회복하여 국왕 중심의 정치 체제를 운영하게 되었다. 웅진 천도(475) 이후 등장한 대성팔족 세력은 좌평佐平이라는 최고위 관직을 독점하면서 정국을 주도했는데, 무왕은 제2위의 관등인 달솔達率을 널리 등용하여 이들을 견제했다. 이러한 무왕대의 왕권 강화는 왕실이 주도해 대규모 사찰인 익산 미륵사를 조영하고 이 일대를 부도副都로 운영한 사실에서도 엿볼 수 있다.

의자왕義慈王대(641~660)에 들어서 왕권이 더욱 강화되었다. 의자왕은 즉위 초 왕자들을 대거 좌평에 임용했으며, 즉위 15년을 전후하여 기존의 좌평 세력을 억압하여 그들의 정치적 지위를 약화시켰다. 이렇게 왕권을 강화할 수 있는 배경은 신라에 대해 적극적인 공세를 취하면서 상당한 전과를 거두었기 때문이다.

642년 백제는 신라 서변의 요충지인 대야성 공격에 성공하여 신라와의 전쟁에서 주도권을 잡기 시작했으며, 655년에는 고구려와 연합하여 한강 유역으로 추정되는 신라 북쪽 영역의 30여 성을 공취하기

미륵사지 익산은 왕권 강화를 추구하던 무왕이 천도지 혹은 별도지로 만들어 간 곳이다. 지금 이곳에는 왕궁리 유적과 미륵사지 등 왕도王都를 연상케 하는 많은 유적들이 남아 있다. 그중에서도 장대한 규모를 자랑하는 미륵사지는 백제의 중흥을 꿈꾸었던 무왕의 야망을 잘 보여주고 있다. 사진 속 거의 허물어지고 있던 석탑은 일제시기 시멘트로 보수되었다가, 최근 다시 해체 복원이 진행 중이다. 이 과정에서 심주석안 사리공에서 발굴된 많은 사리봉안구는 당시 백제 문화의 영화를 보여 주기에 충분했다. 게다가 황금판에 새긴 사리봉안기에는 왕후 사택沙宅씨가 발원자로 기록되어 있어서, 《삼국유사》에 전하는 무왕의 왕비 신라 선화공주의 존재를 둘러싸고 여러 의문을 제기하고 있다.

도 했다. 이 전투의 패배는 당시 신라에게 큰 충격을 주어 전해에 왕위에 오른 김춘추가 곧바로 사신을 당에 보내어 구원을 요청할 정도였다. 백제가 한강 유역의 일부 영역을 회복한 것은 성왕대(523~554)에 한강 유역을 잃고 관산성 전투에서 패배하면서 추락한 백제 왕실의 위신을 회복하는 성과였으므로 이를 기반으로 의자왕권이 크게 강화될 수 있었다. 그러나 이러한 대외 정책이 의자왕권 자체를 강화시키는 데에는 유효했지만 계속되는 전쟁은 국력의 낭비를 가져왔다. 의자왕의 왕권 강화 방향은 기존 정치 세력 간의 갈등을 이용하여 자신의 권력을 강화하는 수준에서 벗어나지는 못했다.

고구려에서는 정국의 안정을 꾀하면서 귀족 연합에 의한 정치 체제를 운영했다. 당시 귀족 연립 정권을 운영하는 가장 중심적인 기구는 귀족회의로서, 이는 최고위 대신들의 회의체인 합좌 기구였다. 이 귀족회의의 의장이 바로 국정을 총괄하는 최고 관등인 대대로였으며, 새로이 또 다른 실력자로 떠오른 존재가 군사권을 장악하고 있던 막리지莫離支였다. 귀족회의에서는 중요한 국사를 논의, 결정하고 정무를 처리했다. 귀족회의의 의장인 대대로大對盧의 선출도 귀족회의에서 결정되었으며, 여기서 합의가 이루어지지 않을 경우 각 귀족 세력이 무력을 동원하여 정권 다툼을 벌이기도 했다. 또 왕권이 약화된 상황이었기 때문에 왕위 계승 문제에도 귀족회의가 관여했을 것이다. 평원왕平原王대(559~590) 이후 연개소문淵蓋蘇文의 정변이 있기까지 80여 년 동안 상대적으로 정국이 안정된 것은, 귀족 연합의 대표자인 대대로를 주기적으로 선출하는 과정에서 각 귀족 집단을 대표할 수 있는 유력 가문의 대표자들이 정치적으로 합의하고 세력 관계를 조정할 수 있는 정치 체제를 운영한 결과였다.

그러나 대대로의 선임을 통한 귀족 연립 정권의 운영도 점차 그 기능에 한계가 나타났다. 예컨대 여러 대에 걸쳐 막리지의 지위를 차지한 연개소문 가문은 강력한 군사력을 지녀 당대 여러 귀족 가문 중에서도 가장 세력이 강했다. 따라서 실력으로 대대로를 차지하는 정치 운영 구조에서 연개소문 가문의 독주 가능성이 커진 것이다. 귀족 간의 합의를 통한 귀족 연립 체제에서 한 가문의 독주는 귀족들 전체의 이익에 큰 위협이 되었다.

영류왕과 다른 귀족들은 연개소문 가문을 견제하려 했고, 이에 연개소문은 642년에 정변을 일으켜 영류왕과 반대 세력들을 제거하고 정권을 잡았다. 연개소문의 정변은 귀족 세력 간의 대결 과정에서 자기 가문의 지속적인 권력 장악을 위해서였다. 그래서 연개소문은 정권을 장악한 후에도 정치적 개혁보다는 독점적인 권력 행사에만 급급했다. 더욱 당唐이 내건 고구려 침략의 명분이 연개소문 자신에게 맞추어지면서 연개소문은 대당 강경책을 구사하게 되는데, 이러한 강경 대외노선이 연개소문의 대내적인 정치적 입지를 강화하는 결과를 초래했다. 대당 전쟁으로 내부 권력투쟁은 일시 중단되었고, 오히려 중앙에서 연개소문이 대당전쟁을 주도하게 되었으며, 또한 당과의 전쟁 과정에서 지방의 군사력이 약화되면서 연개소문은 자신의 권력을 더욱 강화할 수 있었다.

신라에서는 진평왕眞平王대(579~632)에 왕권을 강화하기 위한 일련의 정책을 시행했다. 위화부位和府 등 중앙 관부를 새로 설치하고, 상대등上大等과 병부령兵部令 등 권력의 요직에 왕의 측근 세력을 등용했다. 또 불교를 통해 왕권의 신성성神聖性을 추구했다. '신라 불국토佛國土'이념을 내세우고 황룡사를 중건하여 금당에 거대한 장육존상丈六尊像을 모시고 다음 왕인 선덕여왕대(632~647)에는 구층탑을 세워 황룡사를 제1의 국가 사찰로 조영했다. 그러나 진평왕 말년에는 칠숙柒宿의 반란(631)이 일어나는 등 왕권 강화에 대한 귀족 세력의 도전이 이어졌다. 이러한 정치적 충돌은 진평왕이 죽고 신라사 최초의 여왕 즉위 문제를 둘러싸고 왕당파와 반대파 사이의 갈등으로 나타났다. 물론 선덕여왕이 즉위함으로써 왕당파의 승리로 귀결되었지만, 한편으로는 양 세력 사이에 정치적 타협의 결과, 대신大臣 중심의 귀족회의체가 운영되었다.

하지만 사실상 선덕여왕대에는 왕당파라고 할 수 있는 김춘추와 김유신金庾信 세력이 권력을 장악해 갔다. 김유신 가문은 금관가야 출신으로 신라의 전통 귀족들로부터 '신김씨新金氏'로 차별 대우를 받아 전쟁에서 무공을 쌓아 출세 길을 모색했고, 왕권 중심의 정치 체제를 지향한 국왕 권력과 밀착했다. 진지왕眞智王의 손자인 김춘추는 유력한 왕위 계승권 안에 있으면서도 기존 귀족 세력의 견제를 받아 정치적으로 소외된 존재였다. 결국 이 두 정치적 소외집단인 김춘추와 김유신 세력이 결합하여 기존의 구舊귀족과 대립했다. 그 결과 선덕여왕과 김춘추 등이 주도하는 정국 운영에 반발하여 비담毗曇이 여주女主불가론을 주장하며 반란(647)을 일으켰다. 김춘추와 김유신 세력은 비담의 반란을 진압하고 마침내 정치적 실권을 완전히 장악했다.

김춘추의 권력 장악을 곧 무단武斷 정권의 등장이라고 할 수는 없겠지만, 기존의 귀족 합의제적 정치 기반을 해체시키고 권력을 국왕에

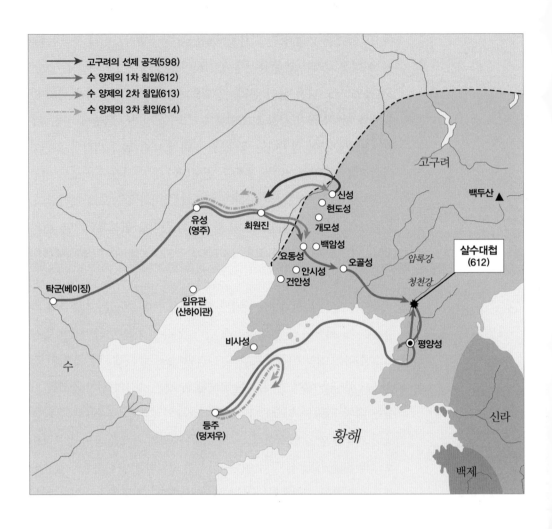

고구려의 선제 공격(598)
수 양제의 1차 침입(612)
수 양제의 2차 침입(613)
수 양제의 3차 침입(614)

고구려

백두산 ▲

신성
현도성
개모성
백암성
요동성
안시성
건안성
오골성

압록강

청천강

살수대첩
(612)

유성
(영주)

회원진

유성
(영주)

탁군(베이징)

임유관
(산하이관)

비사성

평양성

수

등주
(덩저우)

황해

신라

백제

152

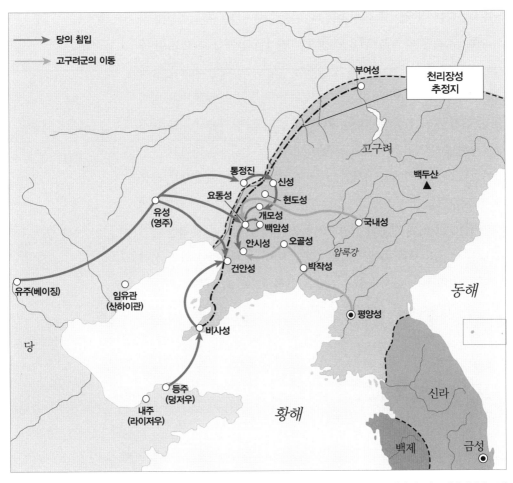

당의 침입
고구려군의 이동

부여성
천리장성
추정지

고구려

백두산

통정진
신성
요동성
현도성
개모성
백암성
안시성
오골성
건안성
박작성
국내성
압록강
유성
(영주)

유주(베이징)

임유관
(산하이관)

비사성

등주
(덩저우)

내주
(라이저우)

당

동해

평양성

신라

황해

백제

금성

고구려 말기에 축성한 천리장성의 위치에 대해서는 문헌에 부여성에서 비사성에 이른다고 되어 있지만, 구체적인 비정은 여러 견해가 있다. 부여성에서 비사성까지 각 지역의 성들을 연결하는 형태를 상정하기도 하고, 요하를 따라 축조된 성벽 시설을 상정하기도 한다.

집중시켰다는 점에서 그 이전과는 다른 정치 체제가 구축되었다고 볼 수 있다. 그리고 김춘추·김유신 세력이 권력을 장악할 수 있었던 배경에는 백제의 공세가 강화된 상황에서, 김춘추의 대당 외교 활동과 김유신의 군사적 활약이 어느 정도 성과를 거두었기 때문이다. 따라서 삼국 간 치열한 상쟁이라는 대외적 모순이 곧 신라에서 김춘추 정권의 기반을 안정시킨 배경이 된 것이다.

이렇듯 삼국 말기에 들어서면 나라마다 정도의 차이는 있지만, 삼국이 모두 무단적인 성격을 갖는 정치권력을 구축하였다. 삼국 모두에 나타나는 개인에게 집중된 권력체의 등장은 당시 삼국을 둘러싼 대외적 갈등 대립의 구조 속에서 잉태되었고, 나아가 이러한 무단적 성격을 갖는 권력체가 자신의 정권 기반을 안정시키는 과정에서 삼국 간의 대립과 상쟁이라는 국제적 모순 구조를 더욱 심화시켰다.

6세기 후반의
국제 정세와 고수 전쟁

534년에 북위가 동위와 서위로 분열된 후 북중국에서의 상쟁은 북제北齊와 북주北周의 다툼으로 이어지다가 575년에 북주가 북제를 정복하면서 끝났다. 그런데 북주 내부에서 정권 교체가 일어났다. 581년에 양견楊堅은 북주 정권을 탈취하여 수隋 왕조를 건국했다. 그가 수 문제文帝다. 수 문제는 즉위한 후 인심을 수습하고 국력을 강화했으며, 이를 바탕으로 대외 팽창을 시도하여 589년에 남조 진陳을 정복하고 중국을 통일했다.

수에 의해 중국이 통일되었다는 소식이 전해지자 주변 여러 나라는 모두 긴장했다. 서쪽의 토욕혼吐谷渾은 진의 멸망 소식을 접하자 먼 지역으로 중심지를 옮기고 조공을 바치면서 수와 우호적 관계를 유지하기 위해 노력했지만 결국 609년에 수에 복속되고 말았다. 또한 북아시아 유목 세력인 돌궐도 수의 위협을 받게 되었다. 돌궐은 등장 후 북주와 북제의 대립, 상쟁을 이용하여 급속히 세력을 키워 갔다. 수는 건국 후부터 돌궐의 위협을 견제하기 위해 강경한 대외 정책을 추진했다. 그런데 당시 돌궐 내부에서 분열이 일어나 583년에는 동돌궐과 서돌궐로 분열되었다. 이 틈에 수는 동돌궐을 공격하여 굴복시켰으며, 599년에는 동돌궐의 잔여 세력을 복속시켰다.

한반도의 백제와 신라도 수와 교섭하려고 노력했다. 백제는 수의 건국 직후인 581년에 사신을 파견했으며, 수가 진을 병합한 후에는 적극적으로 수와의 교섭을 모색했다. 신라는 594년에야 처음으로 수와 외교 관계를 맺었으나, 신라에 대한 고구려의 공세가 강화되자 〈걸사표乞師表〉(611)를 보내는 등 수와의 교섭에 적극적으로 나섰다.

이와 같이 수에 의해 중국과 북방 세력이 통합되고 한반도의 백제와 신라 역시 수 제국의 구심력을 좇아 수와 연결됨으로써, 한반도 내 삼국 간의 상쟁에 중국 세력이 침투할 가능성이 높아졌다. 물론 수대隋代에는 이러한 현상이 표면화되지는 않았다. 백제와 신라가 수와의 교섭에 적극적이었던 것과는 달리, 수는 백제나 신라를 대고구려 정책에 이용하는 외교 전략을 구사하지 않았기 때문이다.

수의 등장은 고구려에게 커다란 국가적 위협으로 다가왔다. 수에 의한 중국 대륙의 통일로 인해 이제까지 남북조의 분열 구조 위에서 전개해 온 고구려의 외교 전략이 깨지게 되었기 때문이다. 이에 고구려는 안으로 군사를 모으고 병기를 수리하며 군량을 비축하는 한편, 비밀리에 사신을 파견하여 수의 정세를 탐지하기도 했다. 이러한 고구려의 동향을 눈치챈 수 문제는 590년 고구려에 다음과 같이 선전 포고에 가까운 내용의 국서를 보냈다.

왕은 해마다 사신을 보내와 조공을 바치며 번부藩附라고 일컫기는 하지만 성의와 예절을 다하지 않고 있소.…… 왕은 요수遼水의 넓이가 장강長江과 비교하여 어떠하며, 고구려 인구의 많고 적음이 진陳과 비교하여 어떠하다고 여기는가? 짐이 만약 왕을 포용하고 기르려는 생각을 가지지 않고, 이전의 잘못을 책망하려고 한다면 장군 한 명에게 명령하면 될 일인데, 어찌 많은 힘이 필요하겠는가?

수 문제의 국서는 수에 굴복하지 않는 고구려의 태도에 대한 불만을 노골적으로 거론하면서 항복을 요구하는 내용을 담고 있다. 이는 바로 수 문제가 중국 중심의 일원적 국제 질서를 수립하겠다는 의도를 드러낸 것이다. 이렇게 고구려와 수 사이의 긴장이 높아져 가던 598년에 고구려 영양왕이 1만의 말갈병을 이끌고 요서를 공격했다. 이때 영양왕의 요서 출격은 양국 사이의 요충지가 된 요해 지역의 거란, 말갈에 대한 주도권을 장악하기 위해서였다. 고구려의 요서 공격에 분노한 수 문제는 육군과 수군 30만의 군사를 일으켜 1차 고구려 정벌을 시도했으나, 고구려의 영토를 밟아 보지도 못하고 실패하고 말았다. 《수서隋書》에는 홍수와 풍랑으로 인해 수군이 심각한 타격을 받았기 때문이라고 기록하고 있다.

수의 1차 침입을 받은 고구려는 수의 군사적 위협에 대한 대비책을 적극적으로 마련했다. 그중 하나가 주변 여러 나라들과 협력 관계를 통해 수를 견제하려는 것이었다. 고구려는 왜倭와 외교 관계를 맺는 데 노력했고, 6세기 중엽 이래로 상쟁을 되풀이했던 북방의 돌궐과도 손을 잡으려 했다.

고구려의 대수對隋 정책에 의구심을 가진 수 양제는 612년 1월에 고구려 정벌을 개시했다. 당시 고구려 정벌에 동원된 수군의 군세는 24군으로서 총수는 113만 3800명이었으며, 군량과 물자 수송을 맡은 부대는 그 2배가 되는 역사상 유례를 찾아 볼 수 없는 대군이었다. 이 엄청난 대군이 차례로 출발하는 데만도 40일이 걸렸다고 한다. 2월에 고구려군의 완강한 저항을 물리치고 요하를 건넌 수군은 요동의 최대 거점성인 요동성을 포위했으나, 3개월이 지나도록 함락시키지 못했다. 한편 내호아來護兒 등이 이끄는 수군水軍은 단독으로 평양성을 들이쳤다가 영양왕의 동생 건무建武의 묘책에 빠져 대패하고 말았다. 수군의 임무는 평양을 공격하는 육군에 군량과 무기 등을 보급하는 것이었으므로, 이때의 패전은 나중에 평양성에 도착한 우중문于仲文의 별동대가 군량과 무기 부족으로 후퇴하게 된 주된 요인이 되었다. 초조해진 양제는 우중문에게 30만 5천 명의 별동대를 주어 평양성을 직접 공격하게 했으나, 을지문덕의 유인책에 빠져 평양성까지 들어왔다가 회군하던 중 살수撤水(청천강)에서 궤멸하고 말았다.

백만이 넘는 대군을 동원한 이 정벌에서 수가 얻은 것이라곤 고구려의 전초 기지였던 무려라武厲邏 지역을 빼앗아 요동군과 통정진을 설치한 데 불과했다. 그러나 고구려로서도 돌궐과의 연결이나 요서 지역으로의 진출을 차단당하는 타격을 입었다. 수 양제는 그 뒤에도 여전히 고구려 정벌의 뜻을 버리지 못하고 두 차례 더 고구려를 침공했으나 모두 실패했다. 오히려 대규모 공사와 정벌 탓에 민심이 흉흉해지면서 전국 각지에서 농민 봉기가 확대되었고, 귀족, 호족들이 할거하여 군웅을 자처하면서, 수 왕조의 통제력이 급속히 약화되었다. 617년 양제는 친위군의 쿠데타에 의해 살해되었고, 수 왕조는 40년이 채 못 되어 멸망하고 말았다.

7세기 전반
국제 정세와 고당 전쟁

618년 수의 뒤를 이어 새로 건국된 당唐 왕조 앞에 놓여 있던 대외적 과제는 수의 멸망으로 해체된 중국 중심의 국제 질서를 재구축하는 것이었다. 특히 중국의 내란을 틈타 다시 강성해진 돌궐을 견제하는 것이 무엇보다 시급했다. 당시 화북의 많은 지방 세력은 돌궐의 신하를 자처하는 상황이었고, 626년 당 태종의 즉위 초에는 돌궐의 힐리가한詰利可汗이 10만 대군을 이끌고 장안 부근의 위수까지 진입하여 당을 위협하기도 했다. 이처럼 수 왕조 말기부터 당에 의해 중국이 다시 통일될 때까지는 중국 중심의 국제 질서가 해체된 시기였다.

이는 삼국과 당과의 외교 관계에서도 살펴볼 수 있다. 625년과 626년에 백제와 신라가 고구려를 견제해 줄 것을 당에 요청했음에도 불구하고, 당은 겨우 사신을 파견하여 삼국 사이의 강화를 중재하는 데 그쳤으며 이마저도 사실상 실패하고 말았다. 당시 돌궐과의 대결이 급박했던 당으로서는 고구려와의 관계를 악화시키지 않고자 고구려의 독자적 세력권을 인정할 수밖에 없었던 것이다. 당이 고구려의 독자적 세력권을 인정한 사실은 당 고조高祖의 다음과 같은 말이 잘 보여 주고 있다.

명분과 실제 사이에는 모름지기 이치가 서로 부응하여야 되는 법이다. 고구려가 수에 신하를 칭하였으나 결국 양제에게 거역하였으니 그것이 무슨 신하이겠는가. 내가 만물의 공경을 받고 있으나 교만하지는 않겠다. 다만 모든 사람이 편안히 살 수 있도록 힘쓸 뿐이지, 어찌 신하를 칭하도록 하여 스스로 존대함을 자처하겠는가?

당시 고구려는 당에 온건책을 취하고 있었기 때문에, 양국은 평화 관계를 유지할 수 있었다. 622년 수가 고구려를 정벌할 때에 피차간에 사로잡은 포로들을 교환한 것은 좋은 예다.

그러나 628년에 당이 중국을 재통일하자, 동아시아의 국제 관계는 새로운 국면으로 접어들게 되었다. 당시 돌궐은 심각한 내분에 빠졌는데, 당은 이를 놓치지 않고 629년에 동돌궐을 정벌하여 격파했다. 이때 돌궐을 비롯한 제번의 군장들은 당 태종에게 돌궐의 최고 군주인 '천가한天可汗'의 칭호를 올려 당에 순종할 것을 맹세했다. 이에 당 태종은 스스로 '황제천가한'이라 칭하여 명실공히 중원과 막북의 최고 군주임을 자처했다. 그리고 당은 남북 몽고 일대의 북방 민족들을 도독부와 자사부로 편입시켜 소위 '기미羈縻 지배 체제'를 건설했다.

돌궐이 당에 복속되자 당과 고구려의 관계에도 변화가 나타났다. 628년에 당이 돌궐을 격파하자, 고구려는 이를 축하하는 사절을 보내고 〈봉역도封域圖〉를 당에 바쳤다. 이 〈봉역도〉의 내용은 알 수 없으나 고구려 영역과 세력권을 분명히 밝히고자 한 것이 아닐까 추측한다.

이후 고구려와 당 사이에는 긴장이 감돌기 시작했다. 고구려가 수와의 전쟁에서 승리한 것을 기념하기 위해 수 군사들의 유골을 모아 세운 경관京觀을 631년에 당이 헐어 버렸다. 고구려도 즉각 이에 대응하여 부여성에서 요하를 따라 발해만까지 이어지는 천리장성을 16년간에 걸쳐 축조했다. 이후 고구려와 당 사이 외교는 단절되었다.

물론 고구려가 당에 시종 강경한 입장만을 취했던 것은 아니다. 640년에 고구려는 그동안의 소원한 관계를 청산하고 태자 환권桓權을 당에 사절로 파견했으며 귀족들의 자제를 보내어 당의 국학國學에 입학을 청하는 유화적인 자세를 보이기도 했다. 그런데 이 무렵 당의 관심은 서역西域에 쏠려 있었다. 그 결과 634년에 토욕혼을 복속하고, 640년에는 고창국을 정복하여 서역에 대한 지배력을 완전하게 확보하게 되었다. 나아가 641년에는 돌궐을 대신하여 서북방의 위협으로 떠오른 설연타薛延陀마저 정벌하여 서방과 북방을 안정시켰다. 그리고 동시에 직방낭중인 진대덕陳大德을 고구려에 파견하여 고구려의 내정을 탐지하며 고구려 정벌의 기회를 엿보았다.

이러한 대외 정세의 변동과 더불어 고구려 내부에서도 정치적 변화가 일어났다. 642년에 연개소문이 정변을 일으켜 영류왕을 살해하고 보장왕을 세우며 정권을 장악한 것이다. 연개소문은 집권 직후 당에는 유화책을 구사했으나, 신라에는 강경한 태도를 보였다. 642년에 신라의 김춘추가 평양성을 방문하여 양국 간의 강화를 청했으나 연개소문은 이를 거절했으며, 이후에도 신라에 대한 군사적 압박을 늦추지 않았다. 그러나 당시의 국제 정세로 볼 때 이러한 연개소문의 대신라 정책은 큰 실책이었다. 당과의 전쟁을 앞두고 배후의 신라를 적대 세력으로 돌린 것은 이후 고구려 멸망의 대외적 요인이 되었다.

북방과 서방을 안정시킨 당은 연개소문의 정변을 고구려 정벌의 명분으로 삼았다. 이에 고구려는 곧바로 대당 강경책으로 돌아서게 되었다. 645년 1월, 이세적李世勣이 이끄는 당군은 요하를 건너 현도성을 공격했으며, 강하왕 도종道宗은 고구려 서북의 요충지인 신성新城(중국 요령성 무순 고이산성)을, 영주도독 장검張儉은 건안성建安城(중국 요령성 개주시 고려성산성)을 공격했다. 장량張亮이 거느린 수군도 평양을 직공하지 않고, 요동반도 남단에 자리 잡은 비사성卑沙城(중국 요령성 대련시 대흑산산성)을 공격했다.

이러한 작전은 과거 수 양제 정벌의 실패를 거울삼아 주도면밀하게 짜인 것이었다. 수 양제의 침략 당시에는 단지 요동성을 직공하는 길만을 고집했기 때문에 요하를 건너는 과정에서 상당한 손실을 보았으며, 요동성 공략에만 집중하는 바람에 주변 여러 성의 지원으로 요동성 공격에 실패했던 것이다. 따라서 당군은 우선 요하선에 배치된 다른 성들을 공격해 후환을 없애고 나서 요동성을 공격하는 전략을 세웠던 것이다. 그러나 당군의 기습 공격에도 고구려는 끝내 현도성과 신성, 건안성을 지켜 냈다. 이 신성과 건안성의 고구려군은 위협적인 존재로 남아 이후 당군의 요동 작전은 큰 제약을 받게 되었다. 하지만 645년 5월에 당군에 포위된 요동성은 당군의 맹렬한 공격에 견디지 못하고 함락되었다. 요동성의 함락은 고구려군의 방어선에 중대한 타격을 입혔다. 개모성, 요동성, 백암성, 비사성 등이 차례로 당군의 손으로 들어가, 이제 요하선에 배치된 고구려군의 거점으로는 신성, 건안성과 안시성만 남게 되었다.

곧이어 당군은 안시성으로 밀려들었다. 위기를 느낀 연개소문은 긴급히 15만 군을 동원하여 안시성을 구원하게 했으나, 당군의 유인 작전에 말려들어 패퇴했다. 이처럼 고립무원의 상황에 빠진 안시성이 당군의 발목을 잡을 줄은 공세가 시작될 때에만 해도 전혀 짐작하지 못했다. 당군의 대공세에도 안시성의 고구려인은 끝내 성을 지켜 냈다. 결국 9월에는 당 태종도 철군 명령을 내릴 수밖에 없었다. 그렇다고 당군의 고구려 정벌이 전혀 성과가 없었던 것은 아니었다. 요동성, 비사성, 개모성 등 10성을 함락했으며, 7만 인의 고구려 민호를 옮겨 갔다. 하지만 중국 대륙의 군웅과 주변의 이종족을 정복하여 통일 대제국을 건설한 당 태종의 위신이 크게 손상된 데에 비할 바가 아니었다.

나당 연합 결성과
백제·고구려의 멸망

1차 고구려 정벌에 실패하고 당 태종이 돌아간 후 고구려는 사신을 보내어 사죄의 뜻을 밝혔지만 당 태종은 이를 받아들이지 않았다. 오히려 당 조정에서는 고구려 정벌에 대한 논의가 계속되었다. 이때 고구려에 대한 공격 전략이 바뀌었는데, 즉 대규모 정벌을 지양하고 소규모 군대를 끊임없이 파견하여 고구려를 피로케 한 뒤에 공격하는 전략이 채택된 것이었다. 이는 수 양제의 정벌 이래 계속되는 전쟁에서 고구려의 국력이 서서히 피폐해지고 있음을 간파한 전략이었다. 이 전략에 따라 주로 요동 지역에 대한 산발적 공격이 이어졌으며, 649년 당 태종이 죽은 이후에도 이러한 대고구려 전략은 변함이 없었다.

한편 한반도 내에서의 역학 관계에도 또 다른 변화가 나타나고 있었다. 백제가 친고구려 입장으로 돌아서고 신라에 대한 대대적인 공세를 취하면서 신라는 위기를 맞았다. 고구려와 백제의 공세에 시달리던 신라가 당과의 동맹에 힘을 기울이고, 당 역시 고구려의 배후에 있는 신라를 주목하면서 양국의 관계는 급속도로 밀착되었다. 이처럼 적대 세력인 신라가 당과 긴밀한 관계를 맺자, 백제는 외교적 고립 상황을 벗어나기 위해 친고구려 정책으로 선회한 것으로 보인다. 고구려와 백제의 관계가 적극적인 군사 동맹으로 발전하지는 않았으나, 655년의 신라 한강 유역 공격에 양국이 합동 작전을 전개하기도 했다.

고립된 신라는 적극적인 중화中華 정책을 추진했다. 648년 김춘추가 당으로 건너가서 백제 정벌을 위한 당의 군사적 지원을 요청하고, 이를 성사시키기 위해서 자신의 아들을 당 조정에서 숙위케 했다. 또한 당의 관복을 입고 독자적인 연호年號를 버리고 당의 연호를 사용했다. 한편 여러 차례 단독 작전으로 고구려 정벌이 실패한 당 역시 신라와의 연합 작전이 절실했다. 이에 양국의 이해관계가 일치되어 백제, 고구려 정벌을 위한 나당 군사 동맹이 체결되었는데, 당 태종과 김춘추 사이에는 백제, 고구려를 멸망시킨 이후에는 대동강 이남 지역은 신라가 차지한다는 밀약이 있었다.

사실 백제는 640년대에만 해도 고구려와 당에 대해 양면 외교를 전개하고 있었다. 하지만 645년 당 태종의 고구려 정벌 시에는 신라가 군사 3만을 파견하여 고구려 남쪽 영역을 공격하는 등 적극적으로 당을 지원했던 것과는 달리, 백제는 무기 등을 당에 보내는 등 소극적인 태도를 취했다. 오히려 신라를 공략함으로써 고구려 정벌에 나선 신라군을 회군시켰다. 이에 당은 백제의 행보에 대해 의심의 눈길을 보냈으며, 백제도 고구려 정벌에 실패한 당에 대해 교섭을 잠시 중단했다. 그후 650년부터 다시 3차례에 걸쳐 매년 백제는 당에 사신을 보내는 등 다시 교섭을 재개하려고 노력했으나, 당은 이미 신라를 고구려를 견제하기 위한 동맹자로 선택한 뒤였다. 그리하여 백제의 대당 교섭은 중단되었고, 결국 이는 나당 연합군에 의해 공격을 받는 배경이 되었다.

그러나 나당 군사 동맹이 맺어진 이후에도 당은 단독으로 고구려를 공격했다. 이는 가급적 신라의 힘을 빌리지 않고 고구려를 정벌하여 장차 한반도에서 주도권을 독차지하려는 의도였다. 그러나 655년부터 659년까지 계속된 공격에서 별다른 성과를 거두지 못하자 마침내 당도 전략을 바꾸었다. 즉 신라의 지원을 받고자 먼저 신라를 위협하는 백제를 공격하기로 한 것이다.

백제 공략을 우선 순위로 결정한 나당 연합군은 660년에 본격적인 백제 공략에 나섰다. 당의 소정방蘇定方은 13만 군대를 거느리고 산동반도의 내주萊州를 출발하여 바닷길로 덕물도에 도착했다. 신라 김유신은 5만 군을 이끌고 백제 사비성으로 진격했다. 5만 명의 군대는 최소한의 방어 병력을 제외한 당시 신라 주력군의 대부분으로서, 신라로서도 국가의 명운을 걸고 전쟁 길에 오른 것이다. 신라군은 삼년산성(보은)을 출발하여 지금의 옥천-대전-두마 지역을 거쳐 백제의 심장부로 진격했다. 백제의 최후 방어 요지라 할 수 있는 탄현을 백제군은 미처 방비하지 못했다. 신라군은 마침내 황산벌에서 계백이 이끄는 결사대를 물리치고 당군과 합류했다. 결국 의자왕 집권 후반기에 귀족들이 분열되고 정사가 크게 혼란스러웠던 백제는 나당 연합군의 기습 공격에 별다른 저항도 하지 못하고 쉽게 항복하고 말았다.

사비성의 항복 이후 백제의 저항은 각 지역에서 일어난 부흥군에 의해 오히려 치열하게 전개되었다. 임존성을 근거지로 하는 흑치상지黑齒常之 세력, 주류성의 복신福信과 도침道琛 세력 등이 대표적이었다. 그리하여 660년 9월 다시 사비성을 탈환하려는 백제 부흥군의 공격이 전개되었고, 당군은 신라의 구원으로 겨우 위기를 넘기는 상황이었다. 이후 663년까지 백제 부흥군은 치열하게 저항했으나, 끝내 왕조의 부흥을 이루지 못하고 점차 그 세력이 사그라졌다.

백제를 멸망시킨 나당 연합군은 그 여세를 몰아 고구려 공격에 나섰다. 고구려는 남북 양쪽에서 전개되는 당군의 대대적인 공격을 근

흑치상지黑齒常之 묘지명　　흑치상지는 백제 부흥전쟁을 이끌었던 대표적인 인물로, 임존성을 근거지로 활동하면서 당군과 신라군에 빼앗겼던 200여 성을 되찾는 등 기세를 떨쳤으나, 결국은 당의 유인궤에게 항복하고 임존성을 공격하여 당의 신임을 얻었다. 당으로 건너가 토번, 돌궐과의 전투에서 공을 세워 벼슬이 올랐으나 무고로 억울하게 죽었다. 흑치상지묘지는 1929년 10월에 중국 뤄양洛陽 망산邙山에서 아들인 흑치준黑齒俊의 묘지와 함께 출토되었다. 이 묘지명에는 흑치상지의 가문과 흑치상지의 생애와 활동을 비롯하여, 흑치黑齒씨가 본래 왕족 부여夫餘씨에서 갈라져 나왔으며, 흑치에 분봉되어 성씨를 삼았다는 사실, 흑치상지 가문이 대대로 달솔에 머물렀다는 사실 등 기존 문헌자료에 보이지 않은 새로운 내용을 담고 있다.

천남생泉南生 묘지명　　천남생은 고구려 말기의 집권자인 연개소문淵蓋蘇文의 맏아들이다. 연개소문이 죽자 남생이 그 뒤를 이어 막리지莫
離支가 되었으나 두 동생에게 쫓겨나 국내성國內城을 들어 당에 항복하고, 거꾸로 당군의 향도가 되어 고구려의 멸망에 일조했다. 그 공훈으
로 당으로 건너가 자손까지 관직에 출신했다. 1923년 뤄양 망산邙山에서 출토된 천남생묘지명에는 남생의 관직·품계 및 당에서의 활동은
물론 남생 조상의 사적에 대해 문헌자료에 보이지 않은 새로운 사실을 전하고 있다.

근이 물리치고는 있었으나 전황은 고구려에게 불리하게 돌아가고 있었다. 과거 수 양제나 당 태종의 고구려 정벌이 실패한 데에는 요동 지역에서 긴 보급로를 유지해야 하는 전략상 최대의 약점을 안고 있었기 때문이었다. 그런데 백제의 멸망 이후 당군은 한반도 내에 군사 기지를 갖게 되면서 남쪽에서 평양성을 손쉽게 공격할 수 있었고, 신라로부터 군량을 공급받아 겨울철 군사 이동이 가능해졌으므로 장기전을 수행할 수 있게 된 것이다. 더구나 요동 지역에 배치되어 있는 고구려의 요충 성들도 점차 무력해져 당군은 별다른 저항을 받지 않고 압록강을 건널 수 있었다. 결국 평양성은 남북 양쪽으로 당군의 공격에 직접 노출된 상황이 되었다.

고구려에서는 666년 연개소문이 죽자 그의 아들들 사이에 권력 다툼이 일어났다. 동생들에게 쫓긴 남생男生이 국내성 등 6성과 10만 호를 이끌고 당에 투항했고, 이어 연개소문의 동생 연정토淵淨土도 신라에 투항했다. 또 연개소문 정권에 불만을 품은 귀족 세력과 지방 세력들도 점차 이탈하기 시작했다. 이러한 지배 세력의 이탈은 대당 전쟁 과정에서 고구려에게 치명적인 타격을 주었다. 기회를 엿보던 당은 고구려의 내분을 틈타 대대적인 공격을 감행했다. 이때 당은 평양성을 직접 공격하기보다는 고구려의 실질적인 무력 기반인 지방의 여러 성을 차례로 굴복시킨 후 평양성을 공격하는 전략을 세웠다. 이는 귀족 세력의 분열과 이탈로 지방 세력이 동요하고 있음을 간파한 전략이었다.

667년 9월부터 당의 총사령관 이적李勣은 고구려에 총공세를 시작했다. 당군의 공격으로 신성과 부여성을 비롯한 서북의 주요 요충지의 성들은 항복하거나 차례로 무너지고 말았다. 이로써 고구려는 중요한 무력 기반을 모두 잃어버린 셈이 되었다. 드디어 668년 9월에 당군의 주력 부대는 평양성을 포위했으며, 신라도 김인문金仁文에게 군사를 주어 평양성 공격에 참여했다. 고구려는 마지막 힘을 다하여 한 달 넘게 당군의 치열한 공격에 저항했다. 그러나 외부로부터 군사적 지원을 받을 수 없게 된 평양성은 더 이상 버티지 못하고 무너지고 말았다. 보장왕과 4만 호에 이르는 고구려인이 당의 내지로 끌려갔고, 고구려 땅에는 당의 9도독부가 설치되었다.

6세기 말 이후 중원의 통일 국가인 수, 당이 등장하면서 동아시아 전체가 새로운 국제 질서로 재편되는 과정을 겪었다. 이때 삼국 간 치열한 항쟁이 지속되고 있었는데, 새로이 등장한 중국의 통일 세력이 삼국 간 갈등 구조에 개입하게 되었다. 즉 수와 당 제국의 성립은 동아시아라는 보다 확대된 범주에서 각 국가가 동맹하거나 충돌하는 국제 환경을 만들었다. 이에 따라 이제까지의 삼국 사이에 한정되었던 한반도 내 역학 관계의 틀이 강제적으로 동아시아 국제 질서에 편입되었고 그 최종 결과는 나당 군사 동맹에 의한 백제, 고구려의 멸망이었다.

나당 전쟁과
삼국 통합 정책

신라와 당의 연합군 결성 이후 백제 멸망(660)과 고구려 멸망(668)으로 이어지는 동북아시아의 정세 변동은 결국 신라의 존립을 둘러싼 나당 전쟁으로 이어졌다. 10년이 채 안 되는 이 기간에 한반도와 만주 일대에는 엄청난 군사적 압력으로 전쟁이 지속되었고, 그 결과 두 국가의 멸망과 이에 따른 주민의 대규모 이동이라는 격변을 치렀다. 이러한 일련의 격랑 속에서, 패자인 백제와 고구려 유민들의 생존을 위한 몸부림 및 승자인 신라와 당의 내밀한 야욕은 국제 정세의 새로운 변화를 가져왔다. 바로 신라와 당 사이의 전쟁이다.

670년부터 본격화된 나당 전쟁의 중심축은 신라와 당이지만, 백제 유민과 고구려 유민의 부흥 전쟁도 이와 밀접하게 연관되어 있다. 특히 668년 고구려 멸망 이후에는 그 양상이 바뀌어 백제 지역에서는 당과 백제 유민이 함께 신라에 공세를 취하고, 반대로 한반도 북부 지역에서는 고구려 유민과 신라가 연합하여 당을 상대로 전투를 치르는 상황이었다. 즉 이전의 나당 동맹과는 전혀 다른 형태의 동맹 관계가 형성된 것이다. 따라서 나당 전쟁은 백제와 고구려 유민이 참여한 일종의 국제전으로도 파악할 수 있다.

668년에 나당 연합군에 의해 평양성이 함락된 이후에도 고구려 각 지역에서 유민들의 저항이 계속되었다. 일부 지역에서는 성을 버리고 도망하여 당의 지배에 항거했다. 또 다른 항쟁의 방식은 신라에 귀부하는 형태이다. 669년에 안승安勝이 4천여 호를 끌고 신라에 투항한 것은 그 대표적 예다.

당은 고구려 유민들의 저항을 무력화하고자, 669년 4월에는 유력자를 중심으로 3만 8300호라는 대규모 주민을 당의 내지로 사민徙民시키는 강경책을 구사했다. 이러한 당의 사민 정책에 반발하여 이듬해인 670년 6월에 검모잠劍牟岑이 유민을 모으고, 안승을 왕으로 받들어

한성에서 고구려 재건을 꾀했다. 이때 검모잠은 신라에 사신을 보내어 지원을 요청했고, 신라는 이를 받아들여 같은 해 7월에 안승을 고구려 왕으로 책봉했다. 또 670년 3월에는 신라의 설오유薛烏儒와 고구려의 태대형 고연무高延武가 각기 정예 군사 1만 명을 거느리고 압록강을 건너 말갈군을 격파하고 물러났으며, 671년 7월에는 안시성 일대에서 고구려 유민이 대규모 항쟁을 일으켰다.

신라는 당과 군사 동맹을 맺었으나 일찍부터 당의 침략적 동향을 충분히 감지하고 있었다. 당은 백제 멸망 후 점령 의도를 노골적으로 드러냈다. 백제 고지에 웅진도독부熊津都督府를 설치함은 물론, 나아가 663년에는 신라를 계림도독부鷄林大都督府로 하고 신라 왕을 계림주대도독에 임명하여 형식적으로나마 신라를 복속시킨 모양을 취하기까지 했다. 게다가 664년과 665년에 신라 문무왕文武王으로 하여금 웅진도독 부여륭과 동맹을 맺고 상호 침략하지 못하도록 강요했고, 이후 노골적으로 백제 유민을 지원하며 백제 지역에서 신라의 세력 확대를 견제했다. 이후 664년부터는 백제에 머물러 있던 당 장수 유인원劉仁願이 왜倭와 통교하며 신라를 고립시키려 했다.

그럼에도 이때까지는 고구려 정벌이란 공동의 과제가 남아 있는 상황이었으므로 양국의 갈등이 표면화되지는 않았다. 그러나 668년에 당과 신라가 고구려를 멸망시킨 뒤에는 상황이 달라졌다. 특히 고구려 영역 곳곳에서 유민들의 대당 전쟁이 그치지 않는데, 이때 신라는 은근히 고구려 유민들을 지원하여 당의 세력 확대를 견제하는 한편, 백제 지역에 대한 공세를 강화했다.

670년 7월경부터 신라와 당은 백제 부흥군에 대한 견해 차이로 불신이 극도로 높아지면서 마침내 본격적인 나당 전쟁이 시작되었다. 671년에 신라는 사비성을 함락시키고 소부리주所夫里州를 설치해 백제 지역을 완전히 장악하며 승세를 굳혔다. 이로써 당과의 전쟁에서 주무대는 자연스레 한반도 북쪽 지역으로 이동하게 되었다.

한편 670년을 전기로 하는 신라의 공세는 서역西域의 정세 변화와 밀접한 연관이 있다. 660년부터 당의 군사력이 한반도로 집중되면서 빈틈이 생긴 서역에서는 점차 서돌궐이나 철륵鐵勒이 당에 도전했다. 특히 당시 서역에서 반당 세력의 중심은 토번이었다. 요동과 한반도에서 당의 군사 작전이 장기화되자, 토번은 실크로드에 대한 공세를 전개해 670년에는 안서安西 4진鎭을 장악했다. 이렇게 서역의 전황이 급박해지면서 당이 서역에 주력하자, 신라와 고구려 유민은 대당 전쟁을 전개할 공간을 마련할 수 있게 된 것이다.

670년 안동도호부를 요동 지역으로 옮기고 당은 다시 전열을 정비하여 한반도로의 진공을 시도했다. 672년에 당군은 평양으로 진주했으며, 계속 남하하여 황해도 일대에서 고구려 유민과 신라 지원군을 패배시켰다. 당군에 밀리던 고구려 유민은 마침내 673년 5월에 당군과 호로하瓠瀘河(임진강)에서 마지막 결전을 벌였으나 패배하고 결국 신라로 남하했다. 670년 검모잠의 고구려 재건 이후 4년 동안 지속된 고구려 유민의 항쟁이 종식된 것이다.

이후 당은 신라에 적극 공세를 취했지만 오히려 이는 신라의 승리라는 결과를 낳았다. 675년 신라군은 매초성買肖城 전투에서 이근행이 이끄는 당의 20만 대군을 격파했으며, 676년 기벌포伎伐浦 전투에서는 설인귀薛仁貴가 거느린 수군을 패퇴시켰다. 마침내 당은 신라에 대한 공격을 중지했고, 안동도호부는 676년에 다시 요동으로 축출되었다.

나당 전쟁 종식의 배경에는 676년 이후 급박해진 당과 토번의 전쟁, 토번의 동맹 세력인 서돌궐의 재흥 등의 국제적 상황이 자리한다. 나당 전쟁의 종결은 매초성과 기벌포 전투에서 신라가 승리한 결과이기도 하지만, 한편으로는 당이 토번에 총공세를 취하기 위해 한반도 내 병력을 서역으로 이동시킨 점도 크게 작용했다. 678년 9월에 당 고종이 신라를 재침하려 했지만 시중侍中 장문관張文瓘은 "지금 토번 정벌이 시급할 때 신라를 원정하는 것은 순리가 아니다"라고 만류했다. 여기서 신라-당의 전쟁과 당-토번의 전쟁이 서로 연동되고 있음을 잘 알 수 있다.

나당 연합군에 의한 백제, 고구려의 멸망 및 나당 전쟁으로 이어지는 일련의 과정을 거치면서 삼국민의 대외 인식 또한 크게 변화했다. 국가의 존망을 위협하는 외세로서 당에 대한 인식은 아마도 수, 당과 여러 차례 격전을 치른 고구려가 가장 분명하고 정확하게 읽고 있었다. 그럼에도 고구려는 당을 견제하고 대항하기 위한 한반도 내 동맹 관계에는 매우 소극적이었다. 물론 고구려와 백제의 동맹 가능성도 지적되곤 하지만 결코 적극적인 동맹은 아니었다. 고구려가 신라나 백제를 동맹 관계로 만들지 못한 데에는 4세기 이래 지속된 삼국의 갈등 관계가 주요인이 되었다.

백제의 당에 대한 인식은 잘 알 수 없으며, 신라는 당과 군사 동맹을 맺었으나 당의 침략적 동향은 충분히 감지하고 있었다. 나당 연합군의 백제 정벌의 초기부터 양국 간에는 군사적 긴장이 조성되고 있었으며, 양국의 군사적 대결은 고구려 멸망 이후 공동의 목표가 사라지면서 본격화되었다.

바로 이 나당 전쟁을 통해 신라와 당은 한반도 내에서 분명히 다른 면모를 드러냈다. 백제 멸망 전쟁부터 당은 정복자로 등장했다. 고구려와 백제의 주요 세력을 당의 내지로 사민시키고 정복자로서의 점령 정책을 추진했다. 그러나 신라는 당 세력과 대결해야 하는 상황에서 백제나 고구려 유민에게 정복자로 군림할 수는 없었다. 나당 전쟁 당시의 신라군은 삼국의 통합군이었고, 삼국민 역시 각각 의도는 달랐으나 대당 전선에 적극적으로 가담했다. 즉 이 시기는 각자의 생존을 위해 당의 제국적 질서를 깨뜨려야 할 공동의 운명을 안고 있었던 것이다.

신라는 당과의 대결에서 백제나 고구려 유민을 자국 편으로 끌어들이려 기존과는 차별화되는 정책을 시도했다. 예를 들어 신라는 670년 고구려 부흥군의 안승을 고구려 왕으로 삼았으며, 672년 백제 유민으로 구성된 백금서당을 설치했고, 673년 백제의 관인들에게 백제의 관등을 기준으로 신라의 관등을 부여했다. 일종의 삼국 통합 정책으로 이해되는 이러한 조치들은 당과의 전쟁이라는 국제적 갈등 구조가 배경이 되었다.

그동안 삼국 간의 갈등 구조는 왜를 포함한다고 하더라도 한반도를 중심으로 전개되었다. 그러나 당이 출현한 이후에는 비록 전쟁의 무대는 한반도였다고 하더라도, 국제 질서의 변동축은 당이었다. 삼국을 넘어선 외부의 거대한 힘의 출현은 삼국의 운명을 바꾸었을 뿐만 아니라, 삼국 주민의 대외적 인식에도 영향을 주었다. 즉 당시 삼국인이 가졌을 대당 위기의식은 삼국을 넘어선 하나의 범주를 형성하는 대외적 배경이 될 수 있었다.

신라는 삼국 통합 이후 체제 정비 과정에서 삼국을 하나로 묶기 위한 일련의 제도적 정비를 꾀했다. 백제와 고구려 지배층을 적극적으로 포섭했는데 신라의 관등을 수여해 신라 지배층 사회 내로 흡수했다. 그리고 확대된 인구와 영역을 관리하고자 9주 5소경제를 실시했다. 고구려 영토에 3주, 백제 영토에 3주, 가야를 포함한 신라 지역에 3주를 의도적으로 균등히 안배했다는 점에서 9주 5소경제는 삼국민에 대한 융합 정책으로 평가될 수 있다.

물론 '9주'의 설치는 다분히 의도된 것이다. 9주란 곧 천하를 뜻하는 개념이니, 이는 신라를 천하로 인식한 데서 비롯된 정책이다. 이러한 옛 삼국 지역에 균등히 안배된 9주의 설치는 삼국 통합의 의미가 담겨 있다. 신라에 통합된 고구려 영토 대부분은 이 시기에 새로 편입된 것이 아니라 진흥왕 이후 한강 유역을 차지하는 과정에서 병합된 것으로, 이미 200년 동안 신라의 영토였기 때문이다. 다시 말해서 9주 중 옛 고구려 영토에 설치된 한주, 삭주, 하서주는 의도적으로 고구려 영토임을 강조한 것이다. 여기에는 다분히 신라가 삼국의 통합을 달성했음을 강조하려는 명분이 내재되어 있다.

5소경은 고구려 지역에 중원경, 북원경, 백제 지역에 서원경, 남원경, 신라 지역에 옛 가야의 금관경을 두었고 수도 왕경이 있었다. 이 역시 동서남북에 골고루 설치되어 삼국 각 지역에 대한 안배가 엿보인다.

중앙 군사 조직으로서 9서당도 같은 맥락에서 이해된다. 전체 구성으로 볼 때 신라인 3서당(녹금, 자금, 비금), 고구려인 3서당(황금, 벽금, 적금), 백제인 2서당(백금, 청금), 말갈인 1서당(흑금)으로 구성되었는데, 이 역시 삼국민을 대상으로 나누어 구성해 삼국의 통합성을 추구하려

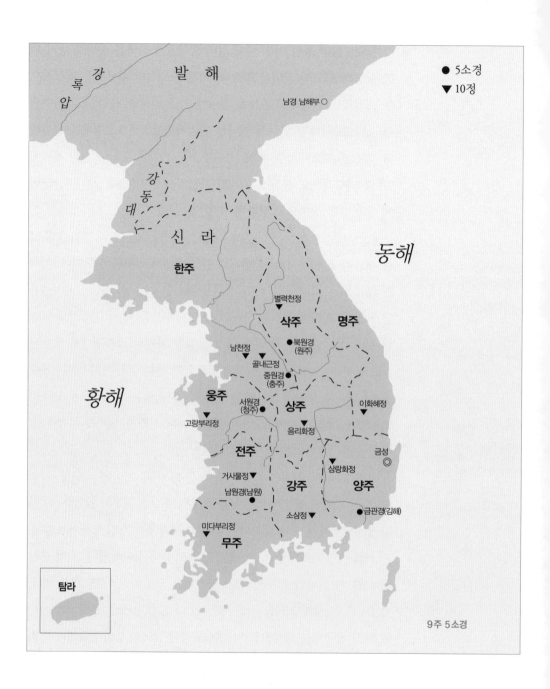

압 록 강　　발 해

남경 남해부 ○

대 동 강

신 라

한주

동해

● 5소경
▼ 10정

별력천정 ▼

삭주　　명주

남천정 ▼　　● 북원경
(원주)

골내근정 ▼

중원경 ●
(충주)

황해

웅주

서원경 ●
(청주)

상주

이화혜정 ▼

고랑부리정 ▼

음리화정 ▼

전주

금성 ◎

거사물정 ▼

삼랑화정 ▼

남원경(남원) ●

강주

양주

미다부리정 ▼

소삼정 ▼

● 금관경(김해)

무주

탐라

9주 5소경

176

는 정책의 일환으로 평가된다.

9주의 산천과 자연신에 대한 제사 체계 정비도 주목된다. 즉 전국의 주요 명산대천을 대사大祀, 중사中祀, 소사小祀로 나누어 체계화했다. 대사는 본래 신라 지역의 수호신을 섬기는 것이지만, 중사인 5악·4독·4진·4해는 전국에 걸쳐 분포되어 있다. 지역 수호신을 국가 제사 체계에 흡수하면서 중앙의 왕권을 중심으로 정신적으로 일원적 지배 체제를 갖추고, 이를 통해 지방 세력을 통제하려는 의도였다.

이러한 일련의 정책을 삼국의 통합 정책 혹은 민족 융합 정책이라고 단정하기는 어렵다. 그러나 이를 기반으로 바로 이 시기에 새로운 이념 장치로서 신라의 천하관이 형성되었다는 점은 중요한 의미를 가진다. 백제, 고구려의 멸망과 신라의 통일은 기존에 신라인이 가졌던 천하관을 크게 변화시켰다. 9주제에서 엿볼 수 있듯이 통일신라시대 신라인은 신라를 중심으로 하는 천하관을 갖고 있었다. 물론 황룡사 9층 목탑 축조에는 절 안에 탑을 세우면 9한韓이 와서 조공한다는 천하관이 나타나기는 하지만 이는 비현실적이었다. 그런데 삼국 통합 이후에는 보다 현실적인 천하관을 갖추게 되니 그 요체는 '일통삼한一統三韓'이었으며, 이러한 천하관은 중대中代 왕권을 매개로 성립했다.

—임기환

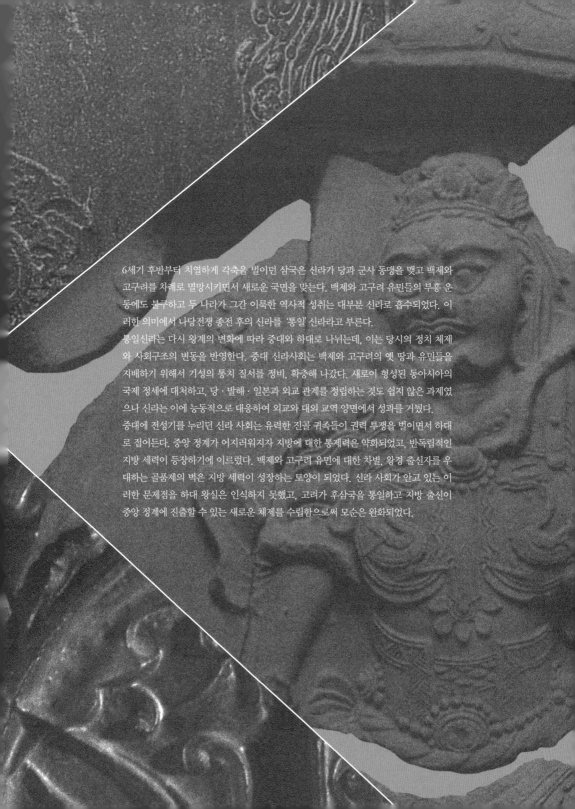

6세기 후반부터 치열하게 각축을 벌이던 삼국은 신라가 당과 군사 동맹을 맺고 백제와 고구려를 차례로 멸망시키면서 새로운 국면을 맞는다. 백제와 고구려 유민들의 부흥 운동에도 불구하고 두 나라가 그간 이룩한 역사적 성취는 대부분 신라로 흡수되었다. 이러한 의미에서 나당전쟁 종전 후의 신라를 '통일 신라'라고 부른다.

통일신라는 다시 왕계의 변화에 따라 중대와 하대로 나뉘는데, 이는 당시의 정치 체제와 사회구조의 변동을 반영한다. 중대 신라사회는 백제와 고구려의 옛 땅과 유민들을 지배하기 위해서 기성의 통치 질서를 정비, 확충해 나갔다. 새로이 형성된 동아시아의 국제 정세에 대처하고, 당·발해·일본과 외교 관계를 정립하는 것도 쉽지 않은 과제였으나 신라는 이에 능동적으로 대응하여 외교와 대외 교역 양면에서 성과를 거뒀다.

중대에 전성기를 누리던 신라 사회는 유력한 진골 귀족들이 권력 투쟁을 벌이면서 하대로 접어든다. 중앙 정계가 어지러워지자 지방에 대한 통제력은 약화되었고, 반독립적인 지방 세력이 등장하기에 이르렀다. 백제와 고구려 유민에 대한 차별, 왕경 출신자를 우대하는 골품제의 벽은 지방 세력이 성장하는 토양이 되었다. 신라 사회가 안고 있는 이러한 문제점을 하대 왕실은 인식하지 못했고, 고려가 후삼국을 통일하고 지방 출신이 중앙 정계에 진출할 수 있는 새로운 체제를 수립함으로써 모순은 완화되었다.

통일신라의
개막과 전개

지배 체제의 개편과 종말

통치 체제의 개편

'중대' 왕실의 성립

법흥왕이 불교를 공인하고 율령을 반포했으며 이후 집권 체제를 갖춰나감으로써 신라는《삼국유사》에서 법흥왕대(514~540) 이후를 '중고기'라고 따로 구분할 정도로 비약적으로 성장했다. 하지만 중고기 후반에 들어서면서 상황이 달라졌다. 선덕여왕대(632~647)와 진덕여왕대(647~654)에 신라는 국내외적으로 위기에 처해 있었다. 진평왕이 아들을 낳지 못해 사상 초유의 여왕시대를 맞게 되었고, 백제군은 집요하게 낙동강 서쪽 지역을 공격해 왔다. 당도 이 틈을 타 신라 내정에 간섭하려 했다. 이에 편승해 상대등으로 있던 비담毗曇 같은 진골 귀족은 왕권에 도전하기도 했다.

647년(선덕여왕 16)에 난을 일으킨 비담에 대해서는, 2년 전에 상대등에 임명된 기록만 있을 뿐 어떤 인물이고 무슨 활약을 했는지 알 수가 없다. 다만 636년에 신라 독산성을 공략하기 위해 잠입한 백제군을 물리친 장수 가운데 필탄弼呑이 있는데, 비담과 발음이 비슷하고 활동 시기도 일치해 동일 인물인 가능성이 크다. 상대등에 임명될 정

● 중고기~중대 초 신라의 왕위 계승

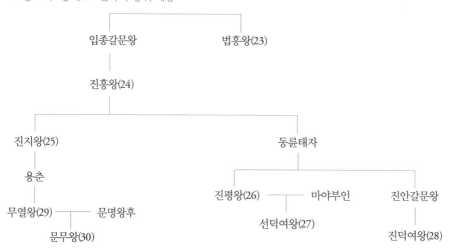

* 괄호 안 숫자는 왕대王代를 표시.
**갈문왕: 신라 중고기에 국왕의 동생이나 유력한 왕족에게 수여한 봉호.

명활산성 작성비　명활산성은 5세기부터 기록에 나타나는데, 언제 처음 축조되었는지는 알 수 없다. 이 비석은 551년(진흥왕 12)에 명활산성을 수리 혹은 증축하면서 세운 것이다. 비문에는 공사가 35일 동안 이뤄졌으며, 그 책임자와 장인이 누구인지, 그리고 맡은 구간의 거리와 높이가 적혀 있다.

명활산성 왕경에서 감포, 동해 쪽으로 나아가는 동북 방면을 방어하는 산성. 북문 터를 지나 멀리 반원형의
치가 보인다.

도였으니 유력한 진골 귀족이었음은 분명하다.

비담의 반란군은 명활산성에 진을 치고 월성의 정부군과 대치하다가 김유신의 지략으로 진압되었다. 비담은 난을 일으키면서 "여왕이 정치를 잘 하지 못한다"는 것을 명분으로 내세웠다. 그런데 신라의 여왕 통치를 문제 삼은 것은 당 태종이 먼저였다. 여성이 왕으로 있어 백제와 고구려가 신라를 업신여기고 침략을 일삼는다면서 "자신의 종친 한 사람을 보내 공동으로 신라를 다스리면 좋을 것"이라고 제안했다. 비담의 난이 일어난 데는 이러한 당의 압력이 작용했다.

비담의 난을 진압한 다음 명실상부하게 정계의 최고 실력자가 된 것은 김춘추였다. 647년(진덕여왕 1) 왜국을 방문했을 때 그의 관등은 5등 대아찬이었고, 648년 당에 갔을 때는 2등 이찬이었다. 1년 만에 급속 승진을 한 것이다. 같은 이찬이면서 상대등에 임명된 알천閼川이 있었지만 적수가 될 수 없었다. 김춘추의 곁에는 무공으로 이름을 떨치던 김유신이 있었기 때문이다. 두 사람은 진평왕 때 까지만 해도 정계의 주류가 아니었다. 김유신은 신라에게 멸망당한 금관가야 왕족의 후예였고, 김춘추도 진평왕과 경쟁하던 진지왕의 후손이었기 때문이다. 하지만 선덕여왕에게 중용되면서 김춘추는 역량을 발휘하여 정치적으로 급성장했다. 그리고 김유신의 여동생인 문희(문명왕후)와 결혼하고, 자신의 딸은 김유신과 혼인하게 하여 겹사돈 관계를 맺었다. 이러한 정략결혼은 훗날 김춘추가 무열왕으로 즉위하는 데 김유신이 조력함으로써 그 목적이 달성되었다.

김춘추가 무열왕으로 즉위하고 이어서 백제와 고구려에 대대적인 반격전을 벌이면서 신라는 당면한 위기를 극복하고, 중고기 말에 흐

● 《삼국사기》와 《삼국유사》의 신라사 시기 구분

	혁거세~지증왕		무열왕~혜공왕	
《삼국사기》	상대		중대	하대
《삼국유사》	상고	중고	하고	
		법흥왕~진덕여왕	선덕왕~경순왕	

태종무열왕릉비의 귀부와 이수 경주시 서악동에 있으며 비신은 없어졌지만 그 받침돌인 귀부와 머릿돌인 이수가 남아 있다. 이러한 형식은 중국의 능비 문화를 받아들인 것이다. 이수의 전액篆額에 "태종무열대왕지비太宗武烈大王之碑"라 적혀 있어 뒤편의 무덤이 무열왕릉임을 알 수 있다. 김춘추가 죽은 661년 무렵 건립되었으며 신라에서 중국식 능비로서는 처음 만들어졌다.

트러졌던 지배 체제를 오히려 가다듬게 되었다. 김춘추는 진평왕, 선덕여왕, 진덕여왕이 성골이었던 것과 달리 진골 출신이었다. 그 역시 김씨 왕실의 일원이기는 했지만 앞선 왕들과 직계로 연결되는 인물이 아니었던 것이다. 동륜태자로부터 이어지는 계보가 아니라 진평왕의 작은 아버지인 진지왕의 손자였다.

그리고 무열왕의 아들인 문무왕부터 혜공왕까지 모두 무열왕의 직계 자손이 왕위에 올랐다. 《삼국사기》는 이렇게 무열왕의 직계 후손이 왕위에 오른 시기를 구분하여 '중대中代'라고 이름 붙였다. 《삼국유사》는 무열왕부터 신라가 망하는 경순왕 때까지를 '하고下古'로 구분했다. 왕이 죽은 다음에 정하는 묘호廟號를 하고기에는 유교식으로 지었지만, 그보다 앞선 중고기에는 불교식 묘호를 썼기 때문이다.

이렇게 기준이 다름에도 두 책이 모두 무열왕대(654~661) 이후에 신라사가 새롭게 전개되었다고 본 이유는 이때 신라의 지배 체제가 전반적으로 재정비되었기 때문이다. 중대 신라는 국왕을 중심으로 하는 집권 체제가 중고기보다 더욱 강화되었다는 특징이 있다. 통일 전쟁이 벌어지는 과정에서 여러 가지 이유를 들어 유력한 귀족 세력을 숙청했다. 661년(무열왕 8) 백제 부흥 운동 진압에 나섰다가 패전한 품일品日과 의복義服 등을 처벌했다. 문무왕은 이들을 복직시켰지만, 662년(문무왕 2)에 정사를 돌보지 않았다고 하여 진주眞珠, 진흠眞欽을 사형에 처하고, 673년(문무왕 13)에는 대당 전쟁이 진행되는 중에 친당파로 보이는 대토大吐를 처형했다. 전시라는 비상 상황을 이용해 진골 귀족 세력을 억압하고 왕권을 강화하고자 한 것이다.

이에 대해 진골 귀족들의 반발이 없을 수 없었고, 그 중심인물의 하나가 신문왕의 장인인 김흠돌金欽突이었다. 신문왕은 태자 시절에 그의 딸과 결혼했다. 그런데 681년(신문왕 1) 잡찬(3등) 김흠돌, 파진찬(4등) 흥원, 대아찬(5등) 진공 등 고위 진골 귀족이 반란을 일으킨 것이다. 그 직접적인 이유는 태자비가 후사를 낳지 못해 이들의 지위가 불안해졌기 때문이지만, 근본적으로 이 반란은 무열왕대 이래 누적된 진골 귀족들의 불만이 폭발한 결과이다.

이를 전기로 삼아 신문왕은 왕권에 도전할 정도로 비대해진 귀족 세력을 뿌리 뽑고자 했다. 김흠돌의 난을 진압한 후 왕이 내린 교서를 보면, 반란 세력에 대해 "벼슬이 재능이 아닌 은전으로 올랐으며, 부귀와 위세를 마음대로 부리고 관료들을 업신여겼다"고 비난하고 있다. 또 주모자뿐 아니라 연루된 잔당들을 샅샅이 색출하여 처단했다고 밝혔다. 심지어 이찬(2등) 김군관은 김흠돌의 반란 모의를 알고 있으면서도 고발하지 않았다는 죄목을 들어, 본인은 물론 아들까지도 사형시켰다. 고위 귀족 세력을 억압하는 명분으로서 "임금을 섬김에 충성을 다하고 벼슬살이할 때 두 마음을 가지지 말아야 한다"는 절대적 충군忠君의 윤리를 전면에 내세웠다.

한편에서는 김유신, 김인문과 같은 인물을 중심으로 새로운 귀족 세력이 부상하고 있었다. 이들은 백제, 고구려 그리고 당과의 전쟁을 치르면서 세운 공로와 국왕과의 혼인, 혈연 관계를 배경으로 성장했다. 그리고 강수強首, 설총薛聰과 같은 6두품 출신의 관료들이 등장했다. 이들은 문장력과 유교에 대한 지식을 바탕으로 하여 문서 행정을 발달시켰다. 당의 제도를 도입해 진덕여왕대부터 설치를 준비한 국학國學을 통해서도 유교 정치 이념으로 무장한 관료군이 교육받고 배출

되었다. 국왕은 이러한 측근 귀족 세력과 신진 관료 그리고 전공戰功을 세운 자들에게 식읍食邑을 수여하거나 관료전官僚田, 곡물을 지급해 경제 기반을 마련해 주었다. 국왕에 대한 충성을 앞세우기 위해서도 이들에 대한 우대는 필요했다.

하지만 진골 귀족의 특권과 우월한 지위는 시기에 따라 기복은 있었지만 중대에도 기본적으로 유지되었다. 진골 귀족 가운데 일부 반反왕권적 인물만 제거되었을 뿐 진골 중심의 신분제인 골품 제도는 존속되었기 때문이다.

관료제의 성과와 한계

백제와 고구려를 멸망시킨 신라는 늘어난 영토와 인민을 효과적으로 다스리기 위해서 정비된 정치 체제가 필요했다. 중앙의 관료 조직을 확충해 이를 감당하고자 했고, 이는 강화된 왕권을 제도적으로 뒷받침하는 의미도 있었다.

삼국 통일 후 중앙 통치 조직은 진덕여왕대 설치한 최고 행정 기구인 집사부執事部를 중심으로 운영되었다. 집사부의 장관인 중시中侍는 3년마다 정기적으로 교체되었다. 집사부는 국가 기밀 업무를 관장하는 등 국왕의 행정적 대변자 역할을 했으며, 중시는 왕권에 완전히 장악된 직위였다.

이로써 중앙 귀족들이 왕권을 견제하던 주요한 수단이었던 귀족 회의는 비중이 축소되었고, 그 의장인 상대등上大等의 권한도 약해졌다. 종래 상대등은 임기가 없이 신왕新王이 즉위하면 교체되는 것이 관례였다. 하지만 중대에 들어와서는 새로운 상대등이 중시의 교체와 맞물려서 임명되었다. 상대등의 정치적 성격과 지위의 변화를 엿볼 수 있는 현상이다.

문무왕에서 신문왕대(681~692)에는 새로이 우리방부右理方府, 예작부例作府 등을 설치하고 기존의 관부에도 관원을 늘려 배치했다. 이는 당의 제도를 의식한 것이었다. 즉 신라 왕실이 주도해 나당 동맹을 성립시킨 후 당의 선진 관제를 도입하려 했고, 그 결과 신문왕대에는 위화부位和府, 조부調府, 예부禮部, 병부, 좌우이방부, 예작부의 체계를 갖출 수 있었다. 이로써 당의 6전典 조직을 방불케 할 정도로 중앙 행정 기구가 분화되고 조직화도 이뤄졌다. 관원 조직은 4등급이었던 것을 '영令[장관]—경卿[차관]—대사大舍—사지舍知—사史' 의 5단계로 확충했다. 확대된 관료 기구에 유학의 소양과 행정 기술을 습득한 관원을 공급하기 위해서 국학이라는 관료 양성 기구를 설치하고, 이들에 대한 급여로 관료전을 지급한 것도 같은 맥락에서 이해할 수 있다.

이렇게 확대, 정비되어 간 중대의 관료 기구는 몇 가지 특징이 있었다. 첫째로 감찰 기구가 확대되었다. 사정부司正府는 원래 차관직만 있는 하급 관서였는데 659년(무열왕 6)에 장관을 두고 그 기능을 확대해 중앙 관서 전반에 대한 사정을 맡게 했다. 더불어서 문무왕은 지방 기구를 감찰하기 위해 외사정外司正을 주州에 2인, 군郡에 1인씩 파견했는데 전국에 걸쳐 모두 133인에 달했다. 삼국 시기의 지방 행정 기구는 군사 업무까지 겸했는데, 통일 전쟁이 종식되면서 민정 기능만을 맡게 되었고 이에 따라 업무 수행과 비리 행위에 대한 감찰의 필요성이 높아진 것이다.

경덕왕은 왕실을 관할하던 내성內省에 내사정전內司正典을 설치해

문서행정에 사용된 각종 관인官印과 사인私印

구두口頭로 명령하고 보고하던 행정이 문서로 대체됨으로써 책임의 소재가 명확해지고 왕경과 지방에 걸쳐 표준화된 행정체계의 기초가 만들어질 수 있었다. 작성한 문서가 진본임을 확인하기 위해 도장을 찍었다. 관인은 국가가 발행하여 지방까지 배포했으며, 이에 따라 점차 개인 용도로 사용한 사인이 늘어갔다.

왕실 기구마저 감찰을 피할 수 없도록 했다. 관료 기구를 정비하면서 꼭 필요한 후속 작업이었고, 중앙 집권력을 강화시키는 데에도 필요했다.

둘째는 복수複數 장관제다. 왕권에 직속된 기구인 집사부와 사정부, 그리고 정치적 비중이 낮은 예작부, 선부船府 등 관부의 장관은 1명이었다. 그런데 조부, 창부, 예부, 좌우이방부, 영객부 등은 장관이 2명, 병부와 위화부는 3명이었다. 심지어 경성주작전京城周作典의 경우에는 장관이 5명이었다. 이리하여 14개 관부의 장관이 모두 29명에 달했다. 현대는 물론 고려, 조선 시기에도 없었던 일이고, 행정의 효율성을 생각하면 상식적으로 이해하기 힘들다. 이것은 당시 장관직의 특성에서 비롯된 현상이다. 즉 대부분 관부의 장관은 행정적 수반이라는 성격보다는 정치적 성격이 우선이었으며, 수행하는 업무도 정책의 집행보다는 합의와 의사 결정에 비중이 두어졌기 때문이다. 이는 왕권을 제약하던 귀족 회의체의 전통이 관부의 조직과 임무 수행 방식에서 아직 살아 있으며, 결국 중앙 정계에 고위 귀족 세력의 정치적 영향력이 여전히 엄존하고 있음을 보여 준다.

셋째는 장관 겸직제다. 주요 부서의 장관은 이 밖에 3~4개의 관직을 겸할 수 있었다. 예를 들어 〈성덕대왕신종 명문〉을 보면, 병부령 김옹金邕은 동시에 내성의 장관인 전중령, 승부령, 경성주작전령, 사천왕사성전의 금하신을 맡고 있다. 그는 집사성 시중侍中(경덕왕 때 중시를 개명)까지 역임한 진골 귀족 출신 인물이었다.

장관 겸직제는 고려와 조선 시기에 재상급 관료들이 행정 관서의 판사직을 겸임하는 제도와 유사하다. 하지만 신라의 경우는 여러 개

●〈성덕대왕신종 명문〉중 주종 참여자 명단

① 翰林郎 級湌 金弼奧

② 待詔 大麻奈 漢端

③ 檢校使 兵部令 兼殿中令 司馭府令 修城府令 監四天王寺府
令 幷檢校 眞智大王寺使 上相 大角于 臣 金邕

④ 檢校使 肅政臺令 兼修城府令 檢校感恩寺使 角于 臣 金良相

⑤ 副使執事部侍郎 阿湌 金體信

⑥ 判官 右司綠館使 級湌 金林得

⑦ 判官 級湌 金忠封

⑧ 判官 大奈麻 金如甫

⑨ 錄事 奈麻 金一珍

⑩ 錄事 奈麻 金張幹

⑪ 錄事 大舍 金□□

⑫ 鑄鍾大博士 大奈麻 朴從鎰

⑬ 次博士 奈麻 朴賓奈

⑭ 奈麻 朴韓味

⑮ 大舍 朴負缶

성덕대왕신종   771년에 주조된 범종으로 성덕왕의 업적을 기리기 위해 제작되었다. 유려한 비천상과 은은한 종소리로 유명하고, 특히 종의 몸통에 주성鑄成의 경위와 발원자, 장인의 명단이 조각되어 있어 8세기 후반 신라 중앙 정계의 상황과 주요 인물에 대해 알 수 있다.

의, 그것도 권력의 중추에 있는 고위 관직을 겸할 수 있었다는 점이 다르다. 이를 통해서 10여 명의 진골 귀족이 중앙 관서의 장관직을 독점할 수 있었다. 특히 병부의 장관인 병부령兵部令을 돌아가면서 맡아 일종의 과두 체제를 유지할 수 있었다. 중대에 들어 왕권 중심의 집권력이 강해졌음에도 진골 귀족이 주도하는 정치 질서가 이와 병존하며 길항했던 것이다.

신문왕은 즉위 초에 김흠돌의 난을 진압한 다음 여세를 몰아 천도까지 준비했다. 백제를 멸망시키고 고구려 영토의 일부까지 흡수했으므로, 크게 확대된 영토를 제대로 다스리기 위해서는 구석에 치우쳐 있어 지정학적으로도 불리한 금성金城에서 벗어나야 했다. 한편에서는 사로국 시기 이래 수백 년간 왕경을 정치 기반으로 신라를 지배해 오던 진골 귀족 세력에게 타격을 가하고, 왕권의 지지 기반을 일신하려는 목적이 작용했다. 신문왕은 686년부터 달구벌(대구)로 왕도를 옮기려고 본격 준비를 시작했으나 3년 만에 실패로 끝나고 말았다. 그 요인으로 재정 부족, 종전 직후 민생 불안정 등을 생각할 수 있다. 그러나 왕경에 뿌리내린 진골 귀족들, 특히 무열왕계에게 밀려난 이들의 끈질긴 저항도 분명 작용했을 것이다. 왕권을 비약적으로 신장시킨 신문왕조차 진골 중심의 정치 전통을 개혁하기는 어려웠던 것이다.

중대 들어서 외형상으로는 관료 조직이 확충되었음에도, 실제로는 골품 제도에 의해 관료제 운영이 제약받았고 귀족 중심의 합의체적 정치 운영도 계속되었다. 통일신라의 관료제는 의연히 골품제라는 고대적 신분제의 틀을 벗어나지 못하고 있었다. 이러한 모습은 골품제와 관료제의 타협의 산물인 중위제重位制 그리고 관직 임용에서 관등보다는 신분을 우선하는 데서 확인할 수 있다. 관리 선발 방식에서도 골품제를 넘어서는 보편적 인재 등용제가 마련되지 못했다. 상위 골품 출신자들에 의해 관료 조직이 포화 상태에 이르게 되고 하위 골품 출신의 인물들은 관직 진출이 어려워졌다.

골품제의 폐쇄성 때문에 이를 돌파할 수 없었던 이들은 우회하는 방법을 찾았다. 중앙의 공식 기구보다는 귀족의 문객門客으로 들어가서 후원자의 정치적 영향력을 배경으로 하여 출세하고자 했다. 이로써 주인과 문객 사이에 새로운 인간관계가 형성되었다. 이들은 부部나 골품과 같이 지연과 혈연에 얽힌 집단적 관계가 아닌 개인 간의 사적 주종 관계로 맺어졌다. 따라서 현실적 이해관계에 따라 그들 간의 이합집산이 활발하게 이뤄졌다.

지방 지배와 군현제의 확립

신라 중고기의 지배 체제는 왕권과 진골 귀족, 관료제와 골품제, 왕명을 집행하는 행정 기구와 귀족 회의체의 대립이 중대보다 훨씬 심했고, 이런 측면에서 집권 체제의 한계는 뚜렷했다. 권력 구조의 이원성이 이 시기의 특징이었다. 지방 지배도 마찬가지여서 관등 체계를 경위京位와 외위外位로 구분해 운영했다. 경위는 왕경 출신의 6부인만이 받을 수 있었고, 지방민에게는 외위를 주어 차별했던 것이다.

그런데 6세기 말 진평왕대(579~632) 이후 삼국 사이에 상쟁이 가열되자 지방민을 대거 전쟁에 동원할 필요가 있었다. 특히 촌주村主처럼 지방의 인력과 물자를 수취할 때 일선에 서 있던 유력자들에게 먼저 경위를 개방했다. 대야성 전투에서 전사한 학열郝熱은 외위 5등 찬간이었다가 군공에 대한 포상으로 경위 13등 사지를 받았다. 촌주와 전공을 세운 이들에게 경위 수여의 혜택을 부여함으로써 전국적인 동원 체제를 가동할 수 있었다. 이처럼 경위가 외위를 실질적으로 대체하는 추세가 중고기 말부터 나타났다.

이윽고 674년(문무왕 14)에 외위가 경위의 상등 관계가 정해지면서 외위는 더 이상 사용되지 않는다. 예를 들면 외위 1등인 악간嶽干이 경위 7등인 일길찬에 해당한다고 규정했다. 따라서 외위 소지자에게 그에 상당하는 경위를 수여할 때는 몇 등급 낮춰서 주는 식으로 여전히 차별을 한 것이다. 그러나 이후로는 외위 체계 자체가 없어졌으므로 지방민이 왕경인과 마찬가지로 경위를 받을 수 있게 되었다. 여기에는 통일 전쟁을 치를 때 촌주와 같은 지방 유력자들이 적극적으로 참전한 데 대한 보상의 의미가 담겨 있었다.

백제와 고구려 유민에게도 본국에서 갖고 있던 관등의 고하에 따라 신라 관등을 새로 내려 주었다. 그런데 고구려 유민이 받을 수 있는 최고 관등이 7등 일길찬인데 비해 백제 유민은 10등 대나마였다. 이는 골품제의 승진 제한 규정을 놓고 볼 때 고구려의 지배층을 6두품, 백제의 지배층을 5두품으로 재편해 흡수했음을 의미한다. 고구려가 정복의 대상이었음에도 나당 전쟁 과정에서 고구려 유민들이 신라를 도왔던 데 비해서, 백제는 신라와 오랜 숙적 관계였으며 대야성 전투에서 김춘추의 딸과 사위가 피살된 것에 대한 왕실의 원한이 작용하여 고구려 유민들보다 낮은 관등을 수여한 듯하다.

두 나라 유민에 대해서 각각을 불균등하게 그러면서도 신라의 전통적인 최고 귀족층인 진골 신분으로부터는 배제하는 원칙을 세워 적용한 것이다. 고구려 유민 중 안승安勝이 3등 잡찬을 받고 김씨 성을 하사받아 진골로 편입되기도 했지만, 신라의 번국藩國으로 창설된 보덕국 왕에 대한 특례에 불과하다. 고구려, 백제 유민에 대한 신분적 차별은 통일신라 전 시기에 걸쳐 계속되었던 듯하다. 궁예와 견훤이 각기 고구려, 백제의 재건을 표방해 일어났고, 이런 명분이 호응을 얻을 수 있었던 데는 신라 조정의 차별 정책이 근저에 자리 잡고 있었다.

686년(신문왕 6) 무진주를 마지막으로 설치함으로써 전국을 9개의 주州로 편성하는 새로운 지방 통치 체제가 마련되었다. 《삼국사기》〈지리지〉에 의하면 그 밑에는 120개의 군郡과 305개의 현縣이 있었다. 현은 이미 진평왕대에 설치되기 시작한 듯하다. 주로 한강 하류역의 신영역에 두어 피폐해진 생산 기반을 확충하고 병력 동원을 원활히 하려는 군사적 목적에서 출발했다. 문무왕대(661~681)부터는 전후 복구 사업의 성격을 띠며 확대 실시되었고, 점차 민정 기능이 강화되었다.

이리하여 통일신라는 전국에 걸쳐 주·군·현제를 실시했으나, 특수한 행정 구역도 혼재해 있었다. 토지 면적이나 호구 수가 현을 설치하기에 부족한 경우는 향과 부곡으로 삼았다. 백제 말에 현에 해당하는 성城·촌의 숫자가 200~250개였던 데 비해 통일신라에서 백제의 옛땅에 설치한 현이 104개로 절반 정도가 줄어든 것은, 백제의 현급 고을이 통일 전쟁을 거치면서 인구와 경작지가 감소해 이를 향이나 부곡으로 편제했음을 보여 준다. 향과 부곡에 사는 주민들은 일반민에 비해 낮은 신분이었고, 무거운 수취 부담을 졌다. 그리고 지방 통치의 거점 지역에 5개의 소경小京을 설치했다. 소경에는 왕경의 귀족들을 옮겨 살게 했으며 왕경의 행정 구역과 같은 도시 구획이 설정되어 있었다.

여러 개의 취락군으로 구성된 촌락들이 지방 통치의 밑바탕을 이루었다. 지방의 유력자인 촌주가 몇 개의 촌락을 관하에 두고 지방 행정, 조세 수취, 노동력 징발 등을 담당했고 이들은 다시 서열화되어 현이나 군 단위로 편성되었다. 중고기의 자료인 〈남산신성비〉를 보면, 1개 군郡에서 여러 명의 촌주가 활동하고 있다. 그런데 856년(문성왕 18)에 만들어진 〈규흥사종 명문〉을 보면, 현령 밑에 상촌주, 제이촌주, 제삼촌주가 적혀 있다. 통일신라 사회의 진전에 따라 촌락 내부에 변동이 생기고 촌주의 분화가 진전되면서, 현 단위에서도 촌주의 분화와 서열화가 이뤄진 것이다. 중고기 이래 지방 통치 체제는 보다 조직화되고 중앙의 통제력이 강화되는 추세로 발전했다.

지방 통치를 군사적으로 뒷받침하기 위해 여러 개의 군단을 지방의 요충지에 배치했다. 10정停은 기병 부대로 보이는데 원래의 신라 지역, 고구려 고지, 백제 고지에 골고루 배치했다. 보병 부대인 만보당萬步幢도 전국에 고르게 배치했다. 단 오주서五州誓, 이계당二罽幢, 신삼천당新三千幢 등의 부대는 고구려의 옛 땅이었던 한주, 삭주, 명주에 집중적으로 배치했다. 이는 신라가 당, 그리고 발해로 이어지는 북방으로부터의 위협을 현실적으로 크게 느끼고 있었음을 보여 준다.

한편 지방에서 거행한 제사도 지방 통치의 측면에서 볼 때 의미가 있다. 《삼국사기》 제사지를 보면 신라의 여러 가지 국가 제사가 나열되어 있다. 이 가운데 중사中祀는 5개의 큰 산[岳]과 4개의 요충지[鎭], 바닷가, 물가에서 지내는 제사였다. 특히 5악 제사는 토함산, 지리산,

이성산성의 저수지와 목간　한산주는 지금의 황해도, 경기도, 충청도 일부 지역을 포괄하였으며 하남시 이성산성에 그 치소가 있었다. 산성 안의 저수지에서 출토된 목간은 통일신라 시기 유물이 아니다. 그러나 "남한성 도사, 수성 도사, 촌주南漢城 道使, 須城 道使, 村主" 등이 보여, 7세기 한산주 관내에서 각 거점의 지방관과 유력자들이 주의 치소에 있던 도독都督(주의 장관)에게 목간을 이용하여 보고 문서를 보낸 문서행정의 모습을 엿볼 수 있다.

● 통일신라의 지방 행정 제도와 지방 군단

9주		5소경		10정		삼국시기 해당 지역의 영유 국가
명칭 (경덕왕대 명칭)	치소*	명칭	위치*	명칭	위치*	
사벌주 (상주)	상주			음리화정	상주	신라
삽량주 (양주)	양산	금관경	김해	삼량화정	달성	신라
청주 (강주)	진주			소삼정	함안	신라
웅천주 (웅주)	공주	서원경	청주	고량부리정	청양	백제
완산주 (전주)	전주	남원경	남원	거사물정	임실	백제
무진주 (무주)	전남 광주			미다부리정	나주	백제
한산주 (한주)	하남	중원경	충주	남천정	이천	고구려
				골내근정	여주	고구려
수약주 (삭주)	춘천	북원경	원주	벌력천정	홍천	고구려
하서주 (명주)	강릉			이화혜정	청송	고구려

*치소와 위치는 모두 현재 지명임.

계룡산, 태백산, 팔공산에서 모신 것이어서 주목된다. 종래 3산에서 지내던 대사大祀가 있었는데, 이는 원 신라 영역에 있던 신성한 장소였다. 그런데 이제 신라의 영역이 확대되면서 국토 관념도 확장되어 3산에 더해 위의 5악을 새로운 국가 제사처로 삼은 것이다. 5악 제사는 확대된 영역의 표시이면서 동시에 신라가 고구려, 백제, 가야 지역의 여러 세력들을 진압하고자 하는 의도가 내포되어 있었다. 그리고 나머지 중사와 소사의 제사처도 전국에 고르게 분포되어 있어 삼국 시기 이전의 전통적인 제사를 신라가 포섭하여 국가 차원에서 거행함으로써 멸망당한 나라의 유민에 대한 정신적 지배를 관철시키려 했다.

고구려와 백제 유민들을 통합하려는 신라 정부의 노력과 그것의 실효는 별개의 문제다. 이들을 원 신라의 백성과 차별하고 있었고, 외위 철폐에도 불구하고 왕경인의 신분적 특권을 보장하는 골품제가 여전했으므로 두 나라 출신들의 소외감은 불식되기 어려웠다. 하지만 통일신라 지방 통치 체제의 밑바탕에는, 치열한 전쟁을 거친 적대국의 인민과 토지를 부작용을 최소화하면서 흡수하고 이들에 대한 지배를 효율적으로 달성하기 위한 신라인들의 고민이 깔려 있었음을 부정할 수는 없다.

대외 관계의
전개

당·발해와의 관계

618년 당 건국 이후 고구려를 필두로 삼국은 모두 사절을 파견해 국교를 맺었다. 신라는 621년(진평왕 43)에 처음 견당사遣唐使를 보낸 이래 9세기 말에 이르기까지 약 270년 동안 당과 활발하게 교섭했다. 하지만 양국 관계가 순탄하지만은 않았다.

648년(진덕여왕 2) 신라와 당이 군사 동맹을 맺고, 신라가 당의 연호와 의관제衣冠制를 도입하면서 두 나라는 급속히 가까워졌다. 신라로서는 백제와 고구려의 압박으로 국가가 존망의 위기에 처한 상황에서, 군사 지원을 약속한 당에 최대한의 성의를 표시할 필요가 있었던 것이다. 그리고 신라는 당의 문물을 형식적인 제도 개혁 차원에서 활용했다. 당의 관복 제도를 받아들였음에도 신라의 관등제가 고유의 신분 제도인 골품제의 제약에서 벗어날 수 없었던 사실이 이를 입증한다.

당은 위기에 처한 신라에게 가장 중요한 외교 파트너였다. 그러나 백제를 멸망시킨 후 신라와 당 사이에는 균열이 생겼다. 당은 백제 고지故地에 일방적으로 웅진도독부熊津都督府를 설치했다. 백제 부흥군이 진압된 664년에도 도독부를 폐지하지 않았고, 나아가 백제 왕자인 부여륭夫餘隆을 그 도독으로 임명했다. 백제 왕조의 명맥을 되살려 신라를 견제하려는 당의 속셈이 본격적으로 드러난 것이다. 신라 측에서 보면 백제 멸망 이전의 대치 상황으로 복귀한 것이나 다를 바 없었다. 이미 당은 663년(문무왕 3)에 신라 지역을 계림대도독부로 정하고 문무왕을 계림주대도독에 임명했다. 당의 시각에서 보면, 신라도 도독부 통치를 받는 당 영토의 일부이고 그 수장首長은 당 황제의 신하로서 신라 통치권을 위임받은 존재에 불과해진 것이다.

668년 신라는 연합 작전을 펼쳐 평양성을 함락해 나당 동맹의 의무사항을 완수했고, 곧 이어 669년부터 군사 행동에 돌입해 당군을 공격했다. 670년에는 고구려 유민과 연합해 압록강 너머 오골성烏骨城(중국 요령성 소재 봉황성)을 공략했다. 나당 전쟁이 개막된 것이다. 당과의 전쟁에서는 화랑 관창의 아버지인 품일品日과 향가〈모죽지랑가慕竹旨郎歌〉의 주인공 죽지竹旨 장군 등이 활약해 눈부신 전과를 올렸다. 드디어 671년 신라는 사비성을 함락해 여기에 소부리주所夫里州를 설치했다. 당은 유인궤, 설인귀, 이근행이 이끄는 대군을 파견해 전세를 뒤집어 보려 했으나 매소성(경기도 양주 부근)과 기벌포(금강 하구)에서 신라군에게 격파당했다.

나당 전쟁을 치르면서 당과 신라는 사실상 국교 단절 상태에 있었다. 당은 674년 당에 있던 문무왕의 동생 김인문을 신라 왕으로 책봉하고 그를 앞세워 신라를 침공한 바 있다. 문무왕에 책봉을 철회하고 기존의 신라 체제를 부정한 것이다. 또 신문왕대에는 무열왕의 묘호인 '태종'이 당 이세민의 묘호와 같다고 하여 개칭하도록 요구했다. 엄연히 당의 책봉을 받고 조공국이던 신라로서는 난처한 일이 아닐 수 없었다. 그에 앞서 호국 사찰인 사천왕사四天王寺를 당 사절에게 감추기 위해 망덕사望德寺를 급조한 것도 대당 관계에서 신라가 처한 위치와 그에 따른 고민을 보여 준다. 하지만 나당 전쟁 과정에서 단적으로 드러나듯이 신라는 당의 부당한 간섭이나 복속 시도에 일전도 불사하겠다는 의지를 갖고 있었음은 분명한 사실이다.

676년에 신라가 승리해 종전된 다음에는 당과 일종의 냉전 상태가 한동안 지속되었다. 양국 사이에 해빙이 이뤄진 것은 713년(성덕왕 12) 당 현종이 즉위하여 성덕왕을 '표기장군 특진 행좌위위대장군 사지절 대도독계림주제군사 계림주자사 상주국 낙랑군공 신라왕'이라는 긴 이름으로 다시 책봉하면서 부터였다. 이로써 나당 관계는 정상화 되었으나, 책봉호에 들어간 '계림주'에서 알 수 있듯이 당 황실은 여전히 신라를 당의 통제권 안에 있는 번국으로 여기고 있었다.

한편 신라는 698년에 건국한 발해와도 외교 관계를 맺었다. 건국하고 얼마 지나지 않아서 대조영이 사신을 보내자 신라의 효소왕은 발해 왕에게 5등 대아찬의 관등을 주어 신생 발해국을 신라의 신속국臣屬國처럼 대했다. 그러나 곧이어 무왕대(719~737)에 발해가 영토를 확장해 오자 721년(성덕왕 20) 신라는 강릉 방면의 장정을 동원해 북쪽 국경에 장성을 쌓았다. 그리고 얼마 후 당의 이간책으로 흑수말갈이 이탈하고 발해 왕족이 당으로 망명하자, 732년 장문휴張文休 장군이 이끄는 발해 수군이 등주를 선제공격하는 사태가 벌어졌다. 이에 당은 신라에 발해의 남쪽을 공격하도록 요청했다. 나당 전쟁 이후 결렬되었던 당과 신라의 군사 연합이 다시 이뤄지게 된 것이다. 당의 청병請兵은 819년(헌덕왕 11)에도 있었다. 당의 절도사였던 이사도李師道가 반란을 일으키자 이를 진압하기 위해 신라에 원군을 요청했고, 이에 부응해 신라는 김웅원金雄元이 이끄는 3만의 군사를 파병했다.

경주에서 발견된 당삼채(唐三彩) 항아리   당 때 노랑, 빨강, 녹, 갈, 흰색 등의 색깔이 들어간 화려한 도기가 주로 부장용품으로 생산되었다. 당삼채는 신라, 페르시아를 포함하여 해외로 널리 전해졌으며, 그 영향을 받아 발해에서는 발해삼채, 일본에서는 나라[奈良]삼채라고 불리는 도자기가 만들어졌다.

최치원(857~908?) 6두품 출신의 관료, 유학자. 12세에 도당 유학을 떠나 빈공과에 급제하고 당의 지방관으로 활동하다가 귀국했다. 진성여왕의 우대를 받아 학사직에 올랐으나 개혁안이 실현되지 못하자 해인사로 물러났다. 그가 진골귀족에 대해서는 불만을 가졌다고 보이지만 과연 골품제 자체를 부정했는지에 대해서는 의문이 남는다.

신라의 발해 공략군은 갑자기 큰 눈이 내린 데다 지형까지 험해 특별한 전과 없이 돌아왔다. 그렇지만 이때 신라의 압박이 발해에게 큰 부담이 되었음은 틀림없다. 발해를 물리치는 데 신라의 도움을 받은 당은 이에 대한 보상으로 735년에 패강(대동강 혹은 예성강) 주변의 땅을 신라에게 넘겨주었다. 신라는 이 지역에 14개의 군·현을 두어 북방 영토를 확대했고 당과의 군사적 긴장도 해소되었다.

이후 신라는 국비 유학생 숙위宿衛 학생을 당에 보내 국학에서 수학하게 하는 등 당과의 학문·문화 교류를 적극 추진했다. 도당渡唐 유학생들은 귀국해 국왕의 측근에서 전문 행정 관료로 활약했다. 상문사詳文師와 그 후신인 한림대翰林臺는 국왕·외교 문서의 작성을 담당한 문한文翰 기구였는데, 그 소속 관료 가운데는 김입지金立之, 최치원崔致遠, 박인범朴仁範 등 도당 유학생 출신들이 많았다. 이들은 국왕과 밀착했으며 문한 기구가 이를 제도적으로 뒷받침해 주었다. 789년(원성왕 5) 유학생 출신인 자옥子玉을 지방관으로 파견할 때 이를 반대하는 의견이 있었으나, 입당入唐 수학을 강조하는 의견을 받아들여 그대로 임명한 것은 당시 왕권과 도당 유학생의 긴밀한 관계를 잘 보여 준다.

한편 8세기 초에 대당 관계가 호전되면서 당과의 국가 교역도 활발해졌다. 이를 통해서 간접적으로 서역과 중국 남해에서 생산된 물품이 신라로 유입되었다. 755년에 일어난 안녹산·사사명의 난으로 당이 혼란에 빠지면서 신라의 대외 교역도 잠시 침체되었지만, 760년대 중엽 반란이 진정되고 동아시아 여러 나라 사이에 긴장이 완화되면서 신라의 교역망은 복원되었다. 그런데 이 시기부터는 민간 상인이 대외 교역 활동의 주체로 등장하는 새로운 현상이 나타난다. 비록 법적으로는 민간 상인들의 교역 활동을 금하고 있었지만, 이들은 자체의 상단을 구성해 교역의 범위를 확대해 갔다. 그리고 신라 하대의 국정 혼란상과도 맞물려서 종래에 국가가 주도하던 대외 교역을 민간 상인들이 주도해 갔다.

신라는 대당 외교와 교역을 통해 선진 문물을 도입했고, 당은 신라 국왕에 대한 책봉을 통해 한반도 지역에서 당 중심의 국제 질서를 구현할 수 있었다. 신라에 대한 파병 요청에서 보듯이 책봉–조공 관계의 규제력은 삼국시기보다 강해졌다고 생각된다. 그럼에도 신라와 당의 관계는 한반도를 둘러싸고 있는 동아시아 국제 질서의 주요한 축을 이루었으며, 이를 통해 신라가 고대 동아시아 문화를 살찌우는 데 기여했다는 점에서 의미가 크다.

일본과의 교섭과 마찰

676년 통일 전쟁이 완료되고 문무왕~신문왕대에 걸쳐 지배 체제의 정비가 이뤄졌다. 이후 신라는 대내적으로는 안정기에 접어든다. 그러나 8세기 초까지 대당 관계는 전쟁의 여파로 원활하지 못했으며 고구려 옛 땅에 건국한 발해와도 외교 관계의 틀이 정립되지 못한 상태였다. 이러한 상황에서 대일 관계의 조정은 신라에게 중요한 대외적 과제였다. 대일 관계는 당 및 발해와의 관계와 연동되어 있었기 때문이다.

백제가 멸망한 후 신라는 일본과 백강白江(금강) 하구에서 전투를 벌이는 등 적대 관계에 있었다. 그리고 앞서 보았듯이 삼국 통일 이후 당의 한반도 지배 전략이 노골화하기 시작한다. 남북에 일본과 당이라는 적대국을 둔 상황에서 신라는 일단 일본과의 관계 개선을 도모하고자 했다. 당시 동아시아에서 최대의 강국이었던 당의 침공을 우려하던 신라로서는 불가피한 외교적 선택이었다. 전쟁까지 벌였던 나라에게 먼저 관계 개선을 요청하는 상황에서는 상대국의 자세를 바꾸기 위해 여러 가지 방법을 강구하게 된다. 신라는 교전국이었던 일본을 설득하기 위해서 656년 이래 10여 년간 중단했던 문물 증여를 재개하는 것에서 돌파구를 찾았다. 그것도 대량, 다종의 물품을 보내 일본이 신라와의 관계 개선을 통해 얻을 수 있는 혜택이 막대하다는 것을 보여 주고자 했다. 이를 일본 조정에서는 조공국이 바치는 '조調', 즉 공물이라 인식했다.

8세기 이후 나라[奈良]시대에는 신라를 이렇게 번속국으로 보는 인식이 보다 강해졌다. 일본은 701년 완성된 '다이호[大寶] 율령'을 반포하면서 천황 중심의 지배 체제를 갖춘다. 다이호 율령은 천황을 권력의 핵으로 하고 그 명령을 관료들이 수행해 전 인민을 지배하는 일원적 국가 체제를 지향했다. 대외적으로도 일본을 중심으로 한 새로운 국제 질서의 논리를 제시했다. 당시 수, 당과 같은 중국의 통일제국은 물론 신라와 발해도 이와 유사한 자국自國 중심의 천하 관념을 갖고 있었으므로 이는 일본만의 독특한 현상은 아니다.

이러한 세계관에 입각해 일본 조정은 신라를 자신에게 조공을 바치는 하위국으로 설정했고, 이는 율령의 규정에 의해 법적으로 지지되었다. 즉 번속국에 대한 의례를 신라 사절에게 적용해 대우했고 그에 걸맞은 형식을 신라 측에 요구했다. 신라는 이를 받아들였지만 제한된 시기와 경우에만 그러했다. 시기적으로 보면 668년 김동엄金東嚴을

일본 정창원에 있는 신라금新羅琴 나라시대 황실의 보물 창고인 정창원에 '신라금'이라고 불리는 악기가 보관되어 있다. 대가야의 악사였던 우륵이 가야금을 신라에 전했고, 신라에서 개량된 이 악기가 다시 일본에 건네져 신라의 악곡이 전파되는데 기여했다.

파견해 대일 관계를 재개한 이후 720년대까지이고, 사절단이 도일한 이후 일본 현지에서만 이러한 차별적 대우를 수용했다.

이는 신라 측 사료를 통해서도 엿볼 수 있다. 《삼국사기》 〈신라본기〉를 보면, 견당사에 대해서는 그 파견과 귀환에 걸쳐 오고 간 인물과 국서의 내용, 물품 내역 등을 상세히 기록하고 있다. 그러나 대일 사절은 구체적인 내용을 싣지 않고, 일본의 견신라사에 대해서만 접견 혹은 추방한 사실을 적거나 일본과 교빙했다는 결과만을 간략히 쓰고 있다. 신라에게 일본은 군사 지원이나 적대국을 견제하기 위한 일시적 동맹국 또는 유사시의 정치적 망명처 정도의 의미가 있었지, 교섭의 내역을 세세히 밝힐 정도로 국가 체제나 제도, 문화의 전범典範이 되는 국가는 아니었던 것이다.

성덕왕대(702~737)에 당과 국교가 회복되자 신라 외교에서 일본이 차지하는 비중은 축소될 수밖에 없었다. 이제 형식적이나마 '조調를 바치는' 예를 감수하면서까지 대일 외교를 펼칠 이유가 없어진 것이다. 이로 말미암아 신라와 일본 사이에 일련의 외교 분쟁이 일어났다. 734년 일본은 신라가 국명을 '왕성국王城國'으로 바꿨다고 하여 신라 사절을 추방했고, 743년에는 종래의 '조'를 '토모土毛'로 고치고 문서의 형식이 맞지 않는다고 하여 다시 신라 사절을 돌려보냈다.

그 배경에는 국제 정세가 변화함에 따라서 신라가 일본에서의 외교 형식을 교정하려는 목적과 함께 국제 교역상의 이익이라는 경제적 요인이 자리 잡고 있었다. 신라가 '조' 명목으로 일본에 전해 준 증여품을 살펴보면, 6세기 후반에서 7세기 전반에는 불교 용품과 먼 외국에서 들여온 동물처럼 종교적이거나 상징적인 것에 한정되었다. 이에 비

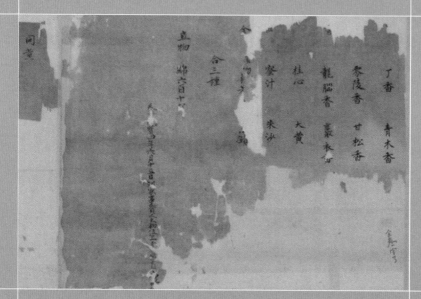

매신라물해　752년 김태렴이 이끄는 신라 사절단이 평성경平城京에 도착하자 일본의 고위 귀족들이 구입을 원하는 물품 목록을 만들어 일본 정부에 제출한 문서이다. 8세기 중엽까지는 이처럼 대외교역 과정에 정부와 사절과 같은 국가 권력이 개입하는 국가교역의 비중이 컸다.

해서 7세기 후반에는 다양한 국산품과 외래품이 포함되었으며 그 양이 급증했다. 그리고 일부 품목은 752년 김태렴金泰廉이 이끈 대규모 사절단의 예에서 보듯이 일본 고위층과의 교역을 통해 공급되었다. 이 교역에는 양국 정부가 개입했고, 일본의 관료는 〈매신라물해買新羅物解〉라는 공문서를 사용할 만큼 정비된 형태를 띠었다. 그런데 8세기에 접어들면서 신라 정부는 종래 일본에 무상으로 공급하던 물품 가운데 상당 부분을 점차 교역 대상품으로 바꿔 나갔다. 즉 전에는 신라에 전래된 외국산의 진귀한 물건을 일본에게 '조'로서 제공했지만, 이제 신라 국산품만을 '토모(토산품의 뜻)'로서 무상으로 증여하고, 외국산품과 고급 신라 제품은 유상으로 교역하도록 정책을 바꾼 것이다.

일본에게 신라는 외부 세계와 통하는 주요한 통로 가운데 하나였다. 그런데 향료와 약재, 염료 등 동남아·인도·서역산 제품의 부가가치를 간파한 신라는 이제 무상 공급 항목에서 이를 제외시킨 것이다. 일본 측은 외교 형식과 관례의 위반을 들어 항의했지만, 실제로는 신라의 대일 증여 정책의 변화, 즉 외국산품에 대해서는 유상 교역만을 허용하는 새로운 정책에 반발한 것이었다. 신라는 743년(경덕왕 2) 이후 9년 동안 사절 파견을 중단했고, 753년에 경덕왕은 일본 사절이 오만 무례하다고 하여 접견을 거부하기도 했다.

신라는 일본과 일련의 외교 마찰을 겪으면서 일본에 체류하는 자국 외교 사절에 대등한 처우를 해 줄 것을 일관되게 주장했다. 774년(혜공왕 10) 김삼현이 대일 증여품을 '국신물國信物'이라고 칭하고, 이에 일본 관리도 '대등한 이웃[六禮之隣]' 관계를 거론한 사실은 이를 잘 보여 준다. 신라의 당에 대한 책봉-조공 관계와 함께 이를 생각해 보면 후대의 사대교린事大交鄰, 즉 당에 대해서는 조공을 통해 사대하지만 일본은 대등한 이웃 나라로 교섭하려는 신라 외교 정책의 방향을 떠올릴 수 있다.

그러나 일본은 천황제 국가 체제 속에서 번속국의 존재가 필요했으므로 끝내 이를 수용하지 못했다. 《속일본기》에 의하면 779년 신라 사절의 방일을 끝으로 신라–일본 간 공식 교섭은 중단된다. 하지만 《삼국사기》와 《삼국유사》에는 각각 일본이 사신을 보내 만파식적萬波息笛을 청하고, 신라에 황금과 명주明珠를 증여한 사실이 실려 있다. 특히 만파식적은 문무왕과 김유신이 "성스러운 임금으로 하여금 소리로써 천하를 다스려 천하가 화평하도록" 내려주었다는 국가적 보물이므로, 이를 일본이 요청했다는 것은 신라 중심의 천하관에 이의를 제기하고 이를 바로잡으려는 것으로 보인다.

신라 '하대'의 정치·사회 변동

귀족 연립 체제와 왕위 쟁탈전

8세기 중엽에 재위한 경덕왕은 748년에 정찰偵察을 두어 관리들을 규찰했다. 757년(경덕왕 16)에는 지방 행정 구역의 영속 관계를 정비하고 전국의 지명을 좋은 의미의 한자로 바꿨다. 이어서 여러 중앙 관부와 그 소속 관직의 명칭도 같은 방식으로 변경했다. 예를 들어 상주의 달이현은 다인현多仁縣으로, 사정부는 숙정대肅正臺로, 집사부의 차관인 전대등은 집사시랑執事侍郎으로 바뀌었다. 이는 단순한 명칭의 변경에서 더 나아가 국가 제도 전반의 재정비와 개정을 뜻하는 것이었다. 그 중심에 경덕왕이 있었으며, 신라 중대 왕실은 이때 전성을 구가했다.

그러나 왕이 주도하는 일방적 국정 운영은 고위 귀족 세력의 반발을 가져왔다. 신라 중대의 일원적인 지배질서와 강력한 왕권 중심의 권력 구조 아래서도 왕권 대 진골 세력의 갈등은 내재해 있었기 때문이다. 이러한 갈등은 혜공왕대(765~780) 진골 귀족들의 대대적 반란으로 폭발했으며, 신라 중대 정치 체제의 기반이 붕괴하는 계기가 되었다.

경덕왕의 아들인 혜공왕이 8세의 어린 나이로 즉위하자 그간 숨죽이고 있던 진골 귀족들의 왕권에 대한 반격이 표면화되었다. 767년 일길찬 대공大恭이 동생과 함께 반란을 일으켜서 33일간 왕궁을 포위하고 공격했다. 이는 곧 전국에 걸쳐 수십 명의 고위 귀족들이 정치적 처지에 따라 서로 싸우는 상황으로 비화했다. 3년 뒤에는 김유신의 후손으로 알려진 대아찬 김융의 반란이 일어났다.

이후에도 2등 이찬이나 집사부 시중의 고위직에 있던 인물이 주도하는 모반이 잇따랐다. 정치적 혼란이 계속되는 와중에 776년(혜공왕 12)에는 앞서 경덕왕이 고친 관부와 관직의 명칭을 원래대로 복구했다. 중대 신라가 달성한 왕권 중심의 집권 체제가 강력한 저항에 부딪혔음을 상징하는 조치였다. 김흠돌의 난 이후 전개된 중대 초의 정치 체제에서는 결코 상상할 수 없는 상황이 벌어진 것이다. 앞서 일어난 일련의 반란은 모두 진압되었지만 그 과정에서 상대등 김양상과 이찬 김경신이 실권을 장악했다.

780년(혜공왕 16)에 다시 이찬 김지정의 난이 일어나자 김양상과 김경신이 주도해 반란을 평정했다. 하지만 그 과정에서 혜공왕이 피살되었고, 김양상이 뒤를 이어 선덕왕宣德王으로 즉위했다. 선덕왕은 모계로는 무열왕과 연결이 되지만 그 직계 자손은 아니고 내물왕의 9세손으로 알려진 김효방의 아들이었다. 이로써 중대 왕실을 이룬 김춘추 직계의 왕통이 단절되었다. 《삼국사기》는 이 사실을 들어서 선덕왕 이후부터 신라 멸망까지를 신라 '하대'라고 불러 중대와 구분했다.

선덕왕이 아들을 남기지 못하고 세상을 뜨자 왕위를 놓고 무열왕계인 김주원金周元과 상대등 김경신이 대립했다. 우여곡절 끝에 대등大等 회의의 의론은 경신에게로 모아지고 결국 그가 원성왕으로 즉위했다. 김주원은 강릉 지방으로 물러났다. 이후에는 신라 종말기에 재위한 3명의 박씨 출신 왕, 즉 신덕·경명·경애왕을 제외하고는 모두 원성왕계의 후손이 왕위를 계승하게 된다. 원성왕 때만 해도 왕실의 조상 제사로 모신 5묘廟에 무열왕과 문무왕이 들어 있었으나, 애장왕은 두 왕의 묘를 따로 세우고, 대신 자신의 직계 조상인 김효양(고조부)과 원성왕(증조부)을 5묘에 포함시켰다. 새로운 왕실의 시조로 원성왕을 설정하고, 그 직계 자손을 조상 제사 대상으로 편입시켜 추앙한 것이다. 또 경문왕은 원성왕릉의 능역을 확장하고 그의 원찰인 숭복사를 중건했다.

하대 왕실은 중대처럼 강력한 집권력을 갖지 못했다. 사병私兵을 거느린 귀족 간의 합의와 세력 균형하에서 정권이 유지되는 귀족 연립

원성왕릉으로 알려진 괘릉   상대등 김경신은 무열왕의 후손인 김주원을 물리치고 원성왕이 되어 하대 왕실의 실질적인 시조가 되었다. 그의 능역에는 원래 김원량이라는 진골귀족의 원찰인 곡사鵠寺가 있었 는데 국가에서 이를 수용하고 부족한 땅을 매입하여 원성왕릉을 조성했다.

정권 체제가 성립했다. 예를 들면 경문왕대(861~875)에 김균정, 김제륭, 김명이 각기 이끄는 세력이 원성왕을 이념적 구심점으로 연합해 연립 체제를 이루었다. 이러한 권력 구조는 상대적으로 붕괴 가능성이 높아서 왕위 쟁탈전과 반란이 빈번히 일어날 수밖에 없는 취약한 체제였다. 결국 권력을 놓고 치열한 분쟁이 잇달았으나 어느 한 귀족이 결정적으로 승리해 절대 우위를 누리지도 못했다.

하대에는 귀족 세력을 억압하기 위한 제도적 장치가 이완되었다. 그리고 연합하는 세력을 회유하고 연립 체제를 유지하기 위해서 대상 귀족들에게 녹읍과 식읍을 지급해 이들의 경제 기반이 확대되었다. 이를 바탕으로 삼아 유력한 귀족 가문은 사병과 함께 문객 양성에 주력할 수 있었다. 문객은 혈연과 관계없이 유력자의 문하에 의탁해 온 사람을 말한다. 이들은 주로 입신출세를 위해서 자신이 갖고 있는 문·무의 능력을 주인에게 제공하고 그 대가로 주인의 추천을 받아 정계로 진출하거나 물질적 보상을 받을 수 있었다. 문객과 귀족 사이에는 광범한 사적 주종 관계가 형성되었다.

836년 흥덕왕이 죽은 다음에 벌어진 왕위 쟁탈전은 다음과 같이 전개되었다. 김제륭이 김명과 손을 잡고 김균정, 김우징, 김양의 연합 세력과 대치하고 있었다. 시가전이 벌어졌을 때 배훤백이 쏜 화살이 김양의 허벅지를 맞혔는데, 그는 제륭의 문객이었다. 그러나 나중에 전세가 역전되어 김양이 추대하는 우징이 신무왕으로 즉위하게 되었다. 이때 김양은 배훤백에게 "개도 그 주인이 아니면 짖는 법이다. 그대는 주인을 위해 나를 쏘았으니 의사義士"라고 하면서 용서해 주었다. 신라 중대에 강조되던 주군에 대한 절대적인 '충忠'의 윤리가 상

빗, 거울, 심지를 자르는 가위　　　안압지로 알려진 월지月池는 왕실 정원이었다. 왕족과 귀족들은 이곳에 진기한 화초를 심고 동물을 풀어 놓아 여흥을 즐겼다. 월지에는 용龍이 살고 있다고 믿어 현세의 복을 빌고 재앙을 물리쳐 주기를 용에게 기원하는 제사를 지냈다. 신라 왕실과 귀족이 사용하던 생활용품, 사치품, 불상, 다양한 제수품祭需品과 더불어 50여 점의 목간이 이 못에서 출토되었다.

대화되고 있는 것이다. 배훤백을 비롯해 상대편의 사병에 속했던 이들은 그 뒤로 김양의 문하로 들어와 문객이 되었을 것이다. 이처럼 문객과 그 주인은 현실적 이해관계에 따라 관계를 맺었기 때문에 정세가 변하면 새로운 관계 설정이 가능했다.

새로운 인간관계의 배후에는 사회 분화라는 근본적인 변화가 자리 잡고 있었다. 김양이 김균정의 편에 선 데 비해 김양의 사촌인 김흔은 반대편인 김명의 부하가 되었다. 839년(민애왕 2) 김양이 이끄는 청해진 군사가 진격해 오자 김흔은 대장군이 되어 10만의 군사로써 지금의 대구에서 맞섰다. 두 사람은 모두 김주원의 후손이며 종형제 사이인데도 정치적으로 대립한 것이다.

원성왕계도 마찬가지여서 이미 원성왕 사후에 그 아들인 인겸과 예영이 대립했고, 이어서 예영 세력 내부의 헌정계와 균정계가 대립하면서 왕위 쟁탈전이 촉발되었다. 같은 혈족집단 내부에서 이제 유력자를 중심으로 한 종족 혹은 거기서 더 세분된 가문 단위로 정치 세력이 분화하고 있었다. 이러한 현상은 결국 신라 초기에 지역 정치체政治體를 모체로 하여 전통적으로 형성되어 온 지배 질서가 해체되어 가는 추세를 반영한다. 골품제로 대표되는 폐쇄적 사회 질서를 보완하는 것이 바로 화랑도 같은 청소년 전사戰士 조직이었다면, 하대에 들어서는 문객이 등장해 골품제와는 질적으로 다른 사회관계의 싹이 트고 있었다.

새로운 사회관계의 등장은 새로운 정치 체제, 정치 운영 원리를 요구했다. 즉 6부의 지배 세력과 왕경인의 신분적 특권을 보장하는 골품 제도를 개혁해 보편적인 인재 등용과 승진의 원칙을 확립해야 했다. 혈연과 6부의 우월성에 기초한 골품제 질서는 중고기 이래 뿌리 깊게 자리 잡아 제도화되어 있었지만, 하대에 들어서 사회 분화가 진전되고 새로운 인간관계가 성립하면서 동요하는 기미가 엿보였다. 그러나 신라 정부는 이를 외면하고 구질서를 강화해 위기를 모면하고자 했다. 834년(홍덕왕 9) 사치 풍조를 금지하면서 골품제의 신분 규정에 따라 의식주 생활의 세세한 면을 지키도록 규제한 것은 그 대표적인 예이다.

정치 운영의 측면에서는 귀족회의 의장인 상대등의 권한이 강화되었고, 그 주재 아래 귀족들의 합의를 통해 정국이 운영되었다. 집사성도 변질되어 그 장관인 시중侍中직은 국왕 직속의 행정 기관의 수장이라기보다는 상대등으로 승진하는 정치적 발판이 되어 귀족적 성격이 강해졌다. 한편에서는 중사성中事省, 선교성宣敎省 등의 국왕 근시 기구가 강화되어 일종의 내조內朝가 형성되었다. 이 관서는 6두품 출신의 도당 유학생들이 속해 국왕을 측근에서 보좌하는 역할을 했다. 그러나 이것도 귀족 연립 체제라는 권력 구조를 변화시키지는 못했다. 진골 귀족이 문객과 사병을 양성하는 것과 마찬가지로 국왕 역시 새로운 지식층과 사적인 주종 관계를 맺어 자신의 권위를 유지하려는 성격이 강했기 때문이다.

당시의 신라 왕권은 진골 귀족을 압도하지 못했고, 그중에서 가장 유력한 대표자로서 그리고 귀족 연립 체제의 균형자 노릇을 하는 데 불과했다. 이러한 정치 체제로는 신라 정치와 사회가 당면한 문제의 근본적 해결은 불가능했다. 이제는 중앙 정계와 왕경을 벗어나 지방에서 새롭게 부상하던 세력에게 기대할 수밖에 없게 되었고, 이는 곧 신라의 지배 질서 자체를 부정하는 것으로 귀결되었다.

지방 세력의 대두와 통일신라의 멸망

진골 귀족 세력이 재기해 사적 경제 기반을 확대해 나가자 국가 재정 형편이 점차 어려워졌다. 왕경에는 기와집이 즐비했으며 귀족들은 먼 외국에서 수입한 화려한 사치품을 사용하고 밥을 짓는 데 숯을 사용할 정도였다. 하지만 경제적 풍요의 이면에서는 골품제의 폐해 때문에 신분 간 갈등의 골이 점점 깊어 갔다.

이러한 모순 구조는 생산을 담당하는 일반 민과 6두품 출신 문인들에게 가장 큰 피해를 안겨 주었다. 국가는 재정 수입을 확보하기 위해서 일반 민들에게서 더 많은 양을 수취해 갔다. 이를 견디지 못해 몰락, 유리하는 민들이 속출했다. 6두품 문인은 행정 능력과 유학 사상의 합리성으로 무장하고 있었으므로 진골 귀족의 자손이 태어나면서 갖게 되는 정치·사회적 특권의 문제점을 피부로 느낀 계층이었다. 보편적 인재 등용제가 마련되지 않은 상황에서 실력자에게 출세를 의탁할 수밖에 없었던 문객도 그 주인의 이해관계를 최우선시했고 정세의 변동에 따라 무상하게 움직이는 유동적인 존재였다.

이와 함께 지방에서 신흥 세력이 성장하고 있었다. 889년(진성여왕 3)에 가혹한 수취에 저항해 일어난 농민 반란과 사벌주(경북 상주)에서 봉기한 원종·애노의 난으로 전국은 일대 혼란에 휩싸였다. 897년(진성여왕 10)에는 붉은 바지를 입은 적고적赤袴賊이 봉기해 지금의 전라도 지역을 횡행했다. 지방 세력의 움직임은 이렇게 지방에서 대규모의 소요가 일어난 이후부터 확인된다.

하지만 그 씨앗은 이미 뿌려져 있었다. 785년 왕위 쟁탈전에서 패배한 김주원이 명주(강릉) 지역으로 물러나 대대로 거주하면서 '명주군왕溟州郡王'으로 자리 잡은 바 있다. 김주원은 중앙 정계에서 밀려난 후 낙향해 지방에 새로운 거점을 마련하고 세력을 키워 그 지역의 실력자로서 활약한 선구적 예를 보여 준다. 그의 아들 헌창은 웅천주(충남 공주) 도독으로 있다가, 822년(헌덕왕 14) 그곳에서 반란을 일으켰다. 여기에는 다시 그의 일족인 김범청이 가담했던 듯하다. 그는 김헌창과 같이 무열왕계에 속했는데, 그 선조인 김인문(무열왕의 아들)이 받은 토지가 웅주 지역에 있어 이들이 결집할 수 있는 경제 기반이 되었다. 또 범청의 아들인 낭혜화상이 지금의 충남 보령에 선종 사찰인 성주사聖住寺를 개창한 것도 이러한 지역 연고가 배경으로 작용했기 때문이고, 김인문·김주원 가문의 전통이 있어서 가능했다.

김헌창은 아버지가 왕위를 잇지 못한 것 때문에 반란을 일으켰으므로 김헌창의 난을 당시 빈발하던 왕위 계승전의 연장으로 볼 수도 있다. 하지만 왕경이 아니라 지방에서 발발한 대규모 반란이었고 관련 지역의 전통적 세력이 그 지지 기반의 일부를 이뤘으며, 이후에 지방 봉기가 잇달아 일어나는 것을 고려하면 김주원과 김헌창은 지방 세력의 선구적 위치에 있었다고 할 수 있다.

지방에 새롭게 설치한 특수 군사 구역인 군진軍鎭도 지방 세력 성장의 토대가 되었다. 신라는 782년(선덕왕 3) 대곡성(황해도 평산)을 승격시켜 패강진浿江鎭으로 삼고 백성을 이주시켰다. 성덕왕대에 확보한 패강 지역(예성강~대동강 사이)을 개발하고 발해를 방어하기 위한 군사 거점으로 패강진을 설치한 것이다. 826년(헌덕왕 18)에는 이곳에

황해도 평산 출토 주머니형 등자　황해도 평산 지역에는 신라 하대에 특수 군사구역으로서 패강진이 설치되었다. 지방 군진에 대한 중앙 정부의 통제력이 약해지면서 패강진의 유력자들은 지방 세력으로 성장했다. 이 화려한 마구는 패강진의 군사력과 경제력을 상징적으로 보여준다.

장성을 쌓았다. 이곳에서는 훗날 고려에서 평산 박씨로 알려지게 되는 지방 세력이 성장했다. 이들은 원래 경주 출신이었으나 패강진으로 이주해 정착했다. 이 밖에 고려 초의 평산 유씨, 황주 황보씨, 신천 강씨 등도 이 지역에 본관本貫을 둔 세력이었다. 패강 지역은 군사적 이점을 갖고 있었음은 물론이고 수운 및 해상 교통의 요충지로서 국내외 교역의 거점이기도 했다. 예성강 유역에서 성장한 왕건 가문도 패강 지역의 유력자와 연계되어 있었다.

널리 알려진 장보고 세력은 828년에 신라 정부가 완도에 설치한 청해진을 기반으로 한 것이었다. 829년 지금의 경기도 남양만 지역에 설치한 당성진唐城鎭은 뒤에 후백제의 견훤에게 포섭되었으며, 844년 강화도에 설치한 혈구진穴口鎭은 왕건 세력이 장악하게 된다.

9세기 말이 되면 진성여왕대(887~897)에 일어난 농민 반란의 와중에서 세력을 모은 양길, 기훤 등이 활약하고, 전국 각지에서 '성주城主' '장군將軍'을 스스로 일컫는 지방 세력이 속출했다. 이들은 종래 지방 행정과 수취를 담당한 촌주 같은 재지 세력 출신인 경우가 있었지만, 다수는 타 지역 출신으로서 군사·정치적 능력을 바탕으로 하여 그 지역의 치소治所를 장악하고 성을 쌓아 지방 유력자로서 자리 잡았다. 이들은 신라 정부에 반독립적 자세를 취했다. 자신보다 세력이 약한 인물을 관료로 임명해 관반官班을 조직하는 등 독자적인 지역 통치 기구를 갖추어 나갔다. 지방에서 성주, 장군으로 군림하던 이들이야말로 지방 세력의 본령이라 할 수 있으며, 신라 말과 고려 초 사회 변동의 주역이었다.

이들은 전국에 산재해 있었으며 세력의 크기도 다양했다. 당시의

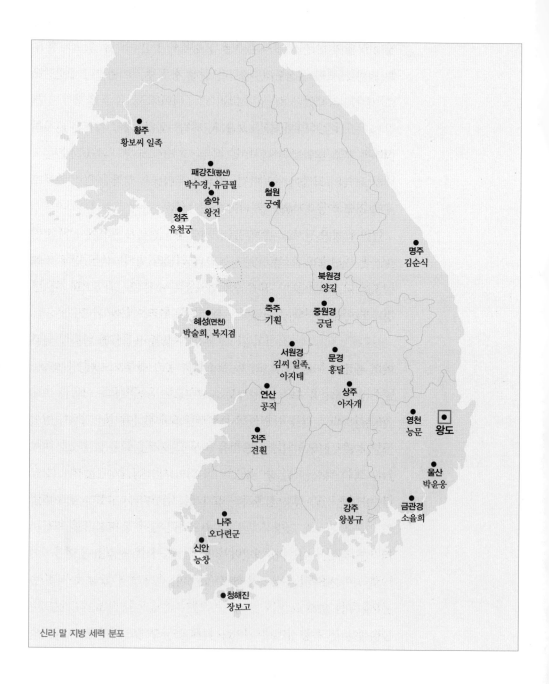

황주
황보씨 일족

패강진(평산)
박수경, 유금필

송악
왕건

철원
궁예

정주
유천궁

명주
김순식

북원경
양길

죽주
기훤

중원경
긍달

혜성(면천)
박술희, 복지겸

서원경
김씨 일족,
아지태

문경
홍달

연산
공직

상주
아자개

영천
능문

왕도

전주
견훤

울산
박윤웅

강주
왕봉규

금관경
소율희

나주
오다련군

신안
능창

청해진
장보고

신라 말 지방 세력 분포

동고산성 내 건물지와 '전주성' 명 막새기와　　　전북 전주시의 승암산(속칭 중바위)에 있는 동고산성은 통일신라 완산주의 방어성이었으며 나중에 후백제의 견훤이 왕궁을 두었다고 추정되는 곳이다. 성 안에서 10기가 넘는 건물지와 '전주성'을 새긴 명문 기와가 발견되었다.

지역 상황을 보여 주는 사례로서 지금의 경남 서부에 해당하는 신라 말의 청주菁州 지역을 살펴보자. 이곳은 일찍이 신라 왕실의 직속지가 있었고 일본과의 교섭 창구로서도 중요한 역할을 해 왔다. 그런데 10세기 들어 청주 지역도 지방 세력에 의해 장악됨으로써 왕실과의 관계가 단절되었다. 900년(효공왕 4) 청주의 유력자가 궁예에게 투항했고, 920년(경명왕 4)에는 '강주(청주의 다른 이름) 장군'이라 불린 윤웅閏雄이 왕건에게 귀부했다.

하지만 이 밖에도 청주 지방에는 몇 명의 유력자가 더 있었다. 그 가운데 대표적 인물이 왕봉규王逢規였다. 그는 천주(경남 의령)를 거점으로 성장하여, 924년(경명왕 8)에는 천주절도사를 자칭하며 중국 후당後唐에 사신까지 보낼 정도였다. 이때 신라의 중앙 정부도 후당에 사절을 보냈으므로 왕봉규는 신라 국가와 별도의 독자적인 외교 활동을 벌인 셈이다. 그리고 927년(경애왕 4) 후당으로부터 회화대장군懷化大將軍을 제수 받고 다시 지강주사知康州使로서 후당에 사신을 파견했다.

왕봉규는 신라 말 청주의 최대 세력이었으며, 이 밖에도 중소 유력자들이 할거하면서 한편에서 서로 연합하거나 제휴하고 한편에서는 강성한 세력에게 통합되는 역동적인 상황이 펼쳐졌다. 이 과정에서 대세력으로 성장한 것이 견훤, 궁예였고, 각각 892년에 후백제, 901년에 후고구려를 세워 신라와 함께 후삼국의 시기를 열었다.

신라 정부의 통제력은 이제 경주를 중심으로 삼국 시기의 원래 신라 지역까지만 미쳤으며, 그 밖의 지역은 군소의 지방 세력이 장악해 일부는 독자적 대외 교섭까지 시도하는 상황이 되었다. 그러나 국왕과 진골 귀족들은 '구장舊章'으로 표현되는 기존 체제의 고수를 통해 문제를 덮어버리는 데 급급했다. 전통적인 지배 질서를 유지함으로써 사회 변동의 새로운 흐름을 막아 보고자 한 것이다. 당대 지식인이라 할 수 있는 6두품 이하 귀족들 가운데는 이러한 정부의 태도에 실망해 지방 유력자의 휘하로 들어가는 이도 있었다.

　반독립적으로 할거하던 여러 지방 세력들이 후백제와 후고구려에 흡수되면서 신라의 지배에서 완전히 이탈하자 신라의 존립 기반은 무너지게 되었다. 결국 935년 궁예를 축출하고 고려를 세운 왕건에게 경순왕이 귀부함으로써 나당 전쟁 승리 이후 250여 년을 이어 온 통일신라는 멸망했다.

—김창석

당은 고구려를 멸망시키고 안동도호부를 설치했지만 고구려 유민의 반발에 부딪혔다. 고구려 유민의 반당 투쟁은 백제 옛 땅의 지배를 둘러싸고 당과 대립하던 신라의 지원을 받아 나당 전쟁으로 확대되었다. 나당 전쟁에 패한 후 안동도호부의 영역은 요동 지역으로 축소되었다.

이 과정에서 당내지로 두 차례 이상 고구려 유민의 대규모 강제 이동이 있었는데, 그중 일부는 영주에 잔류했다. 696년 영주에서 거란족 이진충의 난이 일어나 요동 지역까지 확산되었는데, 이때 대조영이 이끄는 고구려 유민이 요동에서 독자 세력을 형성했다. 대조영은 당의 회유와 압박을 피해 송화강 너머 동모산에서 진국을 건국했다.

대조영의 진국은 713년 당과 국교를 맺으며 발해로 불리기 시작했다. 고왕 대조영의 뒤를 이은 무왕 대무예는 주변의 말갈 부족들을 복속해 나갔다.

발해사의 전개

발해의 건국과 발전, 쇠퇴

고구려 유민의 동향

당의 고구려 지배 정책

5세기 이래로 동아시아의 한 축이었던 고구려는 일원적 국제 질서를 강요하는 수와 당에 70여 년간 맞서 싸웠다. 결국 당은 신라와 제휴해 고구려 지배층의 내분을 틈타 겨우 고구려를 멸망시킬 수 있었다. 당시 고구려는 5부 176성 69만 7천 호로 이루어졌는데, 당은 이를 9도독부 42주 100현으로 재편하고 상급 통치 기관으로 안동도호부를 평양성에 설치했다. 그리고 현지 지배를 위해 고구려 지배층 가운데 일부를 도독, 자사, 현령에 임명했다.

이처럼 정복 지역에 부, 주, 현 등과 같이 당의 지방 제도를 적용해 편제한 지역을 기미주羈縻州*라고 하며, 현지인을 통한 간접적 지배 방식을 기미 지배라고 한다. 당은 이러한 기미 지배를 이미 660년 정복한 백제에도 적용했다. 즉 5부 37군 200성으로 이루어진 백제 영역을 그대로 인정해 5도독부 37주 250현으로 재편하고, 현지 유력자를 도독, 자사, 현령에 임명한 것이다.

그런데 고구려에 대한 당의 정책은 백제와 다른 점들이 있다. 첫째

기미주
기미는 말이나 소를 부리기 위해 머리나 목, 재갈 등에 얽어매는 굴레와 고삐를 가리킨다. 당은 주변 이민족을 야생의 상태가 아니라 소와 말처럼 굴레와 고삐를 통해 통제하려 했다.

는 5부 176성이라는 고구려의 지방 제도와 무관하게 9도독부 42주 100현으로 강제 분할하고, 현지 유력자를 도독, 자사, 현령 등 지방관에 임명하되 당 관리가 이들을 감시했다. 둘째는 당의 총괄 기구로서 안동도호부를 설치하고 병력으로 2만 명을 주둔시켰다. 셋째는 평양성 함락 직후 보장왕 등 2만 명을 압송한 후 이듬해에 다시 2만 8천 호를 강제 이주시켰다.

요컨대 고구려에 설치된 기미주는 백제에 비해 내지화內地化 경향이 짙었다. 이 점에서 고구려에 대한 당의 기미 지배는 영역화를 전제로 하는 것이었다. 이러한 차이는 당의 의도가 애초에 백제보다 고구려 멸망에 있었으며, 고구려 지역에 대한 신라의 지분을 인정하지 않았기 때문이었다.

고구려 유민의 부흥 운동

당의 정책은 기본적으로 현지 유력자의 지배 기반을 축소하는 것이었기 때문에, 곧바로 고구려 유민은 반발했다. 669년 2월 보장왕의 아들 안승安勝이 4천 호를 이끌고 신라로 망명하자, 당은 고구려 유민 2만 8천 호를 당의 내지로 강제 이주시켰다. 이 가운데 평양과 국내성에 거주하던 자들은 바다 건너 내주萊州(산동성 봉래)에, 요동 지역에 거주하던 자들은 육로로 영주營州(요령성 조양)에 일단 집결시켰다가 당의 남부와 서부 변경 지대로 옮겨졌다.

이로써 안동도호부가 일단 안정되자 670년 4월에 안동도호 설인귀 薛仁貴가 토번吐蕃을 정벌하러 떠났다. 그러나 바로 직후에 검모잠이 반당 투쟁의 기치를 올렸다. 그는 평양 부근에서 당의 칙사인 승려 법안法安을 비롯해 당의 관리를 죽이고 신라로 남하해 안승을 왕으로 추대했다. 얼마 후에는 요동의 요충지인 안시성과 부여성에서도 반당 투쟁이 발발했다. 곳곳에서 발생한 고구려 유민의 반당 투쟁을 안동도호부의 군사력만으로 진압할 수 없었으므로 당은 고간高侃과 이근행李謹行을 파견해 토벌에 나섰다. 이 무렵 옛 백제 지역의 통치를 놓고 당이 설치한 웅진도독부와 신라의 대립이 격화되고 있었다. 그래서 신라는 고구려 유민을 지원하기 시작했다.

670년 초에 이미 신라군은 고구려 장수였던 고연무와 함께 압록강까지 진격했고, 672년 당이 고구려 유민을 백수성白水城(황해도 재령강 부근)에서 격파하자 신라는 곧바로 구원병을 파견했다. 이듬해 호로하瓠蘆河(임진강)에서 격전을 치른 고구려 유민은 더 이상 감당할 수 없어 남쪽으로 달아나 신라에 합류하거나, 당의 지배력이 미치지 못하는 말갈 지역으로 피신했다. 이제 고구려 유민의 반당 투쟁은 신라와 당의 전면전으로 확대되었다.

대조영 집단의 강제 이주

675년 9월 당은 20만 대군으로 신라를 공격했지만 매초성買肖城(경기도 연천)에서 대패했다. 이 전투로 한반도에서 당의 지배력이 와해되었다. 이듬해 평양에 있던 안동도호부는 압록강 너머 요동성으로 퇴각했다. 이때 고구려 출신의 지방관을 감시하던 당 관리들도 본국으로 철수했다. 이로써 고구려 유민을 무마하며 후방을 정비한 당은 다시 신라를 공격했다. 그러나 676년 11월 기벌포(금강 하구)에서 다시 패배해 당은 지배 방침을 변경할 수밖에 없었다. 이듬해 안동도호부를 동쪽의 군사적 요충지인 신성으로 이동시키는 한편, 앞서 당으로 끌고 갔던 보장왕과 고구려 유민을 다시 요동으로 귀환시켰다. 당은 고구려 지역의 영역화를 포기하고 보장왕을 통해 요동 지역만이라도 간접적으로 통치하는 기미 지배로 전환했던 것이다.

681년 보장왕은 당의 기대를 저버리고 고구려 부흥을 도모했다. 그러나 4년간의 반당 투쟁이 실패한 데다 당이 유화적 기미 지배를 시행했기 때문에 고구려 유민을 규합하기가 쉽지 않았다. 게다가 천남생, 천헌성 부자와 같이 당의 지배에 적극 협조하는 이들도 있었다. 결국 그는 고구려의 부용 세력이었던 말갈을 동원하기로 했다. 말갈도 고구려 멸망 이후 고구려 유민과 함께 당으로 강제 이주되었거나 반당 투쟁에 참여했기 때문이다. 그러나 사전에 모의가 발각되어 보장왕은 공주邛州(사천성 공협)로 유배 갔다가 이듬해 사망했다.

한편 당은 이 사건 이후 다시 고구려 유민을 당의 남부와 서부의 변경 지대로 강제 이주시켰다. 669년과 681년의 두 차례의 강제 이주 과정에서 고구려 유민인 걸걸중상·대조영 부자와 말갈 추장인 걸사비우가 중간 경유지인 영주에 머무르게 되었다.

발해의 건국 과정

이진충의 난과 안동도호부

당에 의해 멸망한 돌궐이 7세기 후반 부흥해 당의 변경을 침략하면서 당의 기미 지배에 균열이 생겼다. 696년 5월 영주에 기근이 들자, 거란契丹 추장 이진충李盡忠은 군사를 일으켜 순식간에 영주를 점령하고 하북 지역까지 세력을 뻗쳤다. 당은 자력으로 거란군을 격퇴할 수 없어 돌궐에 원조를 요청했다. 이진충의 난은 1년 만에 진압되었지만, 그 여파는 700년까지 지속되었다. 이로 말미암아 당은 동북 방면의 지배력을 상실하게 되었다.

당시 영주에는 거란을 비롯해 동호계 부족인 해奚, 고구려 유민, 말갈 등 주변 민족이 기미주로 편제되어 집단적으로 거주하고 있었으므로, 이들도 이진충의 난에 적극적으로 동조했다. 영주에서 일어난 거란은 남하하여 하북으로 진출하는 한편 배후의 안전을 확보하기 위하여 동쪽으로 안동도호부도 공격했다. 영주에 거주하던 걸걸중상·대조영 부자와 걸사비우 같은 고구려 유민과 말갈족도 여기에 참전했다.

비록 거란은 안동도호부를 함락하지 못했지만, 이로 인해 안동도호부의 지배력은 약화되었다. 이후 요동 지역에서는 거란의 공격을 기미주 단위로 방어할 수밖에 없었다. 따라서 697년 초반 당이 수륙 방면으로 거란에 총공세를 취할 때, 안동도호가 아닌 요동도독 고구수

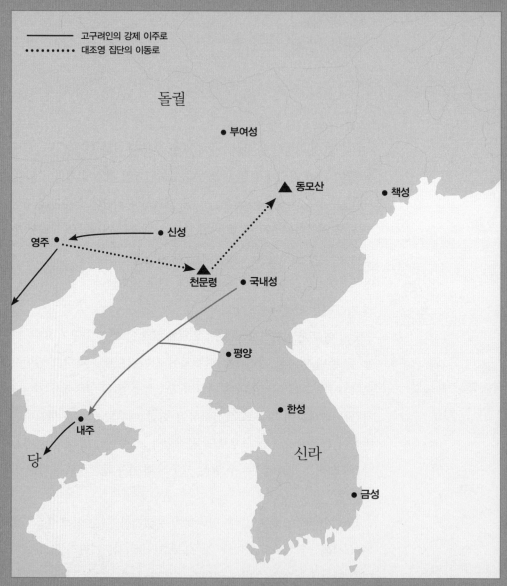

고구려인의 강제 이주로
대조영 집단의 이동로

돌궐

● 부여성

▲ 동모산

● 책성

영주 ● ← ● 신성

▲ 천문령 ● 국내성

● 평양

● 한성

신라

내주

당

● 금성

고구려 유민이 강제 이주와 대조영 집단의 이동 경로   당은 기미 지배에 방해가 되는 고구려 유민 3만여 호를 669년에 당 내지로 강제 이주
시켰다. 평양과 국내성 지역의 거주자는 바닷길로 내주에, 요동 지역의 거주자는 육로로 영주에 일단 집결시켰다가, 676년에 보장왕과 함께
다시 요동으로 귀환했다. 이들은 보장왕의 부흥 운동이 실패한 뒤에 다시 당의 남부와 서부의 변경 지역으로 보내져 변경 개척에 혹사당했다.
두 차례의 강제 이주 중에 일부는 영주에 잔류했다. 696년 영주에서 이진충의 난이 일어나자 대조영과 걸사비우 집단은 요동으로 이동했다
가 천문령에서 당군을 격파하고 동쪽으로 달아나 동모산에서 진국을 세웠다.

高仇須에게 수군을 지원해 배후에서 거란을 공격하도록 지시했던 것이다.

대조영 집단의 동향

697년 6월 당은 돌궐의 도움을 받아 하북에서 거란을 진압했다. 그렇지만 요동에서는 거란의 잔여 세력이 온존하고 있었다. 걸걸중상과 걸사비우는 오히려 거란의 통제에서 벗어나 독자적인 세력을 구축했다. 이 때문에 당 내부에서는 안동도호부를 폐지하고 고구려 왕족에게 통치를 위임하자는 건의가 끊이지 않았다.

이듬해 당은 보장왕의 손자 고보원高寶元을 충성국왕忠誠國王에 임명해 요동의 고구려 유민을 다스리도록 했다. 그리고 걸걸중상과 걸사비우를 각각 진국공震國公과 허국공許國公에 책봉해 포섭하려고 했다. 그러나 걸사비우의 거부로 당의 계획은 실패했다. 결국 698년 6월 안동도호부는 요동만 관할하는 안동도독부로 축소되었다.

당은 요동 지역의 안정을 위해 거란 출신의 장수 이해고李楷固를 파견해 토벌에 나섰다. 말갈족을 이끌던 걸사비우는 전사했고, 고구려 유민을 이끌던 걸걸중상도 이 무렵 사망했다. 이제 고구려 유민의 운명을 짊어지게 된 대조영에게는 당의 공세를 피해 동쪽으로 달아나는 것 외에는 달리 선택의 여지가 없었다. 이해고의 군대가 천문령天門嶺까지 추격하자 대조영은 고구려 유민과 말갈족을 규합해 맞서 싸웠다. 이 전투에서 이해고만 살아남았을 정도로 참패한 당은 요동 지역 전세를 만회하기 위해 계속해서 대조영 집단을 토벌하려고 했다. 따라서 대조영 집단은 천문령 전투의 승리에도 불구하고 다시 동쪽으로

동모산   698년 대조영은 당의 계속된 토벌을 피해 송화강 너머 이곳에서 진국을 세웠다. 동모산은 현재 중국 길림성 돈화시 성산자 산성이다. 여기서 동쪽으로 5킬로미터 떨어진 영승유적永勝遺蹟(또는 동북쪽으로 15킬로미터 떨어진 오동성敖東城)에 평상시의 거주지를 마련했다. 이처럼 평지성과 산성이 결합된 형태는 고구려식 방어 체계의 특징이었다. 상경으로 천도한 후에 발해인들은 이곳을 옛 도읍지[舊國]라고 불렀다.

달아날 수밖에 없었다.

진국에서 발해로

698년 후반 대조영은 고구려 유민과 말갈족을 이끌고 모란강 유역의 동모산東牟山에서 나라를 세우고 스스로 진국왕振國王*이라 불렀다. 이는 국호를 '진국'으로 삼았던 것을 의미한다. 당은 천문령 패배 이후에도 대조영 집단을 토벌하려고 했으므로 대조영은 건국 직후 곧바로 당과 대립하던 돌궐과 통교했다. 또한 신라에도 사신을 파견했는데, 당시 신라는 나당 전쟁의 앙금으로 당과의 국교가 실질적으로 단절 상태에 있었다. 이때 신라는 대조영에게 신라의 다섯 번째 관등인 대아찬을 제수했다.

당은 안동도호부의 통제권을 벗어나 독립한 나라를 인정할 수 없었다. 안동도호부는 원래 옛 고구려 지역뿐만 아니라 옛 백제 지역(웅진도독부)과 신라까지 관할 대상으로 했다. 그러나 고구려 유민의 반당 투쟁과 나당 전쟁의 과정에서 그 영역이 요동 일대로 축소되고, 지배 방식도 기미 지배로 완화되었다. 당은 통제력이 미치지 못하는 요동 너머의 지역을 미개한 말갈 지역으로 인식했다. 그에 따라 대조영이 세운 진국도 인정하지 않고 '말갈'로 불렀다.

한편 당은 이진충의 난 이후 거란에게 빼앗긴 영주 지역을 회복하고자 했다. 이를 위해서는 거란의 배후에서 세력을 확대하고 있는 진국을 무시할 수 없었다. 결국 당은 705년 그 실체를 인정하고 국교를 수립하고자 했다. 그러나 돌궐과 거란의 방해로 지연되다가 713년에 대조영을 좌효위장군左驍衛大將軍·홀한주도독忽汗州都督·발해군왕渤海

진국왕
《구당서》와 《책부원귀》, 《자치통감》 등 1차 사료를 인용한 역사서에는 '振國', 《신당서》 등 후대 역사서에는 '震國'으로 되어 있으므로, 전자의 표기가 맞다. 국력이 사방에 떨친다는 의미에서 振國을 국호로 사용했던 것이다.

696

영주에서 이진충의 난 발생. 걸걸중상, 대조영 부자와 걸사비우 요동으로 이동.

698

대조영, 당군을 천문령에서 격파하고 동모산으로 옮겨 진국왕을 자칭.

719(3월)

고왕 대조영이 죽고 아들 무왕 대무예가 즉위. 연호는 인안.

최흔斷忻 석각 탁본 당은 705년에 대조영을 책봉하려 했으나 돌궐과 거란의 방해로 실패하였다. 그로부터 8년 후인 713년 2월 당 현종은 최흔을 파견해 대조영을 좌효위대장군·홀한주도독·발해군왕에 책봉했다. 그는 귀국 중인 714년 5월에 지금의 요동반도 남단인 여순에 머무르며 우물을 파고 돌을 새겼다. 당시 그의 직함은 황제의 칙명으로 부절을 지니고[勅持節] 황제를 대신하여 말갈을 위무하는 사신[宣勞靺羯使] 겸 홍려경鴻臚卿(외교관련 부서의 장관)이었다. 한편 705년 입당했던 고왕 대조영의 둘째 아들 대문예大門藝는 713년에 최흔을 따라 귀국했다.

그런데 양국의 국교 수립에 이어 불녈, 월희, 철리 말갈이 당과 교섭하게 되자, 당은 대조영의 진국과 말갈 부족들을 구분할 필요가 있었다. 이때 당은 진국이라는 국호를 인정하지 않고 대신 대조영의 작호를 빌려 '발해말갈'로 불렀다. 이때부터 점차 발해가 국호로 사용되기 시작했다. 물론 진국이 스스로 국호를 발해로 바꾸어 사용한 것은 좀 더 시간이 흐른 뒤의 일이다. 그렇지만 여기서는 편의상 발해로 통칭하기로 한다.

무왕대
세력 확장과 위기

세력 확장과 대외 동향

발해는 당과 국교를 수립한 이후 대외적 안정 속에서 주변으로 영역을 확장해 나갔다. 건국 시조인 고왕高王 대조영은 도읍지 동모산 일대를 중심으로 과거 고구려 영역 가운데 요동과 평양 일대를 제외한 지역, 즉 서쪽으로 압록강과 혼강, 북쪽으로 북류 송화강 상류, 동쪽으로 함경도 일대까지 세력을 확장했다. 뒤이어 718년 즉위한 무왕武王 대무예大武藝는 동북쪽으로 영역을 확장해 나갔다.

남쪽의 신라가 712년에 즉위한 성덕왕 때부터 이전과 달리 대당 외교에 적극적으로 나선 데에는 북방에 위치한 발해의 동향과 무관치 않다. 721년에는 신라가 하슬라도何瑟羅道(강릉) 지역의 장정 2천 명을

좌효위장군·홀한주도독·발해군왕

좌효위대장군은 당의 중앙군인 16위의 하나인 좌효위의 지휘관. 홀한주도독은 진국의 영역에 당이 명목상 설치한 홀한주의 행정과 군사의 책임자. 발해군왕은 대조영에 대한 작호.

조선 후기의 발해 지도　　19세기에 그려진 〈연혁도沿革圖〉 중 발해 부분이다. 이 〈연혁도〉는 단기이후제고국檀箕以後諸古國, 신라, 백제, 고구려, 발해, 신라경덕왕구주, 고려도읍 등 7폭으로 구성되어 있다. 조선 후기에 고조된 영토 의식과 역사 인식을 반영하여 〈연혁도〉에 발해를 포함시켰다. 다만 지도상에서 요동 지역에 대한 비정은 《요사》 지리지의 오류를 답습한 결과다. 유득공, 정약용, 한진서 등의 실학자들의 연구 성과를 아직 참조하지 못했던 것이다.

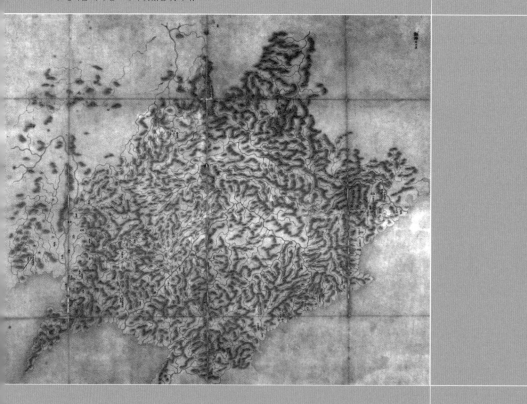

동원해 북쪽 국경에 장성을 쌓은 것은 발해의 세력 확장에 대한 대비책이었다.

발해의 배후에는 불녈拂涅, 월희越喜, 철리鐵利, 흑수黑水 등 여러 말갈 부족들이 산재해 있었다. 반농반렵 생활을 주로 하던 이들은 필요한 물자를 확보하기 위해 당과 활발하게 교류했다. 그 과정에서 중간에 위치한 발해는 말갈 부족들에게 영향력을 행사했다. 한편 그 가운데 가장 북쪽인 송화강 하류에 있었고 고구려 멸망 이후에도 독자 세력을 유지하고 있던 흑수말갈은 722년이 되어서야 당과 교섭했다.

8세기 초반 당은 북방의 돌궐과 대립하게 되자 동북 방면에서 돌궐에 종속된 거란과 국지전을 벌였다. 720년 9월 당은 발해에 사신을 보내 거란 토벌을 제안했지만 발해는 불응했다. 발해가 당과 국교를 맺었지만 돌궐과 관계를 단절한 것은 아니었기 때문이다. 무왕 대무예는 대조영에 고왕高王이라는 시호를 올리고, 인안仁安이라는 연호를 사용했다. 발해는 당의 책봉을 받았음에도 독자적 노선을 견지했던 것이다.

흑수말갈 토벌을 둘러싼 갈등

토둔
돌궐이 정복한 지역에 감독과 공납물 징수를 위해 파견한 관직. 토둔은 피정복 지역의 부족장을 통해 감독하고 공납을 징수했다.

흑수말갈은 당에 접근하기 전에 돌궐에 토둔土屯*을 요청했다. 이 과정에서 흑수말갈은 발해에 먼저 통보하고 함께 돌궐에 사신을 파견했다. 그런데 흑수말갈과 당의 교섭이 이루어진 지 4년 만인 726년 당은 흑수말갈을 기미주로 편제하고, 당의 관리를 파견해 감독했다.

흑수말갈과 당의 결탁 과정에서 발해는 완전히 배제되었기 때문에, 무왕은 양자가 발해를 공격할지도 모른다고 우려했다. 더구나 발해에 복속된 말갈 부족들까지 이탈할 가능성도 있었다. 이 때문에 무왕은 흑수말갈을 토벌하기로 했다. 하지만 무왕의 동생 대문예大門藝는 반대했다. 당의 감독을 받는 흑수말갈을 토벌하면 나중에 당과 전쟁하게 된다고 판단했던 것이다. 그래서 그는 과거 강성했던 고구려가 당에 대적하다 하루아침에 망해 버렸는데, 고구려보다 몇 배나 국력이 약한 발해가 당과 대적하는 것은 불가하다는 의견을 피력했다. 대문예는 일찍이 당에 숙위宿衛로 파견되었던 전력이 있었다.

발해의 지배층은 대당 외교 노선을 둘러싸고 각각 무왕과 대문예로 대표되는 반당파와 친당파로 구분되었다. 무왕이 대당 강경책을 견지할 수 있었던 것은 당과 대립하고 있던 돌궐 및 거란과의 제휴를 염두에 두었기 때문이다. 발해는 초기에 당의 위협에서 벗어나고자 돌궐과 친선을 도모했고, 당과 국교를 맺은 이후에도 돌궐과 관계를 유지하고 있었다.

등주 공격과 동아시아 국제 관계

결국 논란 끝에 무왕은 흑수말갈을 토벌하기로 결정하고, 토벌 사령관에 대문예를 임명했다. 그런데 대문예가 국경에서 다시 토벌을 반대하는 상소를 올리면서 상황이 급변했다. 무왕은 진노하여 사촌형 대일하大壹夏를 파견하고 대문예를 소환했다. 대문예는 곧바로 당으로 달아났다.

대일하가 흑수말갈을 토벌한 결과 당분간 흑수말갈을 비롯한 다른 말갈 부족과 당의 교류는 중단되었다. 무왕은 이후 당으로 망명한 대문예의 송환을 집요하게 요구했다. 그러나 당은 여러 가지 이유로 거부했다. 그러던 중 728년 당이 흑수말갈과 다시 결탁하는 한편, 당에 숙위로 있던 무왕의 태자인 대도리행大都利行이 사망한 사건이 발생했다.

발해는 흑수말갈을 토벌했음에도 2년 만에 당이 다시 흑수말갈과 결탁해 대외적 위기 상황에 처하게 되었다. 또한 내부적으로 건국 초기였기에 왕권이 확립되지 않은 상황에서 발생한 대도리행의 사망은 왕위 계승 문제를 야기했다. 이런 상황에서 731년 당은 대문예 문제에 대한 종래의 수세적 입장에서 일변해, 무력 응징도 불사하겠다는 뜻을 드러냈다. 한편 이 무렵 거란은 해와 함께 돌궐에 투항해 730년부터 당을 공격했다. 대내외적 위기에 처한 발해는 이런 상황을 이용하여 등주登州(산동성 봉래) 공격을 감행했다. 732년 9월 장문휴張文休가 이끄는 발해의 수군은 바다 건너 등주를 습격해, 등주자사를 죽이는 전과를 올렸다.

불의의 습격을 받은 당은 이듬해 본격적으로 토벌군을 파견했다. 그러나 733년 1월 대문예로 하여금 유주幽州(북경)의 병사를 징발해 발해를 공격하는 한편, 신라도 발해를 공격케 하는 협공작전을 구사했지만 모두 실패로 끝났다. 뒤이어 무왕은 자객을 동원해 대문예 암살을 시도했으나 실패한 후 발해는 다시 마도산馬都山(하북성 도산)을 공격했다.

발해 지배
체제의 성립

대당 관계의 개선

발해의 지원 세력이었던 돌궐은 734년부터 붕괴하기 시작했다. 그 결과 거란과 해가 당에 투항했다. 또한 신라는 이 무렵 단독으로 발해 공격을 시도했다. 이처럼 국제 정세가 불리하게 돌아가자 발해도 더 이상 대당 강경책을 지속할 수 없었다. 한편 당도 현종玄宗 중반기에 접어들면서 현상 유지에 급급했다. 발해는 736년 거란과 해를 함께 토벌하자는 돌궐의 제안을 받고 도리어 당에 알려 주었으며, 당의 포로를 송환하기도 했다. 이에 따라 당도 억류하던 발해의 사신을 방면했다.

이러한 사실들은 발해와 당의 화해 분위기를 전해 주지만, 양국 간의 관계 정상화는 737년 무왕이 사망하고 문왕文王 대흠무大欽茂가 즉위한 뒤 이루어졌다. 문왕은 즉위 직후 《당례唐禮》를 요청해 발해가 당의 예법을 수용해 당 중심의 세계 질서에 다시 편입되겠다는 의사를 표명했다. 또한 담비 가죽과 말린 문어 등 특산품을 보내며 당의 책봉을 요청했다.

발해의 등주 공격은 당과 흑수말갈의 결탁이라는 대외적 압박과 대문예의 망명으로 인한 지배층의 분열에서 비롯되었기 때문에, 무왕은 등주 공격을 전후해 대문예를 지지하던 친당파를 숙청했다. 따라서 대당 관계의 개선을 내세운 문왕은 친당파를 사면하지 않을 수 없었다. 결국 문왕은 당의 책봉을 받고 친당파를 사면해 발해와 당의 관계는 완전히 회복되었다.

한편 당은 713년 국교 수립 이래 대조영이 자칭한 진국이라는 국호를 인정하지 않고 다른 말갈 부족들과 구분하기 위해 발해 말갈로 불렀다. 문왕은 적극적인 친당 정책의 일환으로 진국보다 당의 책봉호에서 비롯된 발해를 국호로 사용했다. 당도 741년 이후로는 '발해 말갈'에서 말갈을 떼고 발해로만 부르기 시작했다. 발해가 흑수말갈을 제외한 나머지 말갈 부족들을 모두 복속시켰기 때문이다. 이로써 대내외적으로 발해가 국호로 사용되기 시작했다.

신라·일본과의 관계

발해는 727년 말 처음으로 일본에 사신을 파견해 국교를 맺었다. 무왕이 즉위한 이후 발해가 주변으로 세력을 확대해 나가자, 북쪽의 흑수말갈과 남쪽의 신라는 당과 밀착하기 시작했다. 발해는 흑수말갈과 신라를 동시에 공격할 수 없었으므로 일본을 통해 남쪽의 신라를 견제했던 것이다. 처음으로 일본에 파견된 사신은 영원장군寧遠將軍 고인의高仁義였다. 그가 728년 귀국할 때 동행했던 일본 사신은 730년에 일본에 돌아갔다. 이듬해 일본은 군함 300척을 동원해 신라의 동쪽 변경을 침략했다. 한편 발해가 등주를 공격한 이후 당의 요구로 발해를 공격했던 신라는 734년 다시 단독으로 발해를 공격하려 했다.

이처럼 신라가 발해에 대해 호전적인 태도를 취하자 735년 당은 패강浿江(대동강) 이남의 영유권을 신라에게 넘겨주었다. 그러나 발해와 당의 관계가 정상화되면서 신라와의 긴장 관계도 점차 완화되었다. 757년 신라는 동북쪽의 정천군井泉郡(함경남도 문천군 덕원면)에 탄항관문炭項關門을 설치했다. 관문은 교섭 창구의 기능도 갖고 있었으며, 이 무렵에는 이미 양국 사이에 신라도新羅道라는 교통로가 개설되었다.

발해와 신라의 긴장 완화는 발해의 대일 관계에도 영향을 끼쳤다. 발해는 759년까지 다섯 차례 일본에 사신을 파견할 때 무관을 보냈지만, 762년의 6차 파견부터 문관으로 교체했고 사절단의 규모도 확대했다. 즉 대일 외교는 군사적 목적에서 경제적 목적으로 전환되었던 것이다.

한편 발해가 일본에 처음 보낸 국서에서는 "고구려의 옛 땅을 회복하고, 부여의 풍속을 간직했다"고 밝혀, 발해가 고구려를 계승했음을 선언했다. 일본도 발해 국왕을 '고려국왕高麗國王', 발해 사신을 '고려사高麗使' 또는 '고려번객高麗蕃客'으로 불렀다. 일본도 발해가 고구려를 계승한 나라임을 인정했던 것이다. 다만 일본은 고구려도 예전에 자신에게 조공한 나라로 생각했으므로, 그 후예인 발해도 조공국으로 간주했다. 고구려에 대한 인식 차이는 양국 간에 외교적 갈등을 야기했다.

문왕대 지배 체제의 정비

문왕이 즉위와 동시에 대당 관계의 개선을 추진한 이유는 국제 관계의 변화뿐만 아니라, 내부적으로 체제를 정비해야 하는 필요성에 직면했기 때문이었다. 발해는 고구려 옛 땅을 중심으로 주변 말갈 부

족을 정복해 나갔지만 흑수말갈의 경우에서 보듯이, 이들은 반농반렵 사회의 특성상 복속과 이탈을 반복했다. 발해는 주변 말갈 부족을 지방 세력으로서 포섭하는 지배 체제를 수립해야 했다. 그리고 대문예 망명사건에서 볼 수 있듯이 정책 집행 과정에서의 분열이 국가적 위기 상황을 초래했던 만큼 지배 체제의 중심에는 왕권을 두어야 했다.

문왕이 지향하는 왕권 중심의 중앙 집권 체제를 당은 이미 확립한 상태였다. 따라서 대당 관계의 개선 이후 문왕은 당의 선진 문물을 수용해 체제 정비에 나섰다. 문왕이 즉위 직후 요청한 《당례》는 당 현종이 732년 반포한 《대당개원례大唐開元禮》이다. 이는 다섯 가지 국가적 의례(길례, 흉례, 군례, 빈례, 가례)에 관한 규정인데 문왕은 이를 국가 규범으로 삼아 발해를 통치하려 했다.

지배 체제의 정비는 먼저 관제에서 나타났다. 처음 일본에 파견된 발해 사신은 영원장군 같은 무관이었던 반면, 문왕이 즉위한 이후 발해 사신은 약홀주若忽州 도독都督이나 목저주木底州 자사刺史, 현도주玄菟州 자사와 같은 지방관이 파견되었다. 게다가 762년부터는 정당성政堂省 좌윤左允이나 사빈시司賓寺 소령少令 같은 문관이 파견되었다. 목저주나 현토주는 고구려 때부터 사용 명칭이었으며, 정당성이나 사빈시는 당제의 영향을 받아 새로 만들어진 중앙의 통치 기구였다. 한편 동모산은 산성으로서 인근의 평지성과 결합되어 발해의 수도로서 기능했는데, 이는 고구려의 방식을 계승한 것이다. 그러나 이후의 도성은 당의 영향을 받아 평지성으로 이루어졌다. 고구려의 전통을 계승한 발해가 점차 새로운 지배 체제를 수립하기 시작한 것이다.

천도와 지방 세력의 편제

발해는 무왕대(718~737)와 문왕대(737~793)에 세 차례나 천도했다. 698년 동모산에서 건국한 발해는 732년 무렵 현주顯州(나중에 중경中京 설치)로, 756년 상경上京으로, 785년 무렵 동경東京으로 도읍을 옮겼다. 732년은 발해와 당의 갈등이 고조된 시기이고, 756년은 당의 동북 방면 책임자인 안녹산이 난이 일으킨 때이므로 현주와 상경으로의 천도는 당시 국제 정세와 관련이 있었다. 천도는 공교롭게도 30년마다 행해졌는데, 영역 확장과 방향이 같은 동쪽으로 이루어졌다. 이는 발해의 천도가 계획적이었다는 것을 의미한다. 새로운 지역으로 수도를 옮기려면 그 지역의 토착 세력을 복속시켜야 했다. 발해는 지배 체제가 아직 확립되지 않은 상황에서 지방을 통치하기 위한 목적으로 천도를 주기적으로 행했던 것이다.

발해는 천도와 함께 새로 복속된 지역의 세력을 지배 체제에 편입해 나갔다. 발해 초기에 등장하는 '수령首領'은 복속된 지역의 우두머리를 가리킨다. 이들은 문왕대 체제 정비 과정에서 중앙의 지배층에 편입되어 도독이나 자사에 임명되었다. 발해가 상경에 도읍하던 777년에 사망한 문왕의 둘째 공주 정혜공주貞惠公主는 첫 번째 수도 동모산 근처 육정산六頂山에 묻혔다. 또 동경에 도읍하던 792년에 사망한 문왕의 넷째 공주 정효공주貞孝公主는 두 번째 수도 현주 근처인 용두산龍頭山에 묻혔다. 모두 먼저 죽은 남편과 함께 합장되었는데, 두 공주의 장지가 다른 이유는 남편의 출신지가 다르기 때문이었다. 공주의 남편들은 해당 지역의 토착 세력으로서 중앙의 지배층에 편입되어 공주와 혼인했던 것이다.

정혜공주 무덤과 정효공주 무덤 내부 　정혜공주(738~777)는 문왕의 둘째딸로, 무덤은 발해의 첫 수도인 동모산 부근에 있는 육
정산 고분군에서 발견되었다. 이곳은 발해 초기 왕실과 귀족들의 무덤들이 대부분이다. 정혜공주 무덤은 고구려 양식을 계승한
석실봉토분이다.
　정효공주(757~792)는 문왕의 넷째 딸로, 무덤은 발해의 두 번째 수도이자 5경의 하나인 중경 부근에 있는 용두산 고분군에서 발견
되었다. 정효공주 무덤은 중국식 벽돌무덤에 고구려 양식의 평행고임 천정을 사용하고, 무덤 위에 탑을 쌓았다. 최근 이 근처에서
문왕 왕비 효의황후孝懿皇后와 간왕簡王 왕비 순목황후順穆皇后 무덤이 발견되었다.

지방 사회의 기층 단위인 촌락에는 아직 중앙의 지배력이 미치지 못해 촌락의 독자성을 인정하면서 이를 매개로 지방 지배가 이루어졌다. 촌락의 우두머리는 여전히 수령으로 불렸다. 도독이나 자사에 임명되어 중앙의 지배층으로 편입된 자들은 고구려 출신이 상대적으로 많았다. 반면 그 휘하의 촌락은 대부분 말갈 부락으로 이루어졌기 때문에, 수령은 대부분 말갈족이었다.

왕권 강화와 국력 신장

내부 체제 정비는 국력 신장으로 이어졌다. 당은 대조영과 마찬가지로 무왕과 문왕도 발해군왕에 책봉했다. 그런데 안녹산의 난 (755~763)이 끝나갈 무렵인 762년 문왕을 발해국왕渤海國王으로 승격시켜 책봉했다. 안녹산이 난이 일으켜 장안을 점령하자 요서 지역은 그를 반대하는 세력과 지지하는 세력으로 나뉘어 서로 발해에 지원을 요청했으나 양쪽을 믿지 못한 발해는 모두 거부했다. 뒤이어 당 조정이 문왕을 발해국왕으로 승진 책봉한 것은 반란군과 발해의 결탁을 차단하려는 의도에서였다. 이러한 정황은 발해의 국력이 무시 못 할 정도로 신장했음을 보여 준다.

한편 문왕이 발해국왕으로 승격한 사실은 왕권의 위상을 대외적으로 승인받은 것이기도 했다. 문왕은 774년 연호를 '대흥大興'에서 '보력寶曆'으로 바꾸었다. 연호는 통치 방침의 상징적 표현이다. '크게 흥한다'는 의미의 대흥은 문왕이 발해의 국세를 크게 일으키는 데 중점을 두고 제정한 연호다. 이를 위해 문왕은 영역 확장과 함께 왕권 중심의 중앙 집권 체제를 정비하는 데 힘을 기울였다. 이후 개원한 보력은 원래 왕이 새해에 신하들에게 반포하는 달력을 말한다. 자연 현상의 변화를 정확히 파악하는 달력을 제정하고 반포하는 행위는 통치자의 고유한 권한이므로, 보력은 왕 또는 왕위 자체를 의미하기도 했다. 따라서 문왕이 보력으로 개원한 데에는 왕권 중심의 중앙 집권 체제를 강화하겠다는 의도가 깔려 있었다.

왕권을 중심으로 체제를 정비하던 문왕은 점차 대내외적으로 왕권 강화를 표방했다. 이 무렵 발해에서는 문왕을 '대왕大王' 또는 '황상皇上'으로 높여 불렀다. 나아가 문왕은 일본에 보낸 국서에서 자신을 천손天孫으로 표방했고, 이로 인해 일본과 외교적 갈등이 발생했다. 천황제에 입각한 율령 국가를 지향했던 일본은 발해나 신라를 조공국으로 취급했기 때문이다. 771년 일본은 발해 국서에서 문왕이 관품을 기재하지 않고 천손을 참칭하는 등 무례하다는 이유로 국서의 수정을 요구했다. 773년과 779년에는 국서의 접수를 거부하고 발해 사신을 돌려보냈다. 발해의 사신은 국서를 수정해 일본의 요구에 응하기도 했지만 이를 거부해 되돌아가기도 했다.

동경 천도와 연호 복구

발해 초기의 지배층은 기본적으로 건국 집단 출신이었다. 이들은 무왕대에 흑수말갈 토벌 문제를 둘러싸고 각각 무왕과 대문예를 대표로 하는 반당파와 친당파로 한차례 분열을 겪었지만 등주 공격을 전후해 내부적으로 전자의 승리와 후자의 숙청으로 귀결되었다. 따라서 문왕 초반에 정국을 주도한 것은 건국 집단 출신의 반당파였다. 문왕이 추진한 왕권 중심의 중앙 집권 체제는 지배층의 기득권과 충돌하기 마련이었다. 여기서 문왕은 대당 관계의 개선이라는 명분으로 사면한 친당파를 활용했다. 친당파는 당의 선진 문물을 수용해 체제를 정비하려는 문왕의 지지 기반이 되었고, 왕권 강화를 수반하는 체제 정비에 반발하는 기득권 세력을 견제하는 역할을 했다.

785년 무렵 천도한 동경에는 이전의 도성과 달리 내성 밖에 방리제 坊里制에 입각한 외성을 설치하려 했다. 정연한 도시 구획은 이미 당의 장안성에서 실시하고 있었다. 따라서 보력으로 개원한 문왕은 왕권 중심의 중앙 집권 체제를 완성하고자 당의 장안성을 모방해 새로운 도성제를 시도했다.

당의 문물 수용은 묘제에서도 확인된다. 780년 조성된 정혜공주 무덤은 석실 봉토분으로서 전형적인 고구려 양식으로 만들어진 반면, 792년 조성된 정효공주 무덤은 당 양식을 따라 벽돌무덤으로 만들어 졌다. 다만 이 벽돌무덤의 경우 기다란 돌을 계단식으로 쌓아 천장 공간을 줄여 나가는 방식은 고구려에서 이어받은 것이다.

제도와 문화 등 사회 전반적으로 당 문물을 수용하는 추세와 달리 동경 도읍기에는 정치적 반동이 예고되었다. 바로 연호가 보력에서 대흥으로 다시 바뀐 것이다. 연호의 교체는 통치 방침의 변화를 의미하는데, 문왕이 처음 즉위했을 때의 연호로 되돌아간다는 것은 왕권 중심의 중앙 집권 체제에 반발한 건국 집단 출신의 기득권 세력의 움직임과 관련이 있었다. 50여 년간 재위한 문왕이 노쇠한 가운데 기득권 세력과 신진 세력 간의 지배층 내부에서 불거진 갈등은 동경 천도와 연호의 복구를 즈음해 전자가 주도권을 장악하는 방향으로 흘러갔다.

문왕 사후 왕위 계승 분쟁

문왕은 재위한 지 57년 만인 793년 3월에 승하했다. 문왕이 장수한 탓에 아들 대굉림大宏臨은 그보다 일찍 죽었다. 따라서 왕위는 대굉림의 아들 대화여大華璵로 넘어가야 했지만, 뜻밖에도 문왕의 6촌 동생인 대원의大元義가 즉위했다. 그러나 그는 즉위한 지 1년도 안 되어 의심 많고 포악하다는 이유로 지배 세력인 '국인國人'에게 피살당했다. 이들은 문왕의 적손인 대화여를 성왕成王으로 추대하고 상경으로 환도했다. 그러나 성왕 역시 얼마 후 사망하고, 문왕의 또 다른 손자인 강왕康王 대숭린大嵩璘이 즉위했다. 문왕의 사망에서 강왕의 즉위까지 긴박했던 상황은 불과 1년 만에 벌어진 일이다.

대원의가 적손 대화여를 제치고 왕위에 오를 수 있었던 데는 문왕의 왕권 강화에 불만을 품은 기득권 세력의 지지가 있었다. 따라서 대원의의 집권은 문왕대 지배 체제 정비 과정에서 성장한 신진 세력에게는 받아들여질 수 없었다. '국인'은 바로 이들을 가리킨다. '국인'으로 일컬어지는 신진 세력은 발해의 왕위 계승이 직계로 그동안 이루어졌다는 점을 명분으로 대원의를 축출하고 대화여를 추대했다. 그리고 대원의 지지 세력의 기반을 약화시키고자 상경으로 천도했다. 그러나 대원의 지지 세력의 반발로 성왕 역시 몇 달밖에 재위하지 못했다.

강왕 대숭린 역시 성왕과 마찬가지로 '국인'의 지지를 받아 즉위했다. 강왕 대숭린은 대원의나 성왕과 달리 당으로부터 책봉받았고 15년 동안 재위했기 때문에, 왕위 계승을 둘러싼 정치 세력 간의 갈등은 일단락되는 듯했다. 그러나 그는 문왕과 달리 당으로부터 발해군왕에 책봉되었다. 또한 즉위한 지 3년 뒤에 일본에 보낸 국서에서 '문왕'이라는 시호도 아직 정하지 못했음을 전했다.

강왕의 뒤를 이어 10년 남짓한 기간에 그의 아들인 정왕定王 대원유大元瑜(809~812), 희왕僖王 대언의大言義(812~817), 간왕簡王 대명충大明忠(817~818)이 잇달아 즉위를 반복했다. '국인'과 대원의 지지 세력 간의 권력 투쟁이 왕위 계승을 둘러싸고 지속되었던 것이다. 정국의 불안정은 대외 관계에까지 영향을 미쳤다. 그 결과 발해의 통제를 받던 월희, 우루虞婁, 흑수 등 말갈 부족들이 802년과 815년에 독자적으로 당과 교섭을 하거나, 810년 일본에 파견된 발해 사신 가운데 한 명이 귀국을 거부하고 체류하는 사태가 발생했다.

해동성국의 시대

선왕의 즉위와 정국의 안정

발해의 내분기는 간왕 대명충의 아저씨뻘인 선왕 대인수가 818년 즉위하면서 일단락되었다. 그런데 이제까지 왕위가 고왕 대조영의 후손들로 계승되었으나, 선왕은 고왕의 아우인 대야발大野勃의 4세손이었다. 왕계 교체라는 점에서 선왕도 대원의와 마찬가지로 찬탈을 통해 즉위했을 가능성이 있다. 그러나 선왕과 손자 대이진大彝震은 이후 당의 문물제도를 적극적으로 수용했기 때문에, 문왕 사후 25년간이

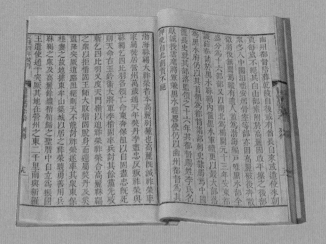

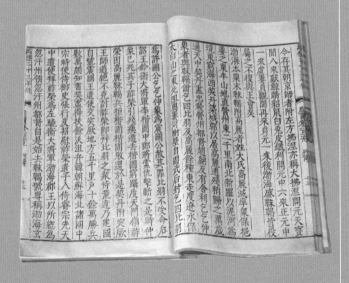

구당서 발해전과 신당서 발해전　《구당서 발해말갈전》(945)과 《신당서 발해전》(1060)은 ① 대조영의 출자에 대해 고구려 별종 대
속말말갈 출신, ② 발해 초기의 국호에 대해 振國 대 震國, ③ 동모산의 연고지에 대해 계루桂婁 대 읍루挹婁 등 미묘한 차이를 보이
고 있다. 또한 후자는 대조영의 아버지 걸걸중상을 언급하고 있다.

왕위 계승을 둘러싼 권력 투쟁의 승리자는 결국 '국인'이었다.

선왕은 즉위하고 당으로부터 은청광록대부銀靑光祿大夫·검교비서감檢校秘書監·홀한주도독·발해국왕을 책봉받았다. 이러한 책봉호는 정왕이나 희왕도 마찬가지였다. 그런데 두 왕과 달리 선왕은 2년 후에 은청광록대부(종3품)에서 금자광록대부金紫光祿大夫(정3품)로 승진했다. 정국의 안정을 대외적으로 인정받은 것이다. 선왕은 재위 12년 만에 사망하고 손자 대이진이 왕위를 계승했다. 문왕 말기에 아들 대굉림이 일찍 죽고 손자 대화여만 남아 있던 상황과 같지만, 정치적 격변 없이 적손 대이진이 그대로 즉위할 수 있었던 것은 그만큼 왕권이 강화되고 지배 체제가 정비되었기 때문이었다.

선왕 즉위에 따른 왕계 교체는 발해 왕실의 역사의식에도 변화를 가져왔다. 《구당서舊唐書》를 비롯한 역사서 대부분은 발해의 역사를 고왕 대조영부터 전하고 있다. 그런데 834년(대이진 함화咸和 4) 발해를 방문한 장건장張建章의 기록에 따른 《오대회요五代會要》와 《신당서新唐書》는 발해의 시작을 대조영의 아버지 걸걸중상부터 언급하고 있다. 9세기 들어 발해인에게 새롭게 걸걸중상이 중시된 것이다. 즉 선왕의 즉위로 왕계가 대조영에서 대야발로 교체된 데 따라, 대야발계로서는 자신들의 정통성을 강조하기 위해 대조영에 앞서 걸걸중상을 선양했던 것이다.

선왕대 영역 확장

선왕은 내분기에 위축된 발해의 국력을 부흥시키겠다는 의도에서 '건흥建興'을 연호로 사용했다. 그는 먼저 북쪽으로 흥개호 일대의 말갈 부족을 정복했다. 월희, 우루, 흑수 등 말갈이 발해의 내분을 틈타 당과 독자적으로 교섭했기 때문이었다. 그 결과 월희 지역에 회원부懷遠府와 안원부安遠府를 설치했다. 멀리 떨어진 흑수 지역까지 부를 설치하지는 못했지만 흑수말갈은 발해의 통제하에 놓여 더 이상 당과 교섭하지 못했다.

신라는 735년 패강 이남의 영유권을 당으로부터 인정받았지만, 이 지역을 적극적으로 경영하기 시작한 것은 782년 패강진을 설치한 이후였다. 그런데 선왕이 남쪽으로 세력을 확장하자, 신라는 826년 1만 명을 동원해 패강에 300리나 되는 장성을 쌓았다.

이로써 발해 전성기의 영역을 나타내는 5경 15부 62주도 마련되었다. 즉 남쪽으로 패강(대동강)과 이하泥河(용흥강)를 경계로 했고, 동북쪽으로는 동류 송화강을 경계로 흑수말갈을 제외한 나머지 말갈 부족들을 모두 복속시켰다. 서북쪽으로는 북류 송화강과 동류 송화강의 합류점에서 요하를 잇는 선에 설치된 부여부가 거란과 접하고 있었다.

한편 서남쪽으로 발해는 장령부와 압록부를 설치했다. 그 너머 지역, 즉 요동 반도와 압록강 하류 일대에는 고구려 유민 일부가 757년 이후 안동도호부가 폐지된 이후 자치를 누리고 있다가 점차 쇠퇴했다. 그렇지만 발해는 이 지역을 정복해 부와 주를 설치하지 않았다. 당과의 갈등을 피하기 위한 목적이었다.

일본과의 경제적 교류

8세기 중반 이후 발해와 일본 간에는 국서를 둘러싸고 외교적 갈등이 발생하기도 했지만, 전반적으로 경제적 교류가 중시되었다. 그런데 8세기 후반 일본과 신라의 공적 교섭이 중단된 이후, 일본은 천황제 국가를 표방하기 위해 발해를 조공국으로 간주하는 경향이 심해졌다. 강왕이 즉위한 해에 보낸 국서에 대해서 일본은 여전히 무례하다고 비난했다. 특히 강왕대(794~809)에는 일본에 사신을 파견하는 간격에 관한 빙기聘期 문제가 양국 간에 현안이 되었다. 발해가 빙기를 단축해 매년 사신을 파견하려는 데 반해, 일본은 항해의 어려움을 들어 6년에 한 번으로 제한하려 했다. 교역을 증진하려는 발해의 욕구를 이용해 일본은 우월 의식을 과시한 것이다. 결국 빙기 문제가 발해의 요구대로 결정되었다. 일본 역시 활발한 교역을 원하고 있었기 때문이다. 804년 일본은 발해 사신의 숙소로 능등국能登國에 객원客院을 설치했다.

양국의 활발한 교역에도 발해를 조공국으로 생각하는 일본의 관념은 지속되었다. 818년 선왕이 보낸 국서가 전례에 어긋난다는 이유로 일본은 접수를 거부하고 발해의 사신을 돌려보낸 것이다. 하지만 이때를 마지막으로 양국 간에 국서를 둘러싼 외교적 갈등은 사라졌다. 선왕 때부터 발해의 사신은 일정한 격식을 갖추었다. 대사는 정당성 좌윤과 문적원文籍院 소감少監만이 파견되고, 사신단의 규모도 100명 내외로 고정되었다. 이러한 격식은 외교 의례의 변화를 수반했다. 그 때문에 826년 일본 내부에서는 조공국의 모습을 보이지 않고 교역에 치중하는 발해 사신을 두고 '실제로는 장사치'라는 비난이 나오기까지 했다.

당 제도 및 문물의 적극적 수용
선왕대(818~830) 왕권의 안정을 토대로 손자 대이진이 즉위했다.

대이진부터는 시호와 연호가 전하지 않는다. 내분기를 겪은 선왕과 대이진은 중앙 집권 체제의 강화에 박차를 가했다. 당시 동아시아의 여러 나라는 당의 문물제도를 수용해 지배 체제를 수립했는데, 대이진은 문왕 때보다 더 적극적으로 추진했다.

먼저 대이진은 선왕들이 즉위한 해부터 연호를 사용하는 관행에서 벗어나 즉위한 다음 해부터 연호를 사용했다. 이러한 '유년칭원법踰年稱元法'은 전왕이 사망한 해의 연말까지 새 왕이 상복을 입는다는 유교적 이념에서 비롯된 것이다. 그만큼 대이진은 유교를 비롯한 당의 문물제도를 적극적으로 수용했던 것이다.

한편 이 시기 당의 최고 교육 기관인 국자감에 유학하는 발해의 학생이 늘어났다. 833년 발해는 사신과 함께 학생 세 명을 파견하며 앞서 파견된 학생 세 명의 귀국을 요청했다. 이때 귀국한 학생 중 한 명인 이거정李居正은 나중에 정당성 춘부경春部卿까지 승진해 일본에 사신으로 파견되었다. 872년 당의 빈공과賓貢科에서 신라 학생을 제치고 수석으로 합격해 신라에 수치를 안긴 오소도烏昭度 역시 재상까지 지냈다.

이거정이나 오소도는 왕족인 대씨를 제외한 발해의 지배층인 고高·장張·양楊·하賀·오烏·이李씨에 속했다. 지배층의 자제가 당의 유학 경력을 토대로 재상으로 승진할 수 있었기 때문에 발해는 신라나 일본보다도 당의 제도를 전면적으로 수용했던 것이다. 9세기 들어 내분기를 극복하고 대내외적으로 중흥기를 맞이한 발해를 당은 동쪽에서 문물제도가 융성한 나라라는 의미로 해동성국海東盛國이라고 불렀다.

통치 제도의 완비

선왕에서부터 대이진대(831~857)에 걸쳐 발해는 영역을 확정했고 당의 문물제도를 적극적으로 수용했다. 그에 따라 통치 제도도 완비했다. 중앙 정치 제도는 3성(정당·선조·중대성)과 6부(충忠·인仁·의義·지智·예禮·신부信部) 및 그 지사支司, 그리고 1대(중정대中正臺) 7시(전중殿中·종속宗屬·태상太常·사빈司賓·대농大農·사장司藏·사선시司膳寺) 1원(문적원文籍院) 1감(주자감冑子監) 1국(항백국巷伯局)으로 이루어졌다. 정당성 좌윤이나 사빈시 소령 같은 관직은 이미 문왕 후기에 등장했다.

발해의 3성인 정당성, 선조성, 중대성은 당의 상서성, 문하성, 중서성을 모범으로 한 기구였지만, 3성의 지위에는 발해의 특성이 반영되었다. 즉 당에서 정책을 집행하는 상서성이 문하성과 중서성의 통제를 받는 반면 발해에서는 정당성이 선조성과 중대성을 총괄했다. 그래서 정당성의 장관인 대내상이 선조성과 중대성의 장관인 좌상과 우상 위에 위치했다. 또한 정당성의 차관인 좌사정과 우사정은 비록 선조성과 중대성의 차관인 좌평장사와 우평장사보다 지위가 낮았지만, 행정 실무를 관장하는 6부의 장관인 경보다 높았다. 이러한 특징은 발해가 왕권 중심의 중앙 집권 체제를 지향한 데서 나온 것이다.

한편 5경 15부 62주로 이루어진 발해의 지방 통치 제도도 기본 체제는 문왕 후반에 갖추어졌다. 문왕 초기에는 약홀주 도독이나 현토주 자사 같이 고구려 때의 지명을 사용했고, 주의 장관으로 도독과 자사가 구분 없이 사용되었다. 문왕 중기인 756년 상경上京으로 천도했고 777년에는 일본으로 가는 사신이 남해부南海府에서 출발한 예에서 보듯이 이때에는 이미 5경과 부–주의 지방 통치 제도의 골격이 마

● 발해 중앙 관제

	발해	당의 해당 관청	소속 관직	직무
3성	정당성	상서성	대내상, 좌우사정, 좌우윤	정책 집행
	선조성	문하성	좌상, 좌평장사, 시중, 좌상시, 간의	정책 입안
	중대성	중서성	우상, 우평장사, 내사, 조고, 사인	정책 심의
6부	충부–작부爵部	이부	경, 낭중, 원외	인사
	인부–창부倉部	호부		재무
	의부–선부膳部	예부		의례
	지부–융부戎部	병부		군사
	예부–계부計部	형부		법률
	신부–수부水部	공부		교통, 건축
1대	중정대	어사대	대중정, 소정	감찰
7시	전중시	전중성	대령, 소령	궁정 생활
	종속시	종정시		왕족 감독
	태상시	태상시	경, 소령	왕실 의례
	사빈시	홍려시		외빈 접대
	대농시	사농시		왕실 재정
	사장시	태부시	영, 승	왕실 창고
	사선시	광록시		왕실 음식
1원	문적원	비서감	감, 소감	왕실 도서관
1감	주자감	국자감	감장	유학 교육
1국	항백국	내시성	상시	궁정 잡무

련되었다. 그렇지만 선왕대에 확장된 영역을 토대로 대이진 무렵에 5
경 15부 62주로 완비되었다. 그리고 수도인 상경을 중심으로 사방으
로 당과 신라, 일본, 거란 등 주변국으로 가는 교통로가 설치되었다.

● 발해 지방 관제

5경	15부	5도	62주	연고지	특산물
상경上京	용천부龍泉府		용龍, 호湖, 발渤	숙신	용주의 비단
중경中京	현덕부顯德府		노盧, 현顯, 철鐵, 탕湯, 영榮, 흥興		노성의 벼, 현주의 베
동경東京	용원부龍原府 (책성부柵城府)	일본도日本道	경慶, 염鹽, 목穆, 하賀	예맥	책성의 된장
남경南京	남해부南海府	신라도新羅道	옥沃, 정睛, 초椒	옥저	옥주의 솜, 남해의 다시마
서경西京	압록부鴨淥府	조공도朝貢道	신神, 환桓, 풍豊, 정正	고(구)려	
	장령부長嶺府	영주도營州道	하瑕, 하河		
	부여부扶餘府	거란도契丹道	부扶, 선仙	부여	부여의 사슴
	막힐부鄚詰府		막鄚, 고高		막힐의 돼지
	정리부定理府		정定, 반潘[심瀋]	읍루	
	안변부安邊府		안安, 경瓊		
	솔빈부率賓府		화華, 익益, 건建	솔빈	솔빈의 말
	동평부東平府		이伊, 몽蒙, 타沱, 흑黑, 비比	불녈	미타호의 붕어
	철리부鐵利府		광廣, 분汾, 포蒲, 해海, 의義, 귀歸	철리	
	회원부懷遠府		달達, 월越, 회懷, 기紀, 부富, 미美, 복福, 사邪, 지芝	월희	
	안원부安遠府		영寧, 미郿, 모慕, 상常		
독주주獨奏州			영郢, 동銅, 속涑		

상경성의 확대와 도성제의 확립

발해는 전반기 네 차례의 천도 끝에 상경에 정도했다. 상경성은 국왕의 거주 공간인 궁성과 행정 관서가 배치된 황성 그리고 귀족과 관료 및 인민이 거주하는 외성으로 구성되어 있다. 궁성과 황성이 북쪽에 위치하고 외성이 중앙의 대로를 중심으로 좌우대칭인 도성의 구조는 당의 장안성과 똑같다. 상경성의 전체 규모는 동서 약 4.5킬로미터, 남북 약 3.4킬로미터로 당의 장안성(동서 약 9.7킬로미터, 남북 약 8.7킬로미터)의 4분의 1에 해당한다.

이러한 상경성의 규모와 도성 구조는 발해에서 최초였다. 즉 중경이나 동경은 정방형에 가까운 토성으로 내성과 외성의 이중성으로 그 규모는 대체로 상경성 궁성의 중심 구역(동서 약 0.6킬로미터, 남북 약 0.7킬로미터) 정도밖에 안 되었다. 따라서 756년 문왕이 처음 도입했을 때의 상경성의 규모도 이 정도였다. 바로 이 무렵부터 문왕은 왕권 중심의 중앙 집권 체제를 적극적으로 정비해 나가기 시작했다. 그러나 연호의 복구, 동경 천도, 문왕 사후 왕위 계승을 둘러싼 권력 투쟁에서 보듯이 그에 대한 반발도 적지 않았다.

선왕과 대이진은 중앙 집권 체제를 강화했다. 동경에서 상경으로 환도한 이후 도성의 구조는 율령적 통치 이념에 입각해 재편되었다. 궁성과 황성 같은 통치 공간이 외성의 북쪽 중앙에 위치하며 그 둘레를 돌로 쌓아 다른 공간과 엄격하게 구별되었고, 시장과 사찰을 비롯하여 주민의 거주 공간은 바둑판 모양의 82개의 이방里坊으로 구획되었다. 이처럼 상경성의 대대적인 확장과 함께, 여기에 거주할 주민들이 다른 지역에서 대규모로 강제 이주되었다. 그리고 이들을 통제하기 위해 이방을 통해 거주 공간을 일률적으로 구획했다. 따라서 새로운 도성은 권력 집중의 장으로서의 의미를 갖는다.

해동성국의 대외 관계

발해가 대내외적으로 중흥기를 맞이한 무렵부터 당과 신라는 쇠퇴해 가고 있었다. 일본은 당이나 신라와 공적 교섭을 중단했기 때문에, 대외 교류상 유일한 통로는 발해였다. 8세기 국서를 둘러싼 발해와 일본 간의 외교적 갈등이 사라지고 양국 관계가 교역으로 치우치자, 일본 내부에서는 발해와의 교역을 반대하는 목소리가 나오기도 했다. 일본에서는 12년에 한 번씩 교역을 제한하는 조치를 취하고자 했으나 실효는 없었다. 일본이 이 무렵부터 17세기 후반까지 사용한 선명력은 859년 발해가 일본에 전달했던 것이다.

발해는 일찍이 특산품으로 담비·표범·곰 등의 가죽이나 인삼·꿀과 같은 약재를 수출하고 일본으로부터 각종 비단과 황금·수은 등을 수입했다. 특히 발해의 모피는 일본에서 큰 환영을 받았다. 920년 5월 일본을 방문한 발해 사신은 왕자가 담비 가죽옷을 여덟 벌이나 겹쳐 입은 모습에 놀랄 정도였다. 모피는 일본에서 귀족의 신분을 과시하는 수단이 되었기 때문이다.

한편 이때부터 발해는 문관 중에서도 문학적 소양이 있는 인물을 사신으로 파견했는데, 이들은 일본 관리와 교류하며 많은 한시를 남겼다. 대표적으로 882년 파견된 배정裴頲은 일곱 걸음 만에 시를 짓는 뛰어난 재주를 가졌는데, 그를 접대하던 관리 가운데 실력이 부족한

발해 상경성 제1궁전터 서쪽 회랑지와 사자 머리 　　발해 상경성은 궁성과 황성, 외성으로 이루어져 있다. 궁성에는 7개의 궁전터가 남북으로 배치되어 있다. 궁성 남문과 제1궁전터 사이의 넓은 공간이 있으며 궁전터 동서 양쪽으로 회랑이 연결되어 있다. 회랑이 남쪽으로 꺾인 부분부터 주춧돌이 4줄인 것으로 보아 길이 3개였다. 궁전터의 기단 주변에서 기단을 장식하는 사자 머리가 7개 이상 발견되었다. 사자는 최근에 용으로 보기도 한다.

사람은 중간에 퇴장하기도 했다.

신라와의 체제 경쟁

문왕은 등주 공격 이후 친당책으로 전환하고 당의 문물을 적극적으로 수용했지만, 당의 의구심은 쉽게 해소되지 않았다. 발해가 여전히 독자적 시호와 연호를 사용했기 때문이다. 이 점에서 발해와 당은 잠재적 대립 관계에 있었다. 당은 신라를 통해 발해를 견제했다. 당은 신라 국왕을 책봉할 때 개부의동삼사開府儀同三司(종1품)·검교태위檢校太尉 등 높은 관직을 수여했지만, 발해 국왕에게는 은청광록대부(종3품)·검교비서감 등 신라보다 낮은 관직을 수여했다. 또한 신라 국왕은 재위 중 관직의 변동이 없었지만, 발해 국왕은 즉위했을 때 은청광록대부를 받았다가 몇 년 후 금자광록대부(정3품)로 승진했다. 새로 즉위한 왕은 다시 은청광록대부를 받았기 때문에 실제로는 강등된 셈이다. 당은 신라와 달리 발해에 대해서는 책봉의 승진과 강등을 통해 견제와 회유를 구사했던 것이다. 이러한 차이는 기본적으로 당의 대외 정책에서 비롯된 것이지만, 결과적으로 신라와 발해의 국제적 지위를 반영하기도 했다.

8세기 후반부터 신라는 왕위 계승 분쟁과 지방 세력의 대두 등으로 점차 쇠퇴했다. 반면 발해는 내분기를 극복하고 중흥기를 맞이했다. 872년 당이 외국 유학생을 대상으로 실시하는 빈공과賓貢科에서 발해의 오소도烏昭度는 신라의 이동李同을 제치고 수석을 차지했다. 신라의 문호 최치원은 이 사건을 신라의 수치로 여겼다. 894년에 당을 방문한 발해 사신 대봉예大封裔는 당 조정에서 신라 사신보다 높은 자리에

渤海國中臺省

發해 중대성첩 사본　841년(대이진 함화 11)에 발해의 중대성이 일본의 태정관에 보낸 문서. 발해의 사신단이 대사(使頭) 이하 부사, 서기, 통역, 기상관측관, 수령, 뱃사공 등 모두 105명으로 구성되었음을 보여 준다. 말미에는 정당성의 장관인 대내상 건황의 이름이 보이는데, 그는 왕의 동생이며, 857년에는 왕위에 올랐다.

앉을 것을 요구했다. 발해가 신라에 우월감과 자신감을 표출했던 것이다. 아울러 당에 대해서도 양국의 국력 차이를 인정하고 그에 따른 대우를 요구했다. 그러나 발해를 견제하기 위해서 신라가 필요했던 당은 이 요구를 거부했다.

발해의 위상

한국사에서 삼국시대가 7세기를 경계로 남북국시대로 전환하게 된 배경에는 대륙에서 오랜 분열기를 극복하고 통일을 이룩한 수당왕조의 등장이 있었다. 수와 당은 남북조시기의 다원적 세계 질서를 부정하고, 자기 중심의 일원적 세계질서를 표방하고 주변에 강요했던 것이다. 신라는 당 중심의 세계질서에 적극적으로 참여한 반면, 고구려 유민이 세운 발해는 이와 달랐다.

발해도 당으로부터 책봉을 받았지만 독자적인 연호를 사용했던 것이다. 이는 발해가 대외적으로 자주성과 독립성을 표방하고 내부적 왕권의 절대성을 추구했던 사실과 밀접하게 연관되어 있다. 정혜공주와 정효공주의 묘지명에서는 아버지 문왕을 황제를 의미하는 황상으로 표현했다. 독자적인 연호 사용에 걸맞은 통치자의 호칭이다.

문왕이 일본에 보낸 국서에서 천손天孫을 표방한 것도 마찬가지다. 고구려 계승 의식을 표방한 발해는 고구려 중심의 천하관도 계승했던 것이다. 또한 발해의 3성 가운데 하나인 선조성宣詔省은 왕명의 출납을 관장하던 부서인데, 여기서도 황제의 명령을 가리키는 '조詔'라는 용어가 사용되었다. 한편 신라에도 유사한 기관으로 선교성宣敎省이 있었지만 여기서 '교敎'는 왕의 명령을 뜻하는 용어다.

이처럼 발해가 당 중심의 세계 질서에 참여하면서도 독자적 연호를 사용하고 내부적으로 황제국을 자처할 수 있었던 배경에는 당과의 잠재적 대립 관계 속에서 당에 독자성을 견지할 필요가 있었기 때문이었다.

발해의 멸망

거란의 요동 진출

9세기 후반부터 발해를 둘러싼 동아시아 각국은 동요하기 시작했다. 당과 신라는 지방 세력의 할거로 각각 5대 10국과 후삼국시대에 접어들었다. 반면 서요하 상류인 시라무렌강 일대에서 유목 생활을 하던 거란 부족들은 점차 통합되었다. 916년 야율아보기耶律阿保機가 거란 부족을 통일하고 요遼 황제에 올랐다. 분산된 유목 민족은 한번 통합되면 제국 유지에 필요한 물자를 확보하기 위하여 남쪽으로 진출하는 속성이 있었다.

거란은 중원을 정복하기에 앞서 배후의 안전을 확보하고자 서쪽의 당항黨項 등과 동쪽의 발해를 제압해야 했다. 발해는 일찍부터 서북 방면의 요충지인 부여부에 군사를 주둔시켜 거란을 방비했다. 거란은 909년부터 남쪽의 요동 방면으로 진출하기 시작했다. 거란이 요동으로 진출한 이유는 발해의 교통로를 차단하려는 의도 외에도 이 지역이 갖는 경제적 이점 때문이었다. 거란인에게 발해인의 고향으로 인식된 태자하太子河 일대는 토지가 비옥하며 목재와 철, 소금 등의 물산이 풍부한 곳이었다.

거란이 911년 동호계인 해奚와 습霫을 복속시키자 발해는 남쪽의 신라 등과 연계를 모색했고, 918년에는 요(거란)와 화친을 도모하기도 했다. 그러나 요가 북중국의 주민을 요동으로 이주시키는 등 요동 경략에 적극적으로 나서자 발해와의 군사적 긴장이 고조되었다. 924년 발해는 요주遼州를 공격해 자사를 죽이고 주민을 약탈했으며, 이에 요가 반격하자 여진, 실위 등 주변 세력을 동원하여 격퇴하기도 했다.

발해의 멸망

925년 서방 정벌을 성공리에 마친 요 태조(야율아보기)는 12월 발해 공격에 나섰다. 이때 요는 요동에서 북쪽으로 공격 방향을 전환해 불과 9일 만에 천 리를 행군해 발해의 부여부를 포위하고 3일 만에 함락시켰다. 발해의 구원병 3만도 격파한 요는 다시 6일 만인 926년 1월 9일 수도 홀한성忽汗城(상경성)을 포위했다. 더 이상 버틸 수 없었던 발해의 마지막 왕 대인선은 5일 만에 항복했다. 요군이 유목 민족 특유의 기동력을 발휘했다 하더라도 해동성국을 구가하던 나라로서 한 달도 채 안 되어 멸망한 것은 납득하기 어렵다. 그런데 이 무렵 발해는 내부적으로 동요하고 있었다.

먼저 지방 세력이 중앙의 통제력에서 벗어나 주변과 독자적으로 교섭하기 시작했다. 886년 보로국寶露國과 흑수, 달고達姑 등의 족속이 중앙과 무관하게 신라와 교섭을 시도한 것이 그 단초였다. 이들은 요가 요동으로 진출하던 918년부터 925년 사이에 고려高麗로 망명하거나 후당後唐과 교섭하기도 하고 심지어는 신라를 침입하기도 하는 등 독자적 활동을 벌였다.

이와 함께 지배층의 망명도 발생했다. 920년 일본에 파견된 발해 사신 4명이 귀국하지 않았으며, 특히 925년 9월과 12월에는 장군과 예부경禮部卿, 공부경工部卿 등 발해의 지배층이 백성을 이끌고 집단적으로 고려로 망명하는 사태가 일어났다. 요의 기록에 야율아보기가 발해의 내분을 틈타 공격했기 때문에 싸우지 않고 이겼다고 전하고 있다. 결국 발해는 요와의 긴장이 고조되는 가운데 지배 체제의 이완과 지배층의 내분으로 멸망한 것이다.

한편 요가 요동으로 진출한 이래로 발해는 요에 한 차례밖에 사신을 파견하지 않았다. 반면 후량 및 후당에는 아홉 차례 사신을 파견했다. 결국 발해는 중원과의 친선 관계를 중시했던 것이다. 그러나 중원이 현실적 도움이 되지 않자 신라 등에 지원을 요청했으나 신라는 요의 발해 공격에 참여했고 발해의 외교적 노력은 실패로 끝났다. 발해는 당 중심의 세계 질서에 매몰되어 요의 등장에 따른 국제 정세의 변화에 능동적으로 대처하지 못한 것이다.

발해의 부흥 운동

요는 발해를 멸망시킨 뒤 '동쪽 거란'이라는 뜻의 동란국東丹國을 세우고, 상경성을 천복성天福城으로 고쳐 수도로 삼았다. 야율아보기는 발해의 마지막 왕 대인선을 비롯한 발해의 지배층을 요의 수도로 끌고 가고, 동란국은 큰아들 야율배耶律倍가 다스리도록 했다. 야율아

보기는 귀환 중에 사망했고, 그 뒤를 이어 둘째 아들이 태종太宗으로 즉위했다. 요 태종은 야율배의 불만과 발해 유민의 동향을 우려해 928년 동란국을 폐하고 주민을 요동으로 강제 이주시켰다.

발해 멸망을 전후해 많은 유민은 고려로 망명하거나 요동으로 강제 이주되었지만, 발해의 부흥을 표방한 세력도 적지 않았다. 929년 후당에 '발해' 사신이 파견되었는데, 이를 이전의 발해와 구별하여 '후발해'라고 부른다. 상경성 일대를 중심으로 후발해가 건국된 지 얼마 후에는 서경압록부가 설치되었던 압록강 일대에서 정안국定安國이 등장했다. 이 두 나라는 발해 부흥을 표방했으므로 송宋과 함께 요를 공격할 계획을 세웠다. 하지만 이로 인해 요의 공격을 받아 10세기 말에 멸망했다.

요동으로 강제 이주된 발해 유민 가운데 대연림大延琳이 1029년 동경 요양부에서 흥료국興遼國을 세우고 고려에 지원을 요청했다. 그러나 고려의 거부로 이듬해 요에 패하고 상경 임황부로 강제 이주되었다. 요가 붕괴되어 가던 1116년에는 고영창高永昌이 동경 요양부를 점령하고 대발해大渤海를 세웠다. 대발해는 순식간에 요동의 50여 주를 석권하며 기세를 떨쳤다. 그러나 요와 공방전을 벌이는 가운데 새로 등장한 여진족의 금과 협상을 벌이다 오히려 금에 멸망되었다.

발해 유민의 고려 망명

발해인 중에는 이미 멸망 직전 내분을 피해 고려로 망명한 이들이 있었다. 멸망 이후 동란국 설치와 철폐 그리고 발해 부흥 운동의 격동 속에서 많은 발해 유민이 간헐적으로 수십에서 수천 명 단위로 남쪽 고려로 망명했다. 그중 가장 규모가 큰 망명은 934년(고려 태조 17)과 979년(경종 4)에 있었고 그 수가 수만에 달했다. 934년의 망명은 발해 세자 대광현大光顯의 인솔하에 이루어졌다. 발해가 멸망한 지 8년 뒤 이므로 후발해에 참여했던 그는 주도 세력 간의 갈등으로 고려로 망명한 것이었다. 979년의 대규모 망명도 마찬가지였다.

멸망을 전후해 고려로 망명한 발해 유민은 10만 명이 넘는다. 이들은 발해 왕족이나 관리 등 지배층의 인솔하에 망명했다. 당시 고려 인구는 210만 명 정도였으므로, 고려 사회에서 이들이 차지하는 비중은 작다고 할 수 없다. 발해 유민의 망명이 줄어들자 점차 거란족과 여진족의 망명이 증가했다. 이들은 옛 발해 지역에서 부락 단위로 반농반렵 생활을 했기 때문에 발해의 피지배층이기도 했다. 그중에는 망명할 때 고씨나 대씨 등 발해 지배층의 성씨를 칭한 경우도 많았고, 그 시기가 발해 부흥 운동이 실패한 후라는 점에서 실제로는 이들도 발해 유민에 포함된다.

고려의 우대

918년 건국한 고려는 그 국호에서 나타났듯이 고구려 계승을 표출하며 고구려의 옛 수도 평양을 서경으로 승격시키고 서북방 개척에 적극적으로 나섰다. 고려가 발해 유민을 적극적으로 받아들인 것은 같은 고구려 후예라는 동족 의식의 소산이었다.

고려는 934년 수만 명을 거느리고 망명한 발해의 세자 대광현에게 왕계王繼라는 이름을 내려주어 고려 왕실로 편입시키고 4품인 원보元甫를 제수했다. 그는 백주白州(황해도 배천)에 거주하며 발해 왕실의 제

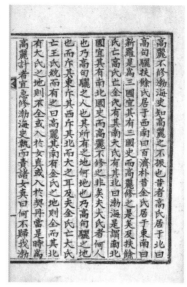

유득공의 발해고　유득공(1748~1807)은 역사에서 망각된 발해사를 복원하기 위하여 여러 사서에 단편적으로 기록된 사료들을 수집하여 《발해고》(1784)를 저술했다. 《발해고》의 의의는 발해사에 대한 최초의 저술이라는 점과 함께 그 서문에서 신라와 발해가 양립한 남북국 시대론을 제기한 문제의식에 있다.

사를 지낼 수 있는 특권도 부여받았다. 백주에 집단적으로 거주한 발해 유민은 이후 서북방 개척에 일익을 담당했다. 나아가 망명 집단이라는 점에서 이들은 고려 초기 호족 연합 정권이라는 권력 구조로 인한 취약한 왕권을 뒷받침하는 기반이 되었다.

　고려 왕실과 발해 유민의 유대 의식은 942년 만부교萬夫橋 사건에서 극명하게 드러난다. 고려는 건국 이래 거란과 국교를 유지했다. 그런데 이때 고려 태조는 거란(요)이 발해와 맹약을 저버리고 발해를 멸망시켰다는 이유로 국교를 단절하고 요의 사신을 유배 보내는 한편 그

들이 바친 낙타를 만부교 아래 묶어 굶겨 죽었다. 또한 이 무렵 후진後
晉에게 사신을 보내 고려와 발해는 혼인을 맺은 사이였음을 밝히며
함께 요를 공격하자고 제의했다. 발해의 멸망으로 한민족의 활동 공
간은 이후 한반도로 국한되었다. 그러나 대규모 발해 유민의 망명과
동족 의식의 발로에서 나온 고려의 발해 유민 우대는 한민족 모체의
형성을 완결했다는 점에서 그 의미는 적지 않다.

—김종복

● 고대 사회의 형성

강인욱, 〈동아시아 고고학·고대사 연수 속에서 옥저문화의 위치〉, 《고고학으로 본 옥
   저문화》 동북아역사문화재단 연구총서 37, 2008

권오영, 〈삼한의 '國'에 대한 연구〉, 서울대학교 박사학위논문, 1996

권오중, 《낙랑군연구樂浪郡研究》, 일조각, 1992

_____, 〈중국사에서의 낙랑군〉, 《韓國古代史研究》 34, 2004

금경숙, 《고구려 전기 정치사 연구》, 고려대학교민족문화연구소, 2004

김정배, 〈고조선의 국가형성〉, 《한국 고대사와 고고학》, 신서원, 2000

김태식, 〈초기 고대국가론〉, 《강좌 한국고대사》, 가락국 사적개발연구원, 2003

노태돈, 〈고조선 중심지의 변천에 대한 연구〉, 《한국사론》 23[《단군과 고조선사》(사계
   절)에 재수록, 2000], 1990

_____, 〈고조선의 변천〉, 《단군: 그 이해와 자료》, 윤이흠 외, 서울대학교출판부, 1994

_____, 《고구려사연구》, 사계절, 1999.

노태돈, 〈문헌상으로 본 백제의 주민구성〉, 《백제의 기원과 건국》 백제문화사연구총
   서 제2권, 충청남도역사문화연구원, 2007

노중국, 〈진·변한의 정치·사회 구조와 그 운영〉, 《진·변한사 연구》, 계명대한국학연
   구원, 2002

리순진, 《평양일대 락랑무덤에 대한 연구》, 사회과학출판사, 2001

문안식, 〈영산강유역 토착사회의 성장과 연맹체〉, 《사학연구》 68, 2002

_____, 〈백제의 마한 복속과 지방지배 방식의 변화〉, 《한국사연구》 120, 2003

문창로, 《삼한시대의 읍락과 사회》, 신서원, 2000

박경철, 〈부여사 연구의 제문제〉, 《동북아시아 선사 및 고대사 연구의 방향에 대한 학

술회의》, 학연문화사, 2004

박대재, 〈고조선의 왕과 국가형성〉,《북방사논총》, 고구려연구재단, 2005

_____,《고대한국 초기국가의 왕과 전쟁》, 경인문화사, 2006

_____, 〈기자 관련 상주청동기 명문과 기자동래설〉,《선사와 고대》, 한국고대학회, 2010

박순발, 〈마한 대외교섭의 변천과 백제의 등장〉,《백제연구》 33, 2001

박양진, 〈고고학에서 본 부여〉,《韓國古代史研究》 37, 2005

박진욱 외,《비파형단검 문화에 관한 연구》, 과학백과사전출판사, 1987

복기대,《요서지역의 청동기시대 문화 연구》, 백산자료원, 2002

_____, 〈기원전 7~4세기 요서지역의 정치적 변화에 대하여: 진개의 동정을 중심으로〉,《문화사학》 21, 한국문화사학회, 2004

사회과학출판사,《고조선력사개관》, 1999

성정용, 〈중서부 마한지역의 백제 영역화 과정 연구〉, 서울대학교 박사학위논문, 2000

송기호, 〈부여사 연구 쟁점과 자료 해석〉,《韓國古代史研究》 37, 2005

송호정, 〈고조선 중심지 연구 현황과 과제〉,《한국고대사논총》 10집, 한국고대사회연구소, 1997

_____, 〈고고학 자료를 통해서 본 부여의 기원과 그 성장과정〉,《한반도와 동북 3성의 역사 문화》, 서울대학교출판부, 1999

_____, 〈고조선 부여의 국가구조와 정치운영: 부 및 부체제론과 관련하여〉,《韓國古代史研究》 17, 2000

_____, 〈위만조선의 정치체제와 삼국초기의 부체제〉,《국사관논총》 98, 2002

_____,《한국 고대사 속의 고조선사》, 푸른역사, 2003

_____, 〈요동~서북한 지역에서 세형동검문화의 발생과 고조선의 국가 형성 과정 연구〉,《한국상고사학보》 40, 한국상고사학회, 2003

_____,《단군, 만들어진 신화》, 산처럼, 2004

_____, 〈대릉하유역 은주 청동예기 사용집단과 기자조선〉,《韓國古代史研究》, 2005

_____, 〈부여의 국가형성 과정과 문화 기반〉,《북방사논총》 6, 고구려연구재단, 2005

_____, 〈고고학 자료를 통해 본 백제의 기원〉, 《백제의 기원과 건국》 백제문화사연구 총서 제2권, 충청남도역사문화연구원, 2007

_____, 〈두만강 유역의 고대문화와 정치집단의 성장〉, 《호서사학》 50집, 2008

여호규, 〈3세기 후반 4세기 전반 고구려의 교통로와 지방 통치 조직〉, 《한국사연구》 91, 1995

_____, 〈1~4세기 고구려 정치체제 연구〉, 서울대학교 박사학위논문, 1997

_____, 〈고구려 초기 제가회의와 국상〉, 《韓國古代史研究》 13, 1998

_____, 〈고구려의 국내 천도의 시기와 배경〉, 《韓國古代史研究》 38, 2005

오강원, 《비파형동검문화와 요령 지역의 청동기문화》, 청계, 2008

오영찬, 〈유수 노하심 유적을 통해 본 부여 사회〉, 《한반도와 동북 3성의 역사 문화》, 서울대학교출판부, 1999

_____, 《낙랑군연구》, 사계절, 2007

유원재, 〈백제의 마한 정복과 지배 방법〉, 《영산강 유역의 고대사회》, 학연문화사, 1999

윤용구, 〈樂浪前期 郡縣支配勢力의 種族系統과 性格〉, 《歷史學報》 126, 1990

_____, 〈三韓과 樂浪의 交涉〉, 《韓國古代史研究》 34집, 2004

이기동, 〈한국민족사에서 본 부여〉, 《韓國古代史研究》 37, 2005

이도학, 〈고구려와 부여 관계의 재검토〉, 《고구려 광개토왕릉비문 연구》 37, 2006

이성규, 〈중국 군현으로서의 낙랑〉, 《낙랑문화연구》 동북아역사재단 연구총서 20, 2006

이성시, 〈동아시아에서의 낙랑〉, 《韓國古代史研究》 34, 2004

이재현, 〈변·진한 사회의 고고학적 연구〉, 부산대학교 박사학위논문, 2003

이종수, 〈송화강 유역 초기철기시대 문화 연구〉, 《선사와 고대》 22, 2005

이종욱, 《고조선사연구》, 일조각, 1993

이청규, 〈청동기를 통해 본 고조선 사회〉, 《북방사논총》 6, 고구려연구재단, 2005

이현혜, 《三韓社會 形成過程 研究》, 일조각, 1984

_____, 《한국 고대의 생산과 교역》, 일조각, 1998

이현혜, 〈옥저의 기원과 문화 성격에 대한 고찰〉, 《한국상고사학보》 제70호, 2010

이형구, 〈발해연안 대릉하유역 기자조선의 유적 유물〉, 《고조선과 부여의 제문제》, 신
　　서원, 1996

이희준, 〈초기 진·변한에 대한 고고학적 논의〉, 《진·변한사 연구》, 계명대한국학연구
　　원, 2002

임기환, 《고구려 정치사 연구》, 한나래, 2004

조법종, 〈위만조선의 붕괴시점과 왕험성 낙랑군의 위치〉, 《한국사연구》 110, 2000

　　　, 〈낙랑군의 성격 문제: 낙랑군의 낙랑국 계승문제를 중심으로〉, 《韓國古代史研
　　究》 32, 한국고대사학회, 2003

주보돈, 〈진·변한의 성립과 전개〉, 《진·변한사 연구》, 계명대한국학연구원, 2002

최몽룡·김경택, 《한성시대 백제와 마한》, 주류성, 2005

최종규, 《삼한고고학연구》, 서경문화사, 1995

● 고대 사회의 발전과 재편

강봉룡, 〈신라 중고기 '州' 제의 형성과 운영〉, 《한국사론》 16, 1987

강봉룡, 〈신라 주군제의 연원: 상고기 소국 편제방식〉, 《신라문화》 23, 2004

강종원, 《4세기 백제사 연구》, 서경문화사, 2003

강종훈, 〈신궁의 설치를 통해본 마립간시기의 신라〉, 《한국고대사논총》 6, 1994

　　　, 〈신라 삼성족단체제의 성립과 전개〉, 《韓國古代史研究》 14, 1998

　　　, 〈상고기 신라의 영역 확장과정과 지방통치방식〉, 《역사와현실》 31, 1999

　　　, 《신라상고사연구》, 서울대학교출판부, 2000

　　　, 〈4세기 백제-왜 관계의 성립과 그 배경〉, 《역사와현실》 40, 2001

　　　, 〈4세기 백제의 요서지역진출과 그 배경〉, 《韓國古代史研究》 30, 2003

고령군 대가야박물관 편, 《5~6세기 동아시아의 국제정세와 대가야》, 계명대한국학연
　　구원, 2007

공석구, 〈5~6세기의 대외관계〉, 《한국사》 5, 국사편찬위원회, 1996

　　　, 《고구려 영역확장사 연구》, 서경, 1998

_____, 〈고구려와 모용 '燕'의 갈등 그리고 교류〉, 《강좌 한국고대사》 4, 가락국사적
 개발연구원, 2003

곽장근, 《호남 동부지역 석곽묘 연구》, 서경문화사, 1999

_____, 〈섬진강 유역으로 백제의 진출과정 연구〉, 《호남고고학보》 26, 2007

권오영, 〈백제의 성립과 발전〉, 《한국사》 6, 국사편찬위원회, 1995

_____, 〈백제국에서 백제로의 전환〉, 《역사와현실》 40, 2001

_____, 〈백제의 대중교섭의 진전과 문화변동〉, 《강좌 한국고대사》 4, 가락국사적개발
 연구원, 2003

_____, 《고대 동아시아 문명교류사의 빛 무령왕릉》, 돌베개, 2005

김기섭, 〈제3장 즉위와 군사활동: 영역확장〉, 《백제와 근초고왕》, 학연문화사, 2000

김미경, 〈고구려의 낙랑·대방진출과 그 지배형태〉, 《학림》 17, 1996

김병곤, 《신라왕권성장사연구》, 학연문화사, 2003

김세기, 《고고자료로 본 대가야 연구》, 학연문화사, 2003

김수태, 〈3세기 중·후반 백제의 발전과 마한〉, 《마한사연구》, 충남대학교백제연구소,
 1998

김영심, 〈5~6세기 백제의 지방통치체제〉, 《한국사론》 22, 1990

_____, 〈6~7세기 백제의 지방통치체제〉, 《韓國古代史研究》 11, 1996

김영하, 〈신라 중고기의 정치과정 시론〉, 《태동고전연구》 4, 1988

_____, 〈신라 상고기의 관등과 정치체제〉, 《한국사연구》 99-100, 1997

_____, 《한국 고대사회의 군사와 정치》, 고려대학교민족문화연구소, 2002

김용선, 〈신라 법흥왕대의 율령반포를 둘러싼 몇 가지 문제〉, 《가라문화》 1, 1982

김재홍, 〈신라 중고기의 촌제와 지방사회구조〉, 《한국사연구》 72, 1990

_____, 〈4~5세기 신라의 고분문화와 지방지배〉, 《韓國古代史研究》 21, 2001

김정배, 〈신라와 고구려의 영역문제〉, 《한국사연구》 61-62, 1988

_____, 《한국고대사와 고고학》, 신서원, 2000

김종완, 《중국 남북조사연구: 조공·교빙을 중심으로》, 일조각, 1997

김주성, 〈백제 지방통치조직의 변화와 지방사회의 재편〉, 《국사관논총》 35, 1992

_____, 〈사비천도와 지배체제의 재편〉,《한국사》6, 국사편찬위원회, 1995

김진한, 〈5세기 말 고구려의 대북위외교와 한성 공략〉,《북방사논총》12, 2006

_____, 〈문자왕대의 대북위외교〉,《韓國古代史硏究》44, 2006

김철준, 〈신라 상고세계와 그 기년〉,《歷史學報》17·18, 1962

_____,《한국고대사회연구》, 지식산업사, 1975

김태식,《가야연맹사》, 일조각, 1993

_____, 〈백제의 가야지역 관계사 연구〉,《백제의 중앙과 지방》, 충남대백제연구소, 1997

_____,《미완의 문명 7백년 가야사》1, 푸른역사, 2002

김태식 외,《한국 고대 사국의 국경선》, 서경문화사, 2008

김한규,《고대동아세아막부체제연구》, 일조각, 1997

김현구,《임나일본부연구》, 일조각, 1993

_____, 〈4세기 가야와 백제·야마토왜의 관계〉,《한국고대사논총》6, 1994

김현숙, 〈6세기 고구려 집권체제의 동요〉,《경북사학》22, 1999

_____,《고구려의 영역지배방식 연구》, 모시는 사람들, 2005

김희만, 〈신라 지증·법흥왕대의 정치개혁과 그 성격〉,《경북사학》23, 2000

남무희, 〈안원왕·양원왕대 정치변동과 고구려 불교계 동향〉,《韓國古代史硏究》45, 2007

남재우,《안라국사》, 혜안, 2003

노중국, 〈고구려 율령에 관한 일시론〉,《동방학지》21, 1979

_____, 〈고구려·백제·신라 사이의 역관계 변화에 대한 일고찰〉,《동방학지》18, 1981

_____, 〈고구려 대외관계사 연구의 현황과 과제〉,《동방학지》49, 1985

_____, 〈법흥왕대의 국가 체제의 강화〉,《統一期의 新羅社會 硏究》, 동국대학교 신라문화연구소, 1987

_____,《백제정치사연구》, 일조각, 1988

_____, 〈백제 무령왕대의 집권력 강화와 경제기반의 확대〉,《백제문화》21, 1991

_____, 〈4~5세기 백제의 정치운영〉,《한국고대사논총》6, 1994

_____, 〈5~6세기 고구려와 백제의 관계〉,《북방사논총》11, 2006

노태돈,《고구려사연구》, 사계절, 1999

문동석, 〈백제 전지왕·개로왕대 왕족의 대두와 왕권강화〉,《경희사학》24, 2006

_____,《백제 지배세력 연구》, 혜안, 2007

문안식,《백제의 영역확장과 지방통치》, 혜안, 2002

_____, 〈개로왕의 왕권강화의 국정운영의 변화에 대하여〉,《사학연구》78, 2005

박성봉,《고구려 남진경영사의 연구》, 백산자료원, 1995

_____, 〈일본서기 고구려관계 기사의 정리〉,《백산학보》70, 2004

박순발,《한성백제의 탄생》, 서경문화사, 2001

_____, 〈마한 대외교섭의 변천과 백제의 등장〉,《백제연구》33, 2001

박윤선, 〈5세기 중후반 백제의 대외관계〉,《역사와현실》63, 2007

박진숙, 〈장수왕대 고구려의 대북위외교와 백제〉,《韓國古代史硏究》36, 2004

박천수, 〈3~4세기 한반도와 일본열도의 교섭〉,《새로 쓰는 한일고대교섭사》, 사회평
    론, 2007

_____, 〈호남 동부지역을 둘러싼 백제와 대가야〉,《한국상고사학보》65, 2009

박한제,《중국중세호한체제연구》, 일조각, 1988

박현숙, 〈백제 담로제의 시행과 그 성격〉,《(宋甲鎬敎授停年退任)紀念論文集》, [宋甲鎬
    敎授停年退任紀念論文集刊行委員會 編輯, 1993

_____, 〈백제 사비시대의 지방통치체제 연구〉,《한국사학보》1, 1996

백승옥,《가야 각국사 연구》, 혜안, 2003

_____, 〈'安羅高堂會議' 의 성격과 안라국의 위상〉,《지역과 역사》14, 2004

백승충, 〈3~4세기 한반도 남부지방의 제세력 동향〉,《부산사학》19, 1990

_____, 〈가라·신라 결혼동맹의 결렬과 그 추이〉,《부대사학》20, 1996

_____, 〈문헌에서 본 가야·삼국과 왜〉,《한국민족문화》12, 1998

_____, 〈6세기 전반 백제의 가야진출과정〉,《백제연구》31, 2000

부산대학교 한국민족문화연구소 편,《가야 각국사의 재구성》, 혜안, 2000

서영대, 〈고구려 평양천도의 동기〉,《한국문화》2, 1981

서영수, 〈삼국과 남북조 교섭의 성격〉, 《동양학》 11, 1981

선석렬, 《신라국가성립과정연구》, 혜안, 2001

성정용, 〈4~5세기 백제의 지방지배〉, 《韓國古代史硏究》 24, 2001

시노하라 히로가타, 〈고구려의 태왕호와 태왕가 인식의 확립〉, 《한국사연구》 125, 2004

_____, 〈북연을 둘러싼 고구려의 정책과 국제질서인식〉, 《한국사학보》 36, 2009

신형석, 〈6세기 신라 귀족회의와 그 성격〉, 《국사관논총》 98, 2002

_____, 《한국고대사의 신연구》, 일조각, 1984

양기석, 〈웅진시대의 백제 지배층 연구〉, 《사학지》 14, 1980

_____, 〈백제 전지왕대의 정치적 변혁〉, 《호서사학》 10, 1982

_____, 〈5세기 백제의 왕·후·태수제에 대하여〉, 《사학연구》 38, 1984

_____, 〈백제 성왕대의 정치개혁과 그 성격〉, 《韓國古代史硏究》 4, 1991

_____, 〈5~6세기 전반 신라와 백제의 관계〉, 《신라의 대외관계사 연구》 신라문화제 학술발표회논문집 15, 1994

_____, 〈한성시대 후기의 정치적 변화〉, 《한국사》 6, 국사편찬위원회, 1995

_____ 외, 《백제와 섬진강》, 서경문화사, 2008

_____, 〈신라 마립간기 왕권강화과정과 지방정책〉, 《한국사학보》 창간호, 1996

여호규, 〈3세기 고구려의 사회변동과 통치체제의 변화〉, 《역사와현실》 15, 1995

_____, 〈3세기 후반~4세기 전반 고구려의 교통로와 지방통치조직〉, 《한국사연구》 91, 1995

_____, 〈4세기 동아시아 국제질서와 고구려 대외정책의 변화〉, 《역사와현실》 36, 2000

_____, 〈백제의 요서진출설 재검토: 4세기 후반 부여계 인물의 동향과 관련하여〉, 《진단학보》 91, 2001

_____, 〈한성시기 백제의 도성제와 방어체계〉, 《백제연구》 36, 2002

_____, 〈고구려 중기 관등제의 구조와 성립기반〉, 《역사문화연구》(박성래교수정년기

념특별호), 2005

_____ 외, 《한국 고대국가와 중국왕조의 조공책봉관계》, 고구려연구재단, 2006

역사학회 편, 《전쟁과 동북아의 국제질서》, 일조각, 2006

연민수, 《고대한일관계사》, 혜안, 1998

유우창, 〈5~6세기 나제동맹의 전개와 가야의 대응〉, 《역사와경계》 72, 2009

유원재, 《중국정사 백제전 연구》, 학연문화사, 1993

윤선태, 〈백제 사비도성과 '嵎夷'〉, 《동아고고논단》 2, 2006

윤용구, 〈삼한의 대중교섭과 그 성격〉, 《국사관논총》 85, 1999

이기동, 《신라 골품제사회와 화랑도》, 일조각, 1984

이기동, 《백제사연구》, 일조각, 1996

_____, 〈고구려사 발전의 획기로서의 4세기〉, 《동국사학》 30, 1996

이기백, 《신라정치사회사연구》, 일조각, 1974

_____, 〈웅진시대 백제의 귀족세력〉, 《백제연구》 9, 1978

이도학, 〈한성말 웅진시대 백제왕위계승과 왕권의 성격〉, 《한국사연구》 50-51, 1985

_____, 〈한성 후기의 백제 왕권과 지배체제의 정비〉, 《백제논총》 2, 1990

_____, 《백제 고대국가 연구》, 일지사, 1995

이동희, 〈백제의 전남 동부 지역 진출의 고고학적 연구〉, 《한국고고학보》 64, 2007

이명식, 〈6세기 신라의 낙동강유역 진출고〉, 《계명사학》 8, 1997

이문기, 〈신라 상고기의 통치조직과 국가형성 문제〉, 《한국 고대국가의 형성》, 민음사,
  1990

이병도, 《한국고대사연구》, 박영사, 1976

이부오, 〈4세기 초중엽 고구려·백제·신라의 관계 변화〉, 《신라사학보》 5, 2005

이성규, 〈중국의 분렬체제모식과 동아시아 제국〉, 《한국고대사논총》 8, 1996

이성제, 《고구려의 서방정책 연구》, 국학자료원, 2005

이성주, 《신라·가야사회의 기원과 성장》, 학연문화사, 1998

이영식, 〈백제의 가야진출과정〉, 《한국고대사논총》 7, 1995

이용현, 〈「梁職貢圖」百濟國使條의 「旁小國」〉, 《朝鮮史研究會論文集》 37, 朝鮮史研究

會, 1999

　　　　　, 〈가야(대가야)를 둘러싼 국제적 환경과 그 대외교섭〉, 《韓國古代史研究》18,
　　2000

이우태, 〈나제동맹의 결성과 정치적 발전〉, 《한국사》7, 국사편찬위원회, 1997

　　　　　, 〈정치체제의 정비〉, 《한국사》7, 국사편찬위원회, 1997

이인철, 〈사로국의 진한소국 정복과 국가적 성장〉, 《인하사학》10, 2003

이종욱, 〈백제의 좌평〉, 《진단학보》45, 1978

이한상, 〈5~6세기 신라의 변경지배방식〉, 《한국사론》33, 1995

　　　　　, 〈4세기 전후 신라의 지방통제방식〉, 《역사와현실》37, 2000

　　　　　, 《장신구 사여체제로 본 백제의 지방지배》, 서경문화사, 2009

이현혜, 《한국 고대의 생산과 교역》, 일조각, 1998

이형우, 《신라초기국가성장사연구》, 영남대학교출판부, 2000

이홍직, 《한국고대사의 연구》, 신군문화사, 1971

이희준, 《신라고고학연구》, 사회평론, 2007

임기환, 〈4~7세기 고구려 관등제의 전개와 신분제〉, 《한국 고대의 관등제와 신분제》,
　　아카넷, 1999

　　　　　, 〈중원고구려비를 통해 본 고구려와 신라의 관계〉, 《고구려연구》10, 2000

　　　　　, 〈3세기~4세기초 위·진의 동방정책〉, 《역사와현실》36, 2000

　　　　　, 〈남북조기 한중 책봉·조공 관계의 성격〉, 《韓國古代史研究》32, 2003

　　　　　, 《고구려정치사연구》, 한나래, 2004

장창은, 《신라 상고기 정치변동과 고구려 관계》, 신서원, 2008

전덕재, 《신라육부체제연구》, 일조각, 1996

　　　　　, 〈4세기 국제관계의 재편과 신라의 대응〉, 《역사와현실》36, 2000

　　　　　, 〈이사금시기 신라의 성장과 6부〉, 《신라문화》21, 2003

전해종, 〈한중조공관계개관〉, 《고대한중관계사의 연구》, 삼지원, 1987

정동준, 〈백제 22부사 성립기의 내관·외관〉, 《韓國古代史研究》42, 2006

정운용, 〈5~6세기 신라·고구려 관계의 추이〉, 《신라의 대외관계사 연구》신라문화제

학술발표회논문집 15, 1994

_____, 〈나제동맹기 신라와 백제 관계〉, 《백산학보》 46, 1996

_____, 〈6세기 신라의 가야 병합과 그 의미〉, 《사총》 52, 2000

정재윤, 〈웅진·사비시대 백제의 지방통치체제〉, 《한국상고사학보》 10, 1992

_____, 〈동성왕의 즉위와 정국운영〉, 《韓國古代史研究》 20, 2000

_____, 〈웅진시대 백제와 신라의 관계에 대한 고찰〉, 《호서고고학》 4-5, 2001

조영광, 〈장수왕대를 전후한 시기 고구려의 정국과 체제변화〉, 《軍史》 69, 國防部軍史
編纂研究所, 2008

주보돈, 〈6세기초 신라 왕권의 위상과 관등제의 성립〉, 《역사교육논집》 13, 1990

_____, 〈마립간시대 신라의 지방통치〉, 《영남고고학》 19, 1996

_____, 《신라 지방통치체제의 정비과정과 촌락》, 신서원, 1998

_____, 《신라 지방통치체제의 정비과정과 촌락》, 신서원, 1999

_____, 《금석문과 신라사》, 지식산업사, 2002

_____, 〈5~6세기 중엽 고구려와 신라의 관계〉, 《북방사논총》 11, 2006

_____, 〈고구려 남진의 성격과 그 영향〉, 《대구사학》 82, 2006

_____ 외, 《가야사연구: 대가야의 정치와 문화》, 한국고대사연구회, 1995

지배선, 《중세동북아사연구》, 일조각, 1986

천관우, 《가야사연구》, 일조각, 1991

최종택, 〈고고자료를 통해본 백제 웅진도읍기 한강유역설 재고〉, 《백제연구》 47, 2008

충남대학교 백제연구소 편, 《古代 東亞細亞와 百濟》, 서경, 2003

하일식, 《신라집권관료제연구》, 혜안, 2006

한국고고학회 편, 《고고학을 통해본 가야》, 2000

한신대학교 학술원 편, 《한성기 백제의 물류시스템과 대외교섭》, 학연문화사, 2004

한일관계사연구논집 편찬위원회 편, 《광개토대왕비와 한일관계》, 경인문화사, 2005

_____ 편, 《왜 5왕 문제와 한일관계》, 경인문화사, 2005

_____ 편, 《임나문제와 한일관계》, 경인문화사, 2005

● 신라의 삼국 통일

강종훈, 〈7세기 삼국통일전쟁과 신라의 군사활동: 660년 이전 對高句麗戰을 중심으로〉, 《新羅文化》 24, 2004

김수태, 〈百濟 義慈王代의 政治變動〉, 《韓國古代史研究》 5, 1992

김영하, 〈新羅 중고기의 政治過程試論〉, 《泰東古典研究》 4, 1988

＿＿＿, 〈신라의 삼국통일을 보는 시각〉, 《韓國古代史論》, 1988

＿＿＿, 〈新羅 百濟統合戰爭과 體制變化: 7세기 동아시아의 國際戰과 사회변동의 一環〉, 《韓國古代史研究》 16, 韓國古代史學會, 1999

김영하, 〈高句麗 內紛의 국제적 배경: 唐의 단계적 戰略變化와 관련하여〉, 《韓國史研究》 110, 한국사연구회, 2000

김철준, 〈統一新羅 支配體制의 再整備〉, 《한국사》 3, 국사편찬위원회, 1978

김선민, 〈隋 煬帝의 軍制改革과 高句麗遠征〉, 《東方學志》 119, 국학연구원, 2003

김창석, 〈唐의 東北亞 전략과 三國의 對應〉, 《軍史》 47, 國防部軍史編纂研究所, 2000

＿＿＿, 〈고구려·수 전쟁의 배경과 전개〉, 《동북아역사논총》 15, 동북아역사재단, 2007

노중국, 〈高句麗·百濟·新羅사이의 力關係變化에 대한 一考察〉, 《東方學志》 28, 1981

＿＿＿, 〈高句麗 對外關係史 研究의 現況과 課題〉, 《東方學志》 49, 1985

노태돈, 〈高句麗의 漢水流域 喪失의 原因에 對하여〉, 《韓國史研究》 13, 韓國史研究會, 1976

＿＿＿, 〈三韓에 대한 認識의 變遷〉, 《韓國史研究》 38, 1982

＿＿＿, 〈5~6세기 동아세아의 국제정세와 고구려의 대외관계〉, 《東方學志》 44, 국학연구원, 1984

＿＿＿, 〈高句麗·渤海人과 內陸아시아 住民과의 交涉에 관한 一考察〉, 《大東文化研究》 23집, 1989

＿＿＿, 〈對唐戰爭期 新羅의 對外關係와 軍事活動〉, 《軍史》 34, 國防部軍史編纂研究所, 1997

서영교, 〈九誓幢완성 배경에 대한 新考察〉, 《韓國古代史研究》 18, 2000

_____, 〈羅唐戰爭의 開始와 그 背景: 國際情勢 變化와 관련하여〉, 《歷史學報》 173, 2002

_____, 〈고구려의 대당전쟁과 내륙아시아 제민족: 안시성전투와 설연타〉, 《軍史》 49, 國防部軍史編纂研究所, 2003

여호규, 〈高句麗 千里長城의 經路와 築城背景〉, 《國史館論叢》 91, 2000

_____, 〈6세기 말~7세기 초 동아시아 국제질서와 고구려 대외정책의 변화〉, 《역사와 현실》 46, 한국역사연구회, 2002

이성제, 〈영양왕 9년 高句麗의 遼西 攻擊〉, 《震檀學報》 90, 진단학회, 2000

이우태, 〈新羅 三國統一의 一要因〉, 《韓國古代史研究》 5, 1992

임기환, 〈6, 7세기 고구려 정치세력의 동향〉, 《韓國古代史研究》 5, 1992

_____, 〈고구려와 수·당의 전쟁〉, 《한국사》 4, 한길사, 1994

_____, 〈후기의 정세변동〉, 《한국사》 5, 국사편찬위원회, 1996

_____, 〈고구려·신라의 한강 유역 경영과 서울〉, 《서울학연구》 18, 2002

_____, 〈7세기 동북아시아 국제질서의 변동과 전쟁〉, 《전쟁과 동북아의 국제질서》, 역사학회, 2006

● 통일신라의 개막과 전개

고경석, 〈장보고 세력의 경제적 기반과 신라 서남해 지역〉, 《韓國古代史研究》 39, 2005

구문회, 〈武珍古城 出土 銘文資料와 新羅統一期 武州〉, 《河炫綱敎授停年紀念論叢: 韓國史의 構造와 展開》, 2000

권덕영, 《古代韓中外交史: 遣唐使研究》, 일조각, 1997

_____, 〈羅唐交涉史에서의 朝貢과 册封〉, 《한국 고대국가와 중국왕조의 조공·책봉 관계》, 고구려연구재단, 2006

_____, 〈신라 하대 朴氏勢力의 동향과 '朴氏 王家'〉, 《韓國古代史研究》 49, 2008

김갑동, 《羅末麗初의 豪族과 社會變動研究》, 고려대학교민족문화연구소, 1990

김경애, 〈新羅 元聖王의 卽位와 下代 王室의 成立〉, 《韓國古代史研究》 41, 2006

김광수, 〈羅末麗初의 豪族과 官班〉, 《韓國史研究》 23, 1979

김수태, 〈統一期 新羅의 高句麗遺民支配〉, 《李基白先生古稀紀念韓國史學論叢》 上, 일조각, 1994

_____, 《新羅中代政治史研究》, 일조각, 1996

김영하, 〈新羅 中代의 儒學受容과 支配倫理〉, 《韓國古代史研究》 40, 2005

김은숙, 〈8세기의 新羅와 日本의 關係〉, 《國史館論叢》 29, 1991

김종국, 〈高麗王朝成立科程の研究〉, 《立正史學》 25, 1961

김창겸, 《新羅 下代 王位繼承 研究》, 景仁文化社, 2003

_____, 〈唐의 東北亞 戰略과 三國의 對應〉, 《軍史》 47, 國防部軍史編纂研究所, 2002

_____, 〈8세기 신라·일본 간 외교관계의 추이: 752년 교역의 성격 검토를 중심으로〉, 《歷史學報》 184, 2004

_____, 〈菁州의 祿邑과 香徒: 신라 하대 지방사회 변동의 일례〉, 《新羅文化》 26, 2005

_____, 〈신라 縣制의 성립과 기능〉, 《韓國古代史研究》 48, 2007

_____, 《한국 고대 대외교역의 형성과 전개》, 서울대학교출판문화원, 2013

김철준, 〈後三國時代의 支配勢力의 性格〉, 《韓國古代社會研究》, 知識産業社, 1975

_____, 〈統一新羅 支配體制의 再整備〉, 《한국사 3》, 국사편찬위원회, 1978

김선숙, 〈羅唐戰爭 前後 新羅·日本間 外交關係의 推移와 그 背景〉, 《日本學》 23, 2004

김영하, 《新羅中代社會研究》, 일지사, 2007

김종복, 《발해정치외교사》, 일지사, 2009

김철준, 〈統一新羅 支配體制의 再整備〉, 《한국사》 3, 국사편찬위원회, 1984

나희라, 〈신라의 종묘제 수용과 그 내용〉, 《韓國史研究》 98, 1997

노명호, 〈고려시대 지역자위공동체〉, 《韓國古代中世 地方制度의 諸問題》, 집문당, 2004

노중국, 〈統一期 新羅의 百濟故地支配〉, 《韓國古代史研究》 1, 1988

노태돈, 〈對唐戰爭期(669~676) 新羅의 對外關係와 軍事活動〉, 《軍史》 34, 國防部軍史編纂研究所, 1997

_____, 《한국고대사의 이론과 쟁점》, 집문당, 2009

_____, 《삼국통일전쟁사》, 서울대학교출판부, 2009

박성현, 〈6~8세기 新羅 漢州 '郡縣城'과 그 성격〉, 《韓國史論》 47, 서울대학교인문대
　학국사학과, 2002

서영교, 〈文武王代 倭典의 再設置와 對日外交〉, 《전통문화논총》 창간호, 2003

송기호, 〈발해에 대한 신라의 양면적 인식과 그 배경〉, 《韓國史論》 19, 서울대학교인
　문대학국사학과, 1988

신형식, 〈新羅의 宿衛外交〉, 《韓國古代史의 新研究》, 일조각, 1984

신호철, 《後百濟 甄萱政權研究》, 일조각, 1993

_____, 〈신라의 멸망원인〉, 《韓國古代史研究》 50, 2008

여호규, 〈한국 고대의 지방도시: 신라 5小京을 중심으로〉, 《강좌 한국고대사》 7, 가락
　국사적개발연구원, 2002

연민수, 〈統一期 新羅와 日本關係: 公的 교류를 중심으로〉, 《강좌 한국고대사》 4, 가락
　국사적개발연구원, 2003

_____, 《古代韓日交流史》, 혜안, 2003

윤선태, 〈752년 신라의 대일교역과 '바이시라기모쯔게買新羅物解'〉, 《역사와 현실》
　24, 1997

_____, 〈新羅의 文書行政과 木簡: 牒式文書를 중심으로〉, 《강좌 한국고대사》 5, 가락
　국사적개발연구원, 2002

이기동, 〈新羅 官職制度의 特性〉, 《新羅文化祭學術發表會論文集》 2, 1981

_____, 《新羅骨品制社會와 花郎徒》, 일조각, 1984

_____, 〈9세기 신라사 이해의 기본과제: 왜 신라는 농민반란의 일격으로 쓰러졌는
　가?〉, 《新羅文化》 26, 2005

이기백, 《新羅政治社會史研究》, 일조각, 1974

_____, 〈新羅 專制政治의 成立〉, 한국사연구회, 《韓國史 轉換期의 문제들》, 지식산업
　사, 1993

_____, 《韓國史上의 政治形態》, 일조각, 1993

_____, 《韓國 古代政治社會史研究》, 일조각, 1996

이문기, 〈統一新羅의 地方官制 研究〉, 《國史館論叢》 20, 1990

_____, 《신라 하대 정치와 사회 연구》, 학연문화사, 2015

_____, 《新羅兵制史研究》, 일조각, 1997

이순근, 〈新羅末 地方勢力의 構成에 관한 研究〉, 서울대학교 박사학위논문, 1992

이영호, 〈新羅 中代의 政治와 權力構造〉, 경북대학교 박사학위논문, 1995

_____, 《신라 중대의 정치와 권력구조》, 지식산업사, 2014

_____, 〈新羅의 遷都 문제〉, 《韓國古代史研究》 36, 2004

이우태, 〈新羅 中古期의 地方勢力 研究〉, 서울대학교 박사학위논문, 1991

이인철, 〈新羅 中央行政官府의 組織과 運營〉, 《新羅政治制度史研究》, 일지사, 1993

_____, 〈지방·군사제도의 재편성〉, 《한국사》 9, 국사편찬위원회, 1998

이현태, 〈新羅 中代 新金氏의 登場과 그 背景〉, 《韓國古代史研究》 42, 2006

이희관, 〈聖住寺와 金陽: 聖住寺의 經濟的 基盤에 대한 一檢討〉, 《성주사와 낭혜》, 서경문화사, 2001

임병태, 《韓國 靑銅器文化의 研究》, 학연문화사, 1996

전덕재, 〈신라 하대의 농민항쟁〉, 《한국사: 고대사회에서 중세사회로》 2, 한길사, 1994

_____, 〈新羅 中代 對日外交의 推移와 眞骨貴族의 動向: 聖德王~惠恭王代를 중심으로〉, 《韓國史論》 37, 서울대학교인문대학국사학과, 1997

_____, 〈新羅 下代 鎭의 設置와 性格〉, 《軍史》 35, 國防部軍史編纂研究所, 1997

_____, 《한국고대사회의 왕경인과 지방민》, 태학사, 2002

_____, 〈新羅 和白會議의 성격과 그 변화〉, 《歷史學報》 182, 2004

_____, 〈新羅의 對外認識과 天下觀〉, 《역사문화연구》 20, 2004

_____, 〈통일신라 官人의 성격과 관료제 운영〉, 《역사문화연구》 34, 2009

_____, 〈8세기 신라의 대일외교와 동아시아 인식〉, 《日本學研究》 44, 2015

조인성, 〈新羅末 農民反亂의 背景에 대한 一試論〉, 《韓國古代史研究》 7, 1994

_____, 《태봉의 궁예정권》, 푸른역사, 2007

주보돈, 〈新羅의 達句伐遷都 企圖와 金氏集團의 由來〉, 《白山學報》 52, 1999

_____, 〈新羅 下代 金憲昌의 亂과 그 性格〉, 《韓國古代史研究》 51, 2008

최근영,《統一新羅時代의 地方勢力研究》, 신서원, 1990

최병헌,〈신라하대사회의 동요〉,《한국사》3, 1978

최종석,〈羅末麗初 城主·將軍의 정치적 위상과 城〉,《韓國史論》50, 서울대학교인문
    대학국사학과, 2004

최홍조,〈新羅 哀莊王代의 政治改革과 그 性格〉,《韓國古代史研究》54, 2009

하일식,〈해인사전권田券과 묘길상탑기妙吉祥塔記〉,《역사와 현실》24, 1997

_____,〈당 중심의 세계질서와 신라인의 자기인식〉,《역사와 현실》37, 2000

_____,〈三國統一後 新羅 支配體制의 推移〉,《韓國古代史研究》23, 2001

_____,〈통일신라기의 羅唐 교류와 唐 官制의 수용〉,《강좌 한국고대사》4, 가락국사
    적개발연구원, 2003

_____,《신라 집권 관료제 연구》, 혜안, 2006

한규철,《渤海의 對外關係史: 南北國의 형성과 전개》, 신서원, 1994

旗田巍,〈高麗王朝成立期の '府' と豪族〉,《法制史研究》10, 1960

武田幸男,〈新羅の骨品制社會〉,《歷史學研究》299, 1965

拜根興,《七世紀中葉唐與新羅關係研究》, 中國社會科學出版社, 2003

濱田耕策,〈新羅聖德王代の政治と外交〉,《朝鮮歷史論集》上, 龍溪書舍, 1979

新川登龜男,〈日羅間の調〉,《日本古代の對外交涉と佛敎: アジアの中の政治文化》, 吉
    川弘文館, 1999

李成市,《일본고대국가의 왕권과 외교》, 경인문화사, 2002

_____,〈新羅文武·神文王代の集權政策と骨品政策〉,《日本史研究》500, 2004

_____,〈統一新羅と日本〉,《古代を考える日本と朝鮮》, 吉川弘文館, 2005

● 발해사의 전개

고경석,〈新羅 下代 浿江鎭의 設置와 運營: 州郡縣體制의 확대와 관련하여〉,《韓國 古
    代社會의 地方支配》(《韓國古代史研究》11), 신서원, 1997

김영하,《新羅中代社會研究》, 일지사, 2007

김은국, 〈渤海 末王 大諲譔時期 對外關係 硏究〉, 《국사관논총》 82, 1998

김종복, 《발해정치외교사》, 일지사, 2009

_____, 〈발해와 당의 사신 파견을 통해 본 大門藝 亡命 사건의 추이〉, 《역사와 경계》 76, 2010

_____, 〈백제와 고구려 고지에 대한 당의 지배 양상〉, 《역사와 현실》 78, 2010

노태돈, 〈高句麗 遺民史 硏究〉, 《韓㳓劤博士停年紀念史學論叢》, 지식산업사, 1981

노태돈, 〈對渤海 日本國書에서 云爲한 '高麗舊記'에 대하여〉, 《邊太燮博士華甲記念史學論叢》, 삼영사, 1986

노태돈, 〈渤海 建國의 背景〉, 《大邱史學》 19, 1981

박진숙, 〈渤海 文王代의 對日本外交〉, 《歷史學報》 153, 1997

_____, 〈渤海 康王代의 對日本外交〉, 《忠南史學》 10, 1998

송기호, 《渤海政治史硏究》, 일조각, 1995

_____, 〈渤海의 地方統治와 그 실상〉, 《韓國 古代社會의 地方支配》(《韓國古代史硏究》 11), 신서원, 1997

_____, 〈六頂山 古墳群의 성격과 발해 건국집단〉, 《汕耘史學》 8, 1998

_____, 〈渤海 5京制의 연원과 역할〉, 《강좌 한국고대사》 7, 2002

_____, 〈발해의 천도와 그 배경〉, 《韓國古代史硏究》 36, 2004

윤재운, 《한국 고대무역사 연구》, 경인문화사, 2006

이기백·이기동, 〈渤海의 政治와 社會〉, 《韓國史講座 1: 古代篇》, 일조각, 1982

이우성, 《韓國의 歷史像》, 창작과비평사, 1982

이효형, 《발해 유민사 연구》, 혜안, 2007

임상선, 《발해의 지배세력연구》, 신서원, 1999

주영헌, 《발해문화》, 사회과학출판사, 1971

한규철, 《渤海의 對外關係史: 南北國의 形成과 展開》, 신서원, 1994

古畑徹, 〈唐渤紛爭の展開と國際情勢〉, 《集刊東洋學》 55, 1986(《발해사의 이해》, 임상선 편역, 신서원, 1990)

古畑徹, 〈大門藝の亡命年時について: 唐渤紛爭に至る渤海の情勢〉, 《集刊東洋學》 51, 1984

古畑徹, 〈日渤交涉開始期の東アジア情勢〉, 《朝鮮史研究會論文集》 23, 1986

濱田耕策, 〈唐朝における渤海と新羅の爭長事件〉, 《末松保和古稀記念 古代東アジア史論集》 下, 吉川弘文館, 1978 (《발해사의 이해》, 임상선 편역, 신서원, 1990)

石井正敏, 〈日本通交期における渤海の情勢について: 渤海文・武兩王交替期を中心として〉, 《法政史學》 25, 1973

石井正敏, 《日本渤海關係史の研究》, 吉川弘文館, 2001

栗原益男, 〈七, 八世紀の東アジア世界〉, 《隋唐帝國と東アジア世界》, 汲古書院, 1979

日野開三郎, 《日野開三郎 東洋史學論集》 8, 三一書房, 1984

酒寄雅志, 《渤海と古代の日本》, 校倉書房, 2001

연표

고구려, 신성 전투 승리

589	수, 중국대륙 재통일
598	고구려, 수의 요서지역 공격
600	고구려, 이문진 《신집》 5권 편찬
603	구려, 신라의 북한산성 공격
612	고구려, 수의 113만 대군을 물리침(살수대첩)
624	고구려, 당으로부터 도교 전래
639	백제, 미륵사 창건
642	고구려, 연개소문이 보장왕 옹립해 정권 장악
645	고구려, 안시성 전투 승리
	신라, 황룡사 9층 목탑 건립
647	신라, 비담의 난
	신라, 첨성대 건립
654	백제, 〈사택지적비〉 만듦
660	백제 멸망
668	당, 고구려를 멸망시키고 평양에 안동도호부를 설치
675	신라, 매초성에서 당군 격파
676	신라, 기벌포에서 당군에게 승리
	당, 평양의 안동도호부를 요동성으로 옮김
677	당, 안동도호부를 신성으로 옮김
681	보장왕의 부흥 운동이 사전에 발각되어 고구려 유민이 다시 강제 이주
687	신라, 문무관에게 관료전 지급, 전국을 9주 5소경으로 편성
689	신라, 녹읍 폐지
698	대조영, 진국 건국
713	당, 대조영 발해군왕에 책봉, 진국 대신 발해 국호로 사용
719	고왕 대조영이 죽고 아들 무왕 대무예가 즉위. 연호는 인안
723	혜초, 《왕오천축국전》 지음
732	발해, 장문휴가 당 등주를 공격

찾아보기

【ㄱ】

한국 고대사 1 - 고대 국가의 성립과 전개

⊙ 2016년 11월 15일 초판 1쇄 발행
⊙ 2023년 3월 15일 초판 8쇄 발행
⊙ 글쓴이   송호정·여호규·임기환·김창석·김종복
⊙ 발행인   박혜숙
⊙ 펴낸곳 도서출판 푸른역사
　우) 03044 서울시 종로구 자하문로8길 13
　전화: 02)720-8921(편집부) 02)720-8920(영업부)
　팩스: 02)720-9887
　전자우편: 2013history@naver.com
　등록: 1997년 2월 14일 제13-483호

ISBN   979-11-5612-082-7 94900
(세트) 979-11-5612-043-8 94900

· 잘못 만들어진 책은 교환해드립니다.